奥田道大・吉原直樹　監修

●●●●●●●●●●●●●●

シカゴ都市社会学古典シリーズ　No.4

タクシーダンス・ホール

商業的娯楽と都市生活に関する社会学的研究

ポール・G・クレッシー

桑原司・石沢真貴・寺岡伸悟・高橋早苗・奥田憲昭・和泉浩=訳

ハーベスト社

父ロジャー・フレッド、母エマ・ゴールビーに捧ぐ

刊行の言葉

都市エスノグラフィ叢書のセレクションズである本シリーズは、アメリカ都市社会学の祖型をなす一九二〇―三〇年代の初期シカゴ学派の最大の知的遺産である、と監修者の奥田道大先生は言述されている。かねてより、シカゴ・シリーズと総称される作品群の存在については、都市社会学や社会病理学の分野ではよく知られていたが、そのわりには個々の作品の内在的な読みはなされてこなかったような気がする。だがここにきて、都市社会学や社会病理学の分野を越えたところで、さまざまなアングルからシカゴ・シリーズを紐解く動きがあらわれ、それとともに多様な、厚みのある読みがなされるようになっている。フェアリスの『シカゴ・ソシオロジー 一九二〇‐一九三二』の刊行は、そうした動きに弾みをつけた。そしてそれをひとつの契機にして、シカゴ・シリーズの書誌学的な解読がすすんだことはたしかである。日本に限って言うなら、個々の作品分析やテキスト・クリティークがある種ブーム性を帯びて立ちあらわれた。この動きはかつてほどではないにしても、いまも続いている。

けれども、本シリーズの意義はそうした社会学内部の話に限定されるものではない。こんにちアメリカ史研究において一九二〇年代論、三〇年代論は根強いジャンルを構成しているが、それらのより稔りある展開のためには、かつてアメリカ都市小説を湧き立たせたドライサーの『シスター・キャリー』やサンドバーグの『シカゴ詩集』などの作品をいっそう時代に寄り添って読み込むとともに、シカゴ・シリーズを特に社会史的な位相で読み解くことが避けられなくなっている。平たくいうと、シカゴ・シリーズの解読はアメリカ史研究のよりいっそうの発展のために欠かせなくなっているのである。とはいえ、シカゴ・シリーズが立ちあらわれるに至った歴史的な要因／背景については、必ずしも明らかにされているわけではない。そこで、ここではシカゴ・シリーズの背後にどのような歴史的世界が横たわっているのかを簡単に述べることにする。いうなれば初期シカゴ学派の知識社会学的考察をおこなうことによって、シカゴ・シリーズへの理解を深める手がかりを得たいと考えている。

さて、シカゴ・シリーズを構成する個々の作品を通底し、全体としてのシリーズの基調音をなしているのは、ひとことで言うと、世紀転換期から一九二〇年代にかけてみられた新移民の量的増大にともなう「移民の問題」であった。この「移民の問題」は、端的には同化をメルクマールとする「移民の適応の問題」としてあった。初期シカゴ学派の人びとはこの「移民の適応の問題」に照準し、それをめぐって立ちあらわれるさまざまな問題現象に自然主義的な観察眼をもって迫っていった。都市を「社会的実験室」とするということはそういう自然主義的な観察眼に裏打ちされるということであり、シカゴ・シリーズの底をヴィヴィドに流れていたのもそうした観察眼であった。ところでこの場合、「移民の適応の問題」がなぜ中心的な問題構制になったのかについては、世紀転換期から一九二〇年代までのアメリカの時代相、とわけ都市的世界にみられた同化と排除が共振する過程をみておく必要がある。

この時代相、とりわけ一九二〇年代は、アレンの『オンリー・イエスタディ』が示しているように、アメリカ史上、空前の繁栄をとげた時代であり、今日につながるアメリカン・ウェイ・オブ・ライフの嚆矢がきりひらかれた時期である。あのベーブ・ルースが大衆の英雄としてあらわれ、ジャズがギャングの喧騒とともに一世を風靡した時代でもあった。けれども、そうした時代相の背後で社会の流動化がすすみ、伝統的な社会組織や価値意識が根底からゆらいでいた。つまり社会解体の危機に瀕していたのである。そしてアングロサクソン的伝統になじんでいたアメリカ人たちは、社会解体の元凶とみなした者に対して抑圧的な態度でのぞんだ。こうして一九二〇年代は「異質なもの／者」を排除する社会になった。ところで、この「異質なもの／者」として排除されたのがカトリック教徒であり、ドイツ系移民であり、労働運動であり、それとともに世紀転換期から雪崩を打って流入してきた新移民であった。とりわけ新移民は容易にアメリカ社会になじまないとして、抜きがたい偏見や差別、非寛容にさらされた。ともあれ、このようにして新移民を主たる担い手にして「移民の問題」が社会解体の危機をはらむものとして広く取り沙汰されるようになったのである。

初期シカゴ学派の人びとは、こうした時代相をみつめながら、移民がいかにしてアメリカ社会に適応し、アメリカ人になるかということに関心を向けた。つまり「移民の問題」が「移民の適応の問題」として社会学的研究の焦点になったのである。換言するなら、社会の移民に対する同化圧力を社会学の中心的な問題構制として積極的に位置づけ引き受けたのである。パークのよく知られた人種関係サイクル仮説／生態学的コミュニティ論の基底に流れる秩序感覚も、この点に引き寄せて考えてみると理解しやすい。シカゴ・シリーズの根底に見え隠れしているのも、こうした「移民の問題」を「移民の適応の問題」として把握し、それをすぐれて社会秩序にかかわらせて論じる態度である。

ところで、シカゴ・シリーズを構成する作品／エスノグラフィがほぼ共通にバージェスの同心円地帯仮説における第二地帯、すなわち遷移地帯に目を向けているのは興味深い。初期シカゴ学派の人びとは、そこで移民がアメリカ人になるための準備をおこなうとみなし、そこから旅立つ者、一時的にとどまる者、そして沈殿していく者のさまざまなライフ・ストーリーを詳細に描述している。そして大筋としては、サクセス・ストーリーをかなでている人びとよりは、社会解体現象に沈む人びとに照準されている。けれども、精細な筆致の底に流れるものはどこか楽観的である。すべての作品に明示的にあらわれているわけではないが、それらにおいて描かれている社会解体現象や逸脱行為はどちらかというと、いずれ再秩序化に向かうものであり、「移民の適応の問題」もまた自同律の機制によって同化へと解消されていくものとみなされているようにみえる。私はそこに初期シカゴ学派に特有の秩序感覚をみるとともに、「レッセフェールの世界」が深い影をおとしていると考えている。

なお、上述してきたことに関連して、シカゴ・シリーズを「移民の社会学」の文脈で再度読み直し、こんにち社会学のフロンティアを構成しつつあるモビリティ・スタディーズの中に位置づけるということも考えられないわけではない。それはひょっとしたら、シカゴ・シリーズの「現在性」を浮かびあがらせるという点できわめて大きな可能性をもつものかもしれない。しかしここでは、指摘するにとどめる。

最後に、これは事実だから書いておきたい。いわゆるシカゴ・シリーズの翻訳という突拍子もない話が持ち上がったのは、たしか一九九三年の春だったように思う。ある学会大会の懇親会の席上でたまたま奥田道大先生と話をすることになった。そこで出てきたのがこの話である。たぶん、偶然のことだったと思う。その当時、私は欧米で「空間論的転回」の流れに乗って都市論を展開していた学派に深く傾倒していた。この学派はいわゆるシカゴ学派の対極にあると信じられていた。しかしその学派の中心にいる人びとの主張に耳をすましていると、意外にもシカゴ・シリーズに好意的であることがわかった。そのことを奥田先生に伝えたのだと思う。翻訳をしようということになった。けれども、そのときはそれで終わった。それからどのくらいの時が経ったであろうか。奥田先生が前に立ってそのあとを私がよちよち歩く形で、今回の都市エスノグラフィ叢書の企画が立ち上がった。そしてとりあえず、『ホテル・ライフ』、『ゴールド・コーストとスラム』、『ホーボー』、『タクシーダンス・ホール』、そして『ギャング』を翻訳することになった。数ある作品の中でなぜこの五つの作品が選ばれたのかは、企画にかかわった者としては恥ずかしい話だが、よくわからない。ただ、奥田先生の頭の中では、これを第一次の刊行として、引き続き第二次、第三次の刊行が想定されていたようだ。実際、第二次の刊行が松本康氏を中心にてすすんでいると聞いている。

さてそんなこんなで、本来、本書に寄せる「刊行の言葉」は奥田先生が執筆すべきであるし、そうであったはずである。その奥田先生が泉下の人となってしまわれた。そこで不遜にも監修者として名前を連ねた私が「刊行の言葉」をしたためることになった。この「刊行の言葉」は奥田先生にとっては要を得ないものであろう。きっとそうであるに違いない。けれども、難産の末に日の目をみることになった本書『タクシーダンス・ホール』の刊行は喜んでくれると思う。この上は、できるだけ早い機会に『ギャング』が日の目をみることを願うばかりだ。

末筆になったが、時間だけいたずらに費やし、監修者の責任を十分に果たしていない私に対して、叱責のひとことも発しないハーベスト社社主の小林達也氏にお詫びかたがた感謝申し上げる。

二〇一七年一〇月

吉原直樹

目次

第二部　タクシーダンサーとその世界

第四部　タクシーダンス・ホールの自然史と生態学的特性

第五部　タクシーダンス・ホールの問題

凡例

一、本書は、Paul G. Cressey, *The Taxi-Dance Hall: A Sociological Study in Commercialized Recreation and City Life*, The University of Chicago Press, 1932. の全訳である。

二、原著においてイタリック体で記されている箇所は、本訳書中では原則として太字で示した。

三、原著において〝〟となっている箇所は、本訳書中では「」で表記した。

四、本訳書において〔〕で括られているものは、訳者による補足のための挿入を表す。

序文

この度、シカゴ青少年保護協会がとりわけ関心を抱いてきたコミュニティの状況が本格的な調査研究の主題として取り上げられた。当協会のような組織にとって実に喜ばしいことである。当協会でケースワーカーならびに特別調査官として勤務していた一九二五年の夏、ポール・G・クレッシー氏は、〔その当時にしては〕新奇でかなり珍しい存在であった「閉鎖的ダンスホール」について調査報告するよう求められた。本書は、ある意味でそうした任務の所産である。〔本書の主題となっている〕タクシーダンス・ホールの問題についいては、我々の解釈とクレッシー氏のそれとは必ずしも完全に一致するわけではない。しかしだからといって、そうした理由により、彼の成し遂げた偉大な貢献に対する我々の評価が揺らぐことはない。

他の一連の研究と同様に、クレッシー氏が当初行った調査研究によって明らかになったのは、若者の利害という観点から見ていかがわしい社交施設に対して社会的機関が何らかの統制や規制を行うよう迫られた際に、そうした機関が都市的状況において直面することになる複雑な問題であった。ある種の娯楽施設は、それに代わる方策が社会に欠けていたがために〔必然的に〕生まれたのだということ、そしてタクシーダンス・ホールなるものを成立せしめた社会的需要をより健全な形で満たすことが出来るようにするためには、試験研究を増やすこと以外に道はないのだということ。この二点を彼の報告ははっきりと示している。

社会的機関はこれまで、コミュニティの状況を念頭に置くといったことは一切行ってこなかった。またそのような観点に気づきその重要性を認めたとしても、その状況を分析し解釈しようとする試みは皆無に近かった。「ケースワーク〔＝事例研究〕」がコミュニティに適用されたことは未だかつてなかった。「終わりなき夜間監視」や、まさに必要不可欠な上記の試験研究の重要性に気づいている機関はほとんどなく、仮に気づいていたとしても、それらを実行に移すための手段を持っている機関も皆無に等しい。

クレッシー氏が本書において示した例を範例として、もし他の諸機関で得られた経験や事例資料も同じように活用され解釈されるならば、そうした研究の積み重ねは、より賢明な規制と統制を可能にするはずである。それだけではない。さらに重要なことだが、そうした研究は、若者の娯楽に対する需要に見合った、民間の、市営の、あるいは商業的なタイプの、健全で好ましい社交施設による代替も可能とするはずである。

ジェシー・F・ビンフォード

（青少年保護協会常任理事）

序論

タクシーダンス・ホールは世間一般にはほとんど知られていない。新聞で取り上げられることもほとんどないが、あったとしてもその報道を見ると、ソーシャルワーカーや興味本位で訪ねた者たちの声として、そこは華やかなところではあるが、同時に罰当たりで衝撃的なところでもあると紹介されている。アメリカ国内のいくつかの都市でタクシーダンス・ホールに対する反対運動が起こっており、その発祥地であるサンフランシスコでは、この種のホールは既に違法な存在となっているが、こうした状況はさほど不思議なことではあるまい。

タクシーダンス・ホールに対する反対運動は、アメリカに伝統的な改革運動のやり方を忠実になぞる形で展開してきた。すなわち、〔そうした運動の担い手たちは〕タクシーダンス・ホールの起源や発展の根底にある社会的諸力をきちんと理解することなく、その上面に対してのみ反応してきたのである。

知識は実践に先行しなければならない。こうした想定のもとで行われた本研究の目的は、次の三つの要素からなる。本研究の第一の目的は、典型的なタクシーダンス・ホールの社会的世界について、偏りのない克明な描写を行うことにある。その描写には、タクシーダンス・ホールのオーナーや経営者、美しく快活でしばしば打算的な「女性インストラクター」の一団、そして美人と関係を持ちたい一心で「ダイム・ア・ダンス」を求める種々雑多な常連客たち——東洋人、年配男性、社会的ハンデを背負い孤立した若者たち——が登場する。

第二の目的は、都市的施設としてのタクシーダンス・ホールの自然史を辿り、その発生と興隆を促した都市生活上の諸条件を見出し、男性客の基本的願望や欲求に照らしてその機能を分析することである。

第三の研究目的は、一定の秩序の維持や行動規範の確立、そしてモラルの遵守のために行われている〔ダンスホールに対する〕現行の統制の仕組みを、その経営者、インストラクター、顧客、警察、ソーシャルワーカー、そして新聞社のどの立場から見ても、可能なかぎり公平な形で示すことである。

偏見を排して本書を読むならば、クレッシー氏とその協力者たちが、上記の三つの目的すべてをほぼ如才なく達成できている、ということに読者の皆が賛同するものと私は信じている。読み進めるうちに、ホールを垣間見るだけでは決して捉えることのできない、タクシーダンス・ホールの社会的世界の奥底へと読者はのめり込んでいくことになる。読者は、自らがタクシーダンサーやその客になったかのように想像を膨らませ、いわば、本人になったつもりで疑似体験に関与しているかのような錯覚に陥り、その過程において彼らの見地や人生観について幾ばくかの理解を深めることになるだろう。

この大都市の下宿屋地区に押し込まれ行き場のなくなった孤独な男たち。彼らが抱く女性集団への飽くなき欲求を満たすように、タクシーダンス・ホールは生まれ展開してきた。読者はその実に面白い経緯をまざまざと理解することになる。こうした事業のオーナーたちが、この顧客層の関心事にうまくつけ込んで収益を得ていることに読者は気づく。〔同様のサービスを提供する〕様々な施設の間で生じる顧客獲得競争においては、道徳的モラルは低下し、性的刺激に対する関心は、不健全な形で、かつ統制を全く欠いた状態で表出する傾向にある。

制度体〔=施設(institution)〕というものは通常、各々独自の統制システムを内部から発展させる。そのシステムは、役人のみならずその構成員によっても実行され遵守される。ところがタクシーダンス・ホールの場合には、唯一の統制は外部からのもののみである。ホールの経営者たちは原則として外国人で、アメリカの道徳規範に馴染みが薄く、金銭的利益として測ることができる形で、「大衆が求めるものを与える」ことにことのほか熱心な人々である。タクシーダンサーの規範も商業化される傾向にある。というのも、ダンサーたちは一回のダンスで十セントを受け取るが、その総額の半分が彼女たちの懐に入るからである。一方で客たちは、気ままな正真正銘のプロレタリアートであり、多くは家財もなく、集団的統制の影響が全くといって良いほど感じられない、〔単なる〕個人の寄せ集まりとして、このホールにやって来る。事実、この寄せ集まりに対する効果的な統制手段には、警備員ないしは「用心棒」の存在ぐらいしかない。

本研究の意義は、タクシーダンス・ホールという特定の状況〔に関する情報提供〕にとどまらず、それをはるかに超えるものである。本書は、現代の都市生活における諸条件のもとで生じている、娯楽の問題に関わる主要な問いのすべてを提起している。すなわち、人間が持つ**刺激への飽くなき欲求**、**娯楽の商業化**の助長、異性間の関係における**不特定化の傾向**の加速、そして、文化的に異質で匿名性の高い社会においては通常の社会統制装置はうまく機能しないということ。こうした種々の問いを本書は提起している。

都市においてはしばしば、刺激を求める人間の根本的な渇望は、家庭やその近所で送る生活における通常の日課からは〔完全に〕切り離された形で表出しているように思われる。かつての村社会においては、仕事と遊びの双方を含むあらゆる活動は、一体化した地域共同体の存在と不可分であった。刺激と冒険を求める欲望は、たいていの場合、村生活における一連のさまざまな行事や西部開拓においてその健全な表出を見出してきた。しかしフロンティアの消滅とともに、歓楽街や都会のいわゆる「ジャングル〔＝渡り労働者のたまり場〕」が、興奮と新しい経験を誘う**中枢**となったのである。刺激を求める人間の関心を目当てにしたビジネスが、都市一円にますます成長し拡大していった。そうした現象にきれいに反比例する形で、家庭や近隣社会の娯楽はみるみる衰退していった。その結果、スリルと興奮の追求が、人間が持つ他のさまざまな関心事から切り離された別個のものとして位置づけられる、そうした傾向がいっそう顕著になっていった。

過去五十年間における人々の余暇の過ごし方に生じた、途方もなく大きな社会変動を把握するには、特に目立った娯楽事業やそのための施設をいくつか手短に挙げるだけで十分である。その多くはこの社会変動の初期には存在すらしていなかった。プロ野球の成長、数万人の収容能力を持つ大学フットボール選手権大会用のスタジアムの建設、プロボクシングの国民的行事としての登場、現在では平均しておよそ一家に一台と言われる自動車の増加、ラジオの急速な普及、「酒類密売店」やもぐり酒場が町の安酒場にとって代わったこと、二万件にのぼる数の劇場〔の乱立〕とともに訪れた映画の隆盛、「ミス・アメリカ」美人コンテスト、ダンス・マラソンなどのような耐久競争、大都市における豪華なダンス・パレスの建設、ナイトクラブ、そしてロードハウスなどが挙げられる。

上記のすべてのことに共通して言えることは、人々の関心の的が、家庭や近所から外の世界へと移っていったことである。上記のほとんどすべてにおいて、それらに参加することによって得られる効果は個人の情動を刺激すること以上のものではない、と言っても過言ではない。また、その効果に社会統合の機能は全くといって良いほど含まれていない。さらに上記の事業や施設のほとんどすべてが商業ベースで運営されている。

現代の娯楽においては、商業化が支配的な位置を占めている。その帰結は、タクシーダンス・ホールに関する本研究に示されているものとほとんど同じである。顧客獲得競争において、娯楽活動の商業化はほとんど不可避的に刺激への依存をますます強める傾向にある。刺激のための刺激それ自体が、利益を追求するための一つのセオリーとして〔最終〕目標と化す傾向にある。こうした条件のもとで得られる刺激は、もはや全人格的な活動にともなって生じる自然で健全な類のものではなくなる。タクシーダンス・ホールにかぎらずあらゆるパブリック・ダンスホールにおいて、さらには程度の差こそあれ、都市のあらゆる娯楽生活において、刺激の商業化という要素がその複雑さを増しているが、それを促しているのが、相手を選ばない交際の存在である。

「相手を選ばない交際」とは、たまたま出会った成り行きで至る親密な行為を意味する。都市生活における、相手を選ばない交際の最も極端な例は売春である。もちろん、相手を選ばない交際が必ずしも性的不道徳に陥るわけではないが、〔それでもなおそうした交際は〕性的不道徳ないしは性的搾取、あるいはその双方への入り口となっている。

相手を選ばない交際は、都市生活において、行きずりという形で男女が知り合う機会を生み出す条件のもとではごく自然に生じる。男女が知り合うための伝統的な場ないしは手段というものが、都市においては決定的に不足していることは周知のとおりである。冒険と責任の無さという刺激がともなうこともあって、偶然で気軽な出会いを求める衝動には、それ相応に強いものがある。異性との社会関係においてはいくつかの行動パターンが認められるようになった。そうした行動パターンには関係の気軽さという点で〔かなりの〕幅があるが、「ナンパ」やジゴロから、短期滞在のビジネスマンを相手にする女性コンパニオンを提供する事業所の設立に至るまで、さまざまなものがある。大都市におけるロンサムクラブの存在や結婚関連の広告雑誌が雄弁に物語っているように、〔今の時世では〕旧来の方法に倣っていては満足のいく異性との出会いは難しく、日常的で馴染みのある世界の外側で短く激しい恋愛をしたい、という願望が成就することもまた困難である。

タクシーダンス・ホールも、またどのパブリック・ダンスホールも、相手を選ばない交際という状況をうまく利用することで、自らの収益を上げるように組織化されている。この基本的事実こそが、パブリック・ダンスの統制の本質的問題を説明するものとなっている。相手を選ばない交際というこの要因と直に向き合わない、そうした問題の解決策は、それがどのようなものであれ、当然ながら形だけで中身のないものとなる。若い人々、とりわけ、大都市において社会的ハンデを背負った孤独な人々が社交生活を送るために必要な設備が欠如している。この現実に正面からしっかりと向き合うことこそが上記の問題への根本的なアプローチである、と言えるのではないか。

本書にもあるように、問題提起は問題の解決への第一歩である。現在巷で言われている改革案の多くが如何に無益で愚かなものであるか。それは誰の目にも明らかである。実際のところ、タクシーダンス・ホールや都市部にある他の同様の施設に対する反対運動は、問題となっている状況全体の一部にすぎない。というのも、こうした反対運動は、その運動がこれまで何度も改良を目指してきた問題状況が発生する度に、その問題状況の発生と同じ頻度で何度も発生しているからである。とはいえ、クレッシー氏も強く主張しているように、この問題の解決は、事実に照らして、また本書がかくも明瞭に明らかにしているあらゆる人間的価値に資する形で、実証的かつ建設的に行われなくてはならない。

アーネスト・W・バージェス

著者序文

数あるアメリカの都市型娯楽施設のなかでも、人々が都市という環境において自らの人間性を健全な形で表出することを困難にしている、複雑にして得体の知れない数多くの問題を鮮明に露呈している娯楽施設の代表として挙げられるのは、まぎれもなくパブリック・ダンスホールであり、その右に出るものはおそらくない。そこにくっきりと浮かび上がってくるのは、都市の非人格性や人々の抑制の不在、そして都市という環境に暮らす数多の人々の生活に見られる、孤独や個人的不適応と精神の錯乱である。

パブリック・ダンスホールは、コミュニティにおける人々の生活において重要な役割を担ってきた。それ故にそれはより徹底した研究に値する。こうした信念のもとに筆者は一九二五年に本研究に着手した。専門的な研究の対象としてタクシーダンス・ホールを選択したのは、当時この場所が非常に新奇で、ソーシャルワーカーたちの間においてでさえその実態があまり知られていない、いかがわしい施設だったからであり、加えて、あらゆるパブリック・ダンスホールに共通する、人間行動を形成する数多くの諸力が、そこに極端な形で示されていると思われたからである。本研究の開始以来、タクシーダンス・ホールはその数も重要性も増していった。今日では、どの大都市のビジネスセンターに行っても、それは最もメジャーなタイプのダンスホールとなっている。

本研究が基づく資料や情報の多くは、社会的機関、就中、青少年保護協会の事例記録と、観察者と調査員たちの報告から入手されたものである。タクシーダンス・ホールのような〔あまりに〕新奇な事象に関しては、出版物という形での資料は数に乏しく、あったとしてもほとんど役に立たないものであることがわかった。また、フォーマル・インタビューでは満足な成果は得られないと判断し、この方法での調査は断念した。調査員の意図がばれてしまうと、経営者やその関係者たちは皆そろって協力を嫌がり、また往々にして本調査の目的をきちんと理解してもらうことも不可能であることがわかった。〔このようなことから〕本研究を達成するためには、経営者からの協力は一切期待できないこと、また一部の経営者からの意図的な妨害を覚悟しそれを克服しなければならないこと、そうした状況のなかで研究を遂行しなければならないこと、これらのことは明らかであった。

そこで観察者たちをタクシーダンス・ホールに送り込むことにした。潜伏する彼らには、その場に居合わせた人々と自然に交わり、倫理的に可能なかぎりこの社会的世界に溶け込むよう指示した。彼らは、そこで出会った人々の行動や会話を観察し、それをできるかぎり正確に記録するよう求められた。過去の経歴や習熟度、そして特異な才能という点で秀でた者が観察者として選ばれた。彼らは実に様々な客やタクシーダンサーたちと接触した。その結果として、誰であれ一人では到底集められないほどの〔質と量の〕重要な事例資料を集めることが出来た。こうして調査員たちは、匿名の一見客あるいはたまたま知り合った客仲間という役回りを見事にこなし、フォーマル・インタビューによくありがちな抵抗や妨害を受けることもなく、上記の資料を入手することが出来たのである。さらに、複数の異なる観察者が同一の人物に別々に接触し、その人物について報告したことで、入手した記録の一貫性をチェックすることが出来た。また客やタクシーダンサーに関するこうした情報に基づいて、社会的機関が保管している記録群から、さらに多くの社会的データを補足資料として確保することが出来た。

統計的データも確保しておくことが望ましいことは早い段階からわかっていた。とはいえ、経営者たちから協力を得ることができないという事情に加えて、大規模な個別調査の実施には時間的かつ金銭的に多大なコストがかかるため、この種のデータの収集は断念した。しかしながら、調査員たちの五年間におよぶ経験と観察によって得られた相当数の事例資料は、我々が試みた種々の一般化の妥当性の検証にとって十分かつ適切な基礎を提供し得るものである。本書に引用されている資料は、本研究〔プロジェクト〕において収集し整理した種々の資料群や観察結果のごく一部にすぎない、ということを指摘しておくべきだろう。

本書が完成するまでには、数多くの友人や機関、そして組織からお力添えを頂いた。そのことに対して、この場を借りて心より感謝の意を表明したい。E・W・バージェス教授には、格別の指導を賜り深謝の念に堪えない。過去数年にわたってバージェス教授は、寛大にも貴重な時間を割いて筆者に助言をくださり、また何度も激励してくださった。バージェス教授の熱のこもった指導がなかったら、本書が上梓されることは決してなかっただろう。ロバート・E・パーク教授とエルスワース・フェアリス教授からは、幾多の提案や着想を頂き本書に反映させて頂いた。いたく感謝している。シカゴ青少年保護協会理事のジェシー・F・ビンフォード氏ならびに同協会の元ケースワーク主任監督官のキャサリン・ライト・ページ氏は、こうしたダンスホールの研究を行うそもそものきっかけを与えてくれたと同時に、長年にわたって筆者の研究を支援してくれた。また、シカゴ青少年保護協会からは、ことあるごとに経済的支援を受け、同協会所有の記録から広範にわたって引用する許可を得た。記して感謝したい。筆者を研究助手に任命し本研究のさらなる遂行を可能にしてくれた、シカゴ大学地域コミュニティ調査委員会ならびに同大学の社会学科に対しても謝意を表したい。

ニューヨーク大学教職大学院のフレデリック・M・スラッシャー教授ならびにE・ジョージ・ペイン研究科長には、草稿準備中に助言と貴重な意見を頂き感謝している。同じく、ルース・ションル・キャバン博士とエリノア・ニムズ博士にも技術的な支援でお世話になった。マギル大学のポール・フレデリック・クレッシー博士には、本研究で使用した資料の評価作業でご助力頂いた。資料の収集とその解釈の過程では、フィリップ・M・ハウザー氏、フィリップス・B・ボイヤー氏、フランシスコ・T・ローク博士、そしてルゼナ・サファリコヴァ氏の四氏には、とりわけお世話になったことを記しておかなければならない。エヴィリン・ブルーメンサル氏は草稿を印刷用に整備してくれた。また、ジェームズ・F・マクドナルド氏には地図の作製を助けて頂いた。そして原稿の校正作業では、ルイス・L・マッキベン氏とジェイ・ベック氏から貴重な支援を受けた。この四氏に対しても感謝申し上げたい。最後に、紙幅が許せば他にも謝辞を述べるべき人々がいることを、彼らが調査員やそれ以外の役割で本研究に対して多大な貢献をしてくれたことを記しておきたい。

一九三二年四月二八日

ポール・G・クレッシー
（ニューヨーク大学）

第一部　タクシーダンス・ホールとは何か——その実態——

第一章　あるタクシーダンス・ホールの一夜

タクシーダンス・ホールは、世間一般にはあまり知られていない。しかし、そこを頻繁に訪れる多くのアメリカ人男性にとって、それは良く知られた馴染みの場所である。タクシーダンス・ホールは、目立ちこそしないが、たいていは都市のビジネスセンター付近にある建物のなかにあるため、容易に行くことが出来る。このホールは近年になって登場した施設であり、既にアメリカ合衆国のたいていの大都市に見られ、着実にその数を増やしている。この種の施設の見た目はさまざまで、今日では、ニューオーリンズとシカゴといった互いに全く異なる都市に見られ、またニューヨーク、カンザスシティ、シアトル、ロサンゼルスなど互いに遠く離れた場所にも見出すことが出来る。

このようなホールでは、若い女性や少女たちは、どんな客とでもダンスをするよう雇われており、たいていは歩合制を基本として、分け前は半々である。客たちが支払った料金の半分はホールの経営者の手に渡り、経営者はそのお金で、ホールや楽団にかかる費用やその他の運営費をまかない、残り半分が女性たちに支払われる。こうしたホールに雇われている女の子たちは、彼女を選んだどんな男性とでもダンスをし、彼らが気前良く支払った料金の時間分だけダンスフロアで相手をするよう求められる。最近彼女たちにつけられたおあつらえ向きの呼び名である「タクシーダンサー」の意味はここに由来する。タクシーに乗ったタクシードライバーのように、ダンサーは誰にでも雇われ、踊った時間と提供したサービスに応じて報酬を受け取るのである。

この研究は主にシカゴ市を対象としているが、そこではほとんど例外なく、タクシーダンス・ホールは、「ダンス学校」や「ダンス学院」といった名称が含まれた看板を掲げているようだ。そうすることで、あたかも体系的なダンスの指導を行っているかのように示唆していると見られる。「ユーレカ・ダンス学院」は、シカゴのタクシーダンス・ホールの典型的な存在だと考えて良いだろう(1)。

ユーレカ・ダンス学院

「ユーレカ・ダンス学院」は、幹線道路に面して無造作に建てられた店舗ビルの二階にあり、さしたる特徴もないが、主要な路面電車の交差点からは半ブロックほどの場所にある。「ダンス学院」の文字を点滅させているぼんやりと明るいネオンサインがあったり、入り口に続く階段前に若者たちやタクシーがたむろしていたり、ダンスホールのなかからはジャズバンドが時折鳴らすトランペットの音が鳴り響いてくるので、その辺りを通ればそれとなくそこがシカゴの歓楽街付近であることがわかる。しかし、注意深く見てみると、「今宵踊りましょう。五十人の美人インストラクターがお相手いたします」といった案内が、簡素な看板に書きなぐられていたりする。

ほどなくして客やタクシーダンサーたちが到着し始める。客たちのなかには自動車で乗りつけたりする者もいるが、多くは路面電車に乗ってやって来る。ごく近所から来ている者もいるようだ。大半は独りだが、ときには二、三人のグループも見られる。客の構成はさまざまである。客たちのなかには、せわしく煙草を吹かして、がさつで騒がしい若者もいるが、人当たりが良く身だしなみの整った品の良い若者もいて、独りで来て、人群れからは少し離れた場所に立って取り澄ましている。その他にも、猫背で力ない足取りが厳しい肉体労働者の人生を雄弁に物語っている中年男性たちがいる。彼らのなかには流暢な英語をしゃべる者もいる。だがほとんどの者たちは、いい加減でブロークンな英語を話しているので、彼らがアメリカ化の過程にあるヨーロッパからの移民であることがわかる。さらには、小柄でこざっぱりしたフィリピン人もやって来る。時に六人から八人もの一団で来ることもあるが、彼らは入り口へと静かに紛れるようにして入っていく。要するに、客たちは、世界中の地域からやって来た多言語集団を構成しているのである。

一方で、女の子たちの様子は大同小異である。彼女たちは同じようなドレスを着て、同じような化粧をし、同じ仕草でチクル〔チューインガムの原料〕を噛んでいる。そして、数人の年輩ダンサーを除いては、どの女の子も自信に満ち何かに夢中な若々しい雰囲気を身にまとっている。しかしほどなくして、ダンサーたちは一見同じように見えつつも、実際には多様であることがわかってくる。上品にホールの入り口に向かう者もいれば、騒々しく笑い、スラングや下品な言葉を口にする者もいる。ダンサーたちは、時には独りだが、多くは二、三人で路面電車から降りて来る。歩いて来られるような場所に住んでいる者もいれば、タクシーで来る者もいる。また時には運転手付きの車で助手席に座ってやって来る者もいる。タクシーがひっきりなしに、三、四人の女の子たちと、同じ人数の男たちをぎゅうぎゅう詰めにして運んで来る。彼女たちは、毛皮のコートや粋な帽子を身に着け、男たちに付き添われて急ぎ足で歩道を横切り、ホールの入り口へ向かい階段を上っていく。付き添いの男がフィリピン人の場合には、ダンサーたちも入り口にたむろする男たちの決して親しげとはいいがたい視線を浴びながら、〔ダンサー専用の〕出入り口へせかせかと急ぐ。

ダンスホールに入るのは簡単だ。階上にある狭いガラスの窓口にチケット売りが無表情な顔つきで座っている。彼は入場料を掲示している看板にちらりと目をやって、入場には所定の一ドル十セントの支払いが必要だということを客に知らせる。細長いダンスチケットを適当なポケットに押し込んで、客はチェックルームを抜けてメインホールへと通される。

そこは赤と緑のクレープペーパーのリボンで花模様に飾られた、天井が低く細長い部屋だ。田園風景が雑に描かれた壁板は、ただ粗野な設備を強調するのに一役買っているだけだ。ホールの端の一方にある舞台では、楽団のミュージシャン五人が体をよじり、くねらせ、甲高い声を上げている。だが一本調子の退屈な曲である『ベビー・フェイス』に変化を持たせて楽しげに演出しようとした彼らの最大限の努力に、拍手が送られることは決してない。ダンサーたちは音楽的な価値を理解しはしないし、楽団の熱演を気にとめてなどいない。

ホールにいる二百人ほどの男たちはといえば、そのほとんどはダンスをしている様子もない。彼らはダンスフロアの端の辺りで佇んでいるか、壁沿いに一列に置かれた椅子にだらしなく腰掛けて、ダンサーたちをじっと見つめているくらいだ。誰も口をきかない。誰も笑わない。異様にもの静かな群集である。楽団がサキソフォンの最後のやかましい一吹きで演奏を終える。ダンスをしていたカップルが離れ、次の三十秒間に、混み合ったダンスフロアは騒然となり、人々は興奮して手招きする集団と化す。壁際でうろついていた観客たちがあちらこちらでお目当ての女の子たちを追いかけ、その一方で他の者たちは空いた座席にぐったりと座り込む。この騒動のなか、チケット回収係がチケットを回収するために大声で叫ぶ。するとダンサーたちは、客からチケットを受け取り、それを半分にちぎり、一方を回って来る回収係に渡す。そしてダンサーは、慣れた素振りでもう一方のチケットを既にもらっている他の半券と一緒に絹のストッキングの縁に差し込むのである。そのストッキングの縁は、夜更け前には膨れ上がり、妙なところに出来た大きなできもののようになる。ダンサーは自らすすんで話そうとはしない。曲が始まれば、淡々とダンスの手はずを整え新しい客と踊るだけである。

ここからは、楽団は小粋なジグ〔八分の六拍子の快活なダンス曲〕『そのスタイルが好きだ、その目が好きだ、誰だってそうさ』を演奏し始める。新しく組んだカップルはフロアに進み出て行き、あぶれた観客はまた相手を物色するために壁際に戻る。実際のところ、ここでの男たちの主たる仕事は物色であるらしい。こうした男たちはダンスをする男たちの二倍はいる。彼らは列に加わろうとして互いに押し合いへし合いし、知らず知らずのうちにフロアに踏み込んで行ってしまう。するとアイルランド訛りの制服姿の警備員がライン沿いに歩み寄って来て、「列に戻るんだ、おい、列まで戻れ！」と、夢中になってなおもこづき合いをしている観客たちを押し戻す。男たちはやむなく退却するのだが、またすぐに押し合いを始める。

ダンサーたちは、よく見ると外見の他にある一つの特徴があるように見える。髪の色は金髪でもブルネットでもかまわないが、見た目がスマートでしなやかで若々しく快活であることが求められる。彼女たちはおそらく、従来の一般的な意味で言われるところの貞節な人間だと思われる必要はないが、少なくとも「元気いっぱい」であるように見えなければならない。時にはシニカルに口をゆがめ、ほお紅を塗りたくり、他のダンサーたちよりふてぶてしい感じの子が、慣習に逆らうような態度で踊っている時もある。だがたいていの場合、ダンサーは、スリルと歓喜とダンスホールの移ろいやすい世界が与えてくれるあぶく銭にみなぎる熱狂の只中にいる、軽薄な若い女といったところだ。彼女たちの商売道具は、確かな技術で実に多様なステップを踏む能力ではあろうが、それより重要なのは、たくさんの客をホールに引き寄せるに十分な魅力だろう。彼女たちは見たところ、あらゆる女の手段──ほお紅や口紅、魅力的な髪型──で、人目を惹くよう努力しているように見える。時には贅沢なドレスさえも、その女主人のためにプロとして仕えているかのように見える。指名が得られなくて手持ちぶさたの時には、女の子たちはそろってフロア中をはしゃいで回り、スカートの擦れ合うシュッ、シュッという音がそこら中に聞こえ、壁際の客たちは沸き立ち、またチケットに手を伸ばすのだ。

タクシーダンサーという職業は骨の折れる仕事だ。ダンサーは、客が選ぶであろう多種多様なダンスに付き合いきれるだけの、かなりの体力が必要とされる。実際、タクシーダンス・ホールにおいては、ダンスのやり方が皆一様では済まされない。あるカップルがフロア中を、ゆったりと踊るダンサーたちの間を縫うようにしてギャロップ〔かけ足の速いステップ〕で小気味良く踊り回っているかと思えば、他のカップルは変わった角度で体を支えあってダブル・シャッフル〔摺り足(double shuffle)〕、あるいは踏み足〔stamp〕やすべり足〔glide〕で、美の極みに達しようとしている。なかには、「チャールストン」を踊っているカップルもいて、彼らはフロアの中央を占領しても文句を言われないくらいうまい。またホールの周りを移動するようにして、スローでシンプルなステップを楽しんでいるカップルもいる。時折、あるダンサーたちはフロアでのうわべだけの動作を全くやめてしまっているかに見える時がある。彼らは固く抱き合い、自然なというよりも官能的で明らかにわざとらしい動きに身を投じているようだ。このようなカップルは、体をくねらせ汗だくになってひしめき合っている集団がいる場所から離れ、ホールの端に寄っていく傾向にある。ダンスが終わる度に大勢の男たちが詰めかけて来るのは、そうしたダンサーのところだ。彼女たちは、その個人的な魅力とは関係なく、客に事欠かないタクシーダンサーなのだ。「これが一日の仕事のすべてよ。あたしたちはダンスの相手をする女の子なの」。彼女らの態度がそう語っているように見える。

一方、客の大多数はこの種のダンスを求めているようには見えない。明らかにダンス自体を楽しんでいる客も多い。また、堅苦しい紹介を経ることなく、若い女の子たちからなる一種の女性集団と楽しく過ごしたい、と率直に強く望む客もおり、彼らはそのために気前良くお金を払う。なかには「ダンス学院」の看板を額面通りに受け取る客もいて、ダンスの指導を受けにやって来る。ダンサーたちはこうした男性を指導しようなどとは思わないが、その客と一緒に適当にホールを歩いてあしらっている。だがこの「ダンス学校」に通っている男性の大部分にとっては、そこは指導を受ける場所ではなく、まさに娯楽の場なのである。

タクシーダンス・ホールの客は多様だ。褐色の肌のフィリピン人は薄鈍なヨーロッパ系スラブ人たちと連んでいる。中国人のチャプスイ〔＝米英系の中華丼〕のウェイターは地中海のギリシャ人とそう変わらない地位を得ている。近年新たに産業化したメキシコの日雇い労働者は、シカゴのいいとこの「不良息子」の仲間に混じって居場所を確保している。スリルを求めて来る田舎者は、オーストラリアから来た気ままな世界旅行者と一緒になって目的を達成している。アメリカの黒人だけは、未だにタクシーダンス・ホールから排除されている人種類型だ。

ダンスホールの客に年齢制限は全くといって良いほどない。口ひげをたくわえた白髪交じりの六十代の男は、若いダンサーの元気なジグに、スローでおぼつかないステップで応えたり、あるいは独りどこか隅に腰掛けて葉巻を吹かしたりするのだろう。ぶざまな格好で、しかし実に楽しそうに踊る四十歳か五十歳くらいのずんぐりした男もいる。そしてごくわずかだが、他の男たちのなかにあって、機敏に、品良く、そして控えめなダンスをしている身なりのきちんとした中年の紳士も見られる。それから、赤ら顔で体格の良い中年で、作法や服に気を配らない男もいて、その男というのは列に並んでいる時にいい場所を占領してしまうのだが、彼の巨大で毛むくじゃらの手は、彼の小柄なパートナーの肩を覆い隠してしまっていた。集団から少し離れて立っているのは、線の細い背の低い男で、おとなしそうに脇へ退いている。

若い男も多く、三、四人のグループで入って来て、客の列の周辺でかたまって陽気に騒ぎまくっている。彼らはダンスはあまりしないで、代わりに他の連中との小競り合いに夢中になっているようだ。一見したところ、彼らはタクシーダンサーたちに興味があるようには見えない。だが、彼らがダンサーに話しかける時は、かなり率直な方法をとっているので、好意を持たれやすいようだ。彼らは集団であるいは単独で、格好良く見せようと身なりを整え、強引に口説こうと片隅にダンサーを引っ張っていく。口説くのに失敗したら、また別の気に入った娘を探しに行く。だが、もし彼らの努力が実を結べば、彼らは控えめな態度になって、気に入った女の子をホールから連れ出せるだろう閉店時間を待ち焦がれていることだろう。その一方で、当のタクシーダンサーはといえば、ダンスチケットをもぎっては商売を続けている。

中高年や若者たちに加えて、都市生活にうまく馴染みきれていないような結婚適齢期の「野暮ったい」男たちもいる。彼らは地元では、パーティーのブランメル的な存在〔しゃれ男ないしはファッションリーダーの意〕だったのかも知れないが、都市の非人格的な付き合いのなかでは、もっと人目につかない役回りとなっている。多くは地方からやって来た新参の産業労働者らしく、都市生活のスリルを味わいたがっている。後は、あちこちをふらつく気ままな世界旅行者や「仕事で旅をしている」ホーボーで、彼らは女性との付き合いにおける通常の行程を急いで進まなければならない者たちだ。さらにまた一方には、独特なタイプでしゃれた身なりの上品だがいかがわしい経歴の若い「ビジネスマン」が見られる。このタイプの男性は、煙草を吹かしながらラインに沿って品良く立っていて、ダンスをしたい時には、いつも決まって一番かわいらしくて若い娘を選ぼうとする。そして、身体に障がいのある者も何人か見受けられ、タクシーダンサーが来客をすべて受け入れなければならないという制度が、彼らにとっては救いとなっている。小人も体の不自由な者も肌がただれている者も、ここでは皆、社会的に受け入れてもらえる。そしてこの光景は、他の様々なタイプの者たちと合わさって、人間性と都市生活の美しくも奇妙で痛々しい側面を、ダンスホールの世界に露わにしている。

楽団は小粋なジグ『そのスタイルが好きだ、その目が好きだ、誰だってそうさ』から『ねえ、きみにわかるかい、僕がきみをどれだけ愛しているか知っているかい。僕はいつもきみのことばかり考えているよ』へ、そして『あの女とよりを戻したい、今ほどそう思う時はない』へと曲を変えていく。この最後の曲はスローテンポの幻想的なワルツで、客にも人気があるようだ。ホールでは皆、パートナーを求めて大わらわになる。笑い声やおしゃべりは止み、ダンスのリズミカルな動きを妨げているのは足を摺るステップの音や楽団の甲高い調べだけだ。天井の照明が消え、一角から色とりどりのスポットライトが、くるくると踊り回っている客とダンサーたちに当てられる。彼らは万華鏡のような彩で流れるように動き回り、一瞬炎のように見えたかと思うと、次の瞬間には部屋を覆いつくす埃にまみれた灰色の人影となって、不思議な姿を見せている。ここはミステリーやファンタジー、そして短くも激しい恋愛に満ちている。奇妙な静けさがすべてを覆っている。だがそれもほんのしばらくの間にすぎない。眩しい光が再び部屋を照らし、サキソフォンがせり出して優しげな音色を響かせ、そしてダンスは終わる。一連のことが済めば、すべてはもとの味気ない日常の、稼ぎに明け暮れる生活に戻るのだ。少女たちは彼女たちを捕らえていた者たちから自由の身となり、独りでラインの方やら、他に約束していたパートナーの方へと急ぐ。客たちは、にわかに騒々しくなり、あたふたとチケットをまさぐって、好みの娘を探そうと、ラインに並んだあまりいいとは思えない少女たちの間を行ったり来たりする。そしてまた恋が生まれ、この集団に特有の社交が始まるのである。

ここは欲得と沈黙の世界だ。タクシーダンス・ホールとはそういう世界だ。女性との社交が適正な料金で売りに出されている。ダンスの時間はとても短く、続けて九十秒以上踊ることは稀だ。ダンスは九十秒ごとに十セントで、一晩に男性は相当な額を使うことになる。平均的な客は豊かな財を有する社会階級に属しているようには見えないから、彼は次のダンスをしたい衝動をこらえ懐具合を見計らいながら、ラインに並んで今宵を過ごしていることになる。次のダンスをしたら彼の財産が失われるのは明らかだ。より人気のあるタクシーダンサーは、一晩の間に数え切れないほどたくさんのチケットを集める。こうした少女たちは夜ごと数時間ダンスをすることで、週に少なくとも三五から四十ドルの収入を手にする。夜ごと数時間、自分の個人的な社交にすぎないものを売りものにすることで、少女たちは工場や商店の長時間にわたる不愉快な一日より二、三倍も多く稼ぐことが出来る。

会話はほとんどない。男たちは他の男たちと談話することもなく、数時間並んで座っている。その代わりに、彼らは皆、フロアの中央でジグを踊るカップルに目をやっている。少女たちもまた、ダンスをしない間、ダンサー同士でおしゃべりするでもなく長い間佇んでいる。このタクシーダンス・ホールにおける会話は、良く見積もっても、高度に発達した技術に基づくものには見えない。会話があるとしても、たいていはダンスホールで客と女の子が顔馴染みのような場合にかぎられており、踊っている最中のカップルでさえ言葉を交わすことはない。

ダンスホールの夜が終わりに近づいている。午前一時を過ぎ、「ダンス学院」は二時には閉店するのだ。ジャズミユージシャンたちはもう相当疲れていて、投げやりな演奏をしている。もはや肉体的な苦行だ。それはダンサーたちにとっても同じことである。まだ夜が更けないうちは確かにあった快活さと熱狂はもう失せてしまっている。肩を落としてどうでもいいという感じでラインに立っていたり、椅子に向かって足を引きずって行って力なくうろついていたりして、帰ることが出来る閉店時間を待ち焦がれている。客の多くもまた疲れている様子だ。酔いが回って椅子でいびきをかいて眠り込んでいる者もいる。なかにはまだ元気な輩もいて、フロアで踊り続けている。

確かに、ダンスを楽しんでいる男たちもいる。しかし彼らは少数派だ。たいていの男たちは、閉店後の「デート」のために少女を探しに来ているようだ。彼らは繰り返しダンスをして、際限なくチケットを提供されているようだ。「ダンス」の時間は九十秒から六十秒に短縮されるが、私心のある客はその変化にくじけずダンスを続け、なかにはダンスの時間が短くなっていることに気づきさえしない者もいる。

客が次々と少女のダンスに応じる頃には、踊る時間の対価に対する考えなどはどこかに行ってしまっている。彼らは、曲と曲の合間（の三十秒間の存在）など完全に忘れてしまっており、しばしばフロアでのうわべだけの動きもやめてしまっている。「その子はもうよしなよ」と、あるダンサーが仲間の女の子とその熱心すぎる客に叫んでいるが、別に悪気があってのことではない。客は気にもとめず、女の子はニヤリとするものの、返事をするでもない。しばらくするとその客は摺り足で去っていく。しかしそこには順番を待っている別のお得意さんがいる。こうした合間も気にもとめずに、チケット回収係は彼らの間を縫うようにして動き回り、何より大切なチケットの半券を収集して回る。目立つ場所の天井には壁に沿って「無作法なダンスはおやめください」と黒い大きな文字で禁止の指示が出ている。客がライン上を行きつ戻りつしている間を制服姿の警備員三人が、客たちの行動に「目を光らせながら」ぶらついている。

突然、ホールの一隅に客やダンサーたちが突進して来るように集まってきた。ダンスや音楽を続けている者も首を伸ばしているが、そこへ叫び声やら噂話が音楽にのって聞こえてくる。ほどなく興奮した輩の一塊が分かれ、警備員たちに脇へと押さえ込まれている日焼け顔の憤った二人の若者があらわれ、警備員たちは彼らを階段通路の下に突き出す。見物客が、「あの『スケ』の取り合いで喧嘩になったのさ！」と言っている。騒動がおさまると、客たちはまた彼らの元々の関心事、つまりフロアの中央でダンサーたちが与えてくれる見世物に戻っていく。

楽団がとうとう『ホームワルツ（日本の「蛍の光」に相当する。）』を演奏し始めると、ダンサーたちはチケット売り場へといそいそと向かう。彼女たちはそこにチケットの束を預けておいて衣裳部屋に小走りに急ぐ。男たちはといえば、女たちを相手にする幸運をあてにして、不機嫌そうにしていたりそわそわしたりしながら、チェックルームや出口に向かう。こん棒を振り回しながら、制服姿の警備員たちが、客の一団をドアの方へと促そうとホールを行ったり来たりしている。「さあ、みんな外に出て！　今夜はお終いだよ！」。

階段下の歩道には若者たちが半円形の集団を成してこぢんまりと立っていて、それぞれダンサーと「デート」の約束を既に取りつけていたり、なおも女の子をものにしようとうろちょろしている。幾台ものタクシーが歩道の縁でエンジンを吹かして客を待っている。少女たちは時に二、三人で、またある時には一人で〔店から〕出て来る。少女が出て来る度に、彼女のお気に入りの男が歩み寄り、彼女と腕を絡ませてタクシーや自分の車へと案内する。同伴者がいるようには見えない子もいる。彼女たちは歩道の男たちの誘いには応じずに路面電車の方へきびきびと歩いていく。

そうしているうちに、歩道での女の品定めは次第に少なくなり、最後には紺色の制服を着た警備員がドアを施錠して、まだ留まっている者たちに「帰りなさい！　女の子たちはみんな帰って、もう誰もいないよ！」と声をかける。

タクシーダンス・ホールが提起する諸問題

この盛り場を訪れると、答えが見つかるよりも疑問が膨らむことのほうが多い。

タクシーダンス・ホールの特徴とは何なのだろうか。他のダンスホールとの違いは何なのだろうか。都市生活においてタクシーダンス・ホールは如何なる役目を果たしているのだろうか。

この怪しげな仕事に召集されている、こうした年端のいかない少女たちはいったいどういう子たちなのか。どのような経路によってこのようないかがわしい場所に行き当たり得たのか。このような生活は彼女たちにとってどのような意味があり、その後の生活に如何なる結末が待っているのだろうか。彼女たちのダンサーとしての経歴はどういう形で終わるのだろうか。他のもっとまともな就業や結婚、あるいは売春という形で終わるのだろうか。それにこうした若い女性たちの家族的背景とはどのようなものなのか。つまり彼女たちはどのようなタイプの家族をその出自としているのか。家庭でどのような養育がなされてきたのだろうか。ダンサーの、その家族との、親戚との、コミュニティとのどのような関係が、ダンスホールの世界への参入とそこでの生活の継続を可能にしているのだろうか。

そしてこの施設〔＝タクシーダンス・ホール〕に関わる男たち、すなわち、たかだか数分の娯楽のためにかなりの額のお金を気ままに使う客と〔そのお金を収入源とする〕施設の経営者とはいったいどのような人間なのか。彼らはなぜこのホールにこれほどまでに惹きつけられるのか。彼らは如何なる生活環境のストレスが原因で、この束の間の女性集団〔との付き合い〕にこれほどまでにお金をつぎ込んだりしたがるのだろうか。若者や老齢者、ヨーロッパからの移民〔労働者〕、そして若いフィリピン人たちの生活において、このダンスホールはどのような意味を持つというのだろうか。この〔ホールでの〕体験は、彼らの後の振る舞いや人生観にどのような影響を及ぼすのだろうか。施設を経営する経営者たちとはどのような人間なのだろうか。このダンスホールの独特の形態の発達に、彼らはどのような影響を及ぼしてきたのだろうか。

この手のダンスホールはどこで始まったのだろうか。合衆国全土に如何にして広まり、どのようにしてシカゴにもたらされたのだろうか。もしあるとしたら、売春や警察の買収、そして都市行政の管理不行き届きとどのような関係があるのだろうか。タクシーダンス・ホールを説明する——そしておそらくは正当化さえする——、そして適切に管理する都市生活の条件というものは果たして存在するのだろうか。それとも、都市生活の構造のなかにこの種のホールが存在することは否定されるべきなのだろうか。

〔以下、本書においては〕上記の問題やその他の問題をすみやかに提示し、そのひとつひとつに答えていくことにしたい。

第二章　一つの類型としてのタクシーダンス・ホール

つい最近まで、タクシーダンス・ホールは、パブリック形式のダンス〔後述されるように、本書においてパブリック(public)という用語は「非会員制」という意味で用いられている。すなわち、ダンスホール施設を利用できる客が、特定の「メンバー」ないしは「会員」に限定されていない、という意味で用いられている。〕を提供する施設のなかで、一つの独自な類型として認識されることはなかった。それは、新参のかなり特殊な類型のダンスホールであって、多くの都市生活者は直接そこに関わることはなかった。通行人やたまたま興味を持った市民に、どうやら「新種のダンスホール」が存在するらしいと思われるくらいであった。もっと疑問に思う人たちにとっては、たいていどこにでもありそうでいい加減な使われ方をしている「ダンス学院」という、この娯楽施設に与えられた名前が、この種のホールに関する疑わしさを和らげるのに役立った。当初は、こうしたホールを言いあらわす一般的な名称は存在していなかったため、客やタクシーダンサーの間でも、他のダンスホールとこの手のダンスホールを区別する要素について明確な理解があったわけではなかった。

常連客たちは当初、タクシーダンス・ホールに満足のいく名前を付けようと努力して、「ダイム・ア・ダンス・ホール〔dime-a-dance hall：「ダイム一枚でダンス一回」方式を採用しているダンスホールのこと。ダイム(dime)とは十セントのことをあらわす。つまり、ダンス一回につき十セント＝ダイム(dime)一枚を要する娯楽施設という意味〕」とか「男性専用のダンスホール」とか、「モンキー・ホップ〔monkey hop：売春まがいのダンスパーティーという意味〕」などの名前に行き着いた。同じ頃、シカゴのダンスホールでは、ダンス一回の収入は五セントと決められていたので、「ニッケルホッパー〔nickel-hopper：nickelとは五セント白銅貨の意味で、hopperとは、それを求めて歩き回る人を意味している。〕」といううってつけの名前が与えられた。このニックネームは現在でも使われている。しかし、この新手の娯楽に対していち早く包括的な名称を与えたのは、我が国のソーシャルワーカーたちであった。「閉鎖的ダンスホール」という用語は、ソーシャルワーカーたちの間でごく自然に出てきたものらしい。この言葉は、この施設が持つ特徴のなかで彼らが最も重要なものではないかと考えたことを指し示すのに役立った。すなわち、**女性客たちに対して閉鎖的**、という特徴がそれである。かつてサンフランシスコのソーシャルワーカーをしていた女性は、この言葉に関して第一に挙げられる認識について、次のように書き残している（一九二〇年頃）。「私はその言葉が意味することについて強い確信を抱いていました。女性が男性客とダンスをするために雇われていて、それ以外の女性は、事実上、排除されているダンスホールを意味する言葉である、と常々考えていたのです」。[2] この用語がソーシャルワーカーたちにとってどれほど満足のいくものであったとしても、このような曖昧な言い回しが一般の人々に認められるということはあり得なかっただろう。適切さや明快さから言って、もっと後に考えだされた「タクシーダンス・ホール」という言葉の方が、こうした類型の施設が後々まで良く知られるようになる名称であることは間違いない。

タクシーダンス・ホールは、現代大都市に数多く見受けられるパブリック・ダンス施設の一類型にすぎない。タクシーダンス・ホールを他のダンスホールと区別するためには、ある一つのホールの類型を他のすべてのホールの類型と分け隔てる基本的要素を検討しなければならない。この問題を手短に探究するだけでも、検討に付されるべき要素が少なくとも七つあることが示唆される。まず第一に、所有権あるいは経営形態の種類が問われなければならない。すなわち、所有や経営が公営なのか私営なのかが問われなければならない。第二に、経営に駆り立てる主要な動機づけ、つまり最も重要な関心が、商売上の収益や職業としての基準ないしサービスにあるのか、それとも社会福祉的なものにあるのかが問われなければならない。第三に、支払い方法とホールの利用料が挙げられる。第四に、客のタイプが問われなければならない。客たちはどの程度同質的なのか、若年層が多いのかそれとも高齢者層が多いのか、また男性客のみを対象としているのか、それとも男女ともに対象となっているのか。第五に、施設における他のサービスや活動とダンスとの結び付きについて、ダンスが他の活動に付随的なのか、それともダンスが中心的な存在なのかが問われなければならない。第六に、物的設備の種類についても問われなければならない。高級か否か、一年を通してダンスが可能なのか、それともある特定の時期限定なのか。そして最後に、都市構造における施設の所在についてである。すなわち施設は、概して中央ビジネス地区にあるのか、それともその外側の「歓楽街」に位置しているのか、ことによると都市周辺部にあるのか。

どのようなダンス施設の考察も、上記の基本的要素の観点からの分類が可能であることを示している。例えば、「ディナー&ダンス」レストランは、ダンスが食事の提供に付随するものであるということが主な理由で、営利目的の経営を行っているダンスホールとは区別され得る。安上がりなパビリオン〔pavilion：移動可能な仮設型の建築物〕式のダンスホールは、比較的費用のかからない設備をもとにしており時季限定的という理由により、「驚異の百万ドルのボールルーム」と区別することが出来る。この経営と同じようなパビリオン・ダンスホールは、例えば「シカゴ市営遊歩桟橋ダンス・パビリオン」とも区別できる。何故ならそれは市の所有だからだ。同じように、ロードハウス〔郊外の道路沿いのレストランなど〕はキャバレーや「ディナー&ダンス」施設などと区別できる。何故なら、それは市外にあるもの、常連客が車で来られる距離に位置しているからである。

上記の分類に従って得られた情報を検討すると、シカゴのような大都市に見られるパブリック・ダンス施設[(3)]には、少なくとも一四種類のものがあることがわかる。以下の分類は、筆者が作成したものであり仮説的なものにすぎないが、少なくとも、こうした非会員制のダンスホールの間に見られる基本的な構造の違いを示していると思われるものに基づいている。

一、**市営のボールルームもしくはパビリオン**——社会福祉を目的として市が所有し経営しているもの。通常は、設備にあまり費用をかけておらず、入場料も安く、公共用地にあり、都市の人口密集地のすぐ近くにある。

二、**ダンス学院**――ダンスの指導のための明確な方法やカリキュラムを持っており、専門職としての意識を強く持った、プロと認められている教師によって私営形態で経営されているもの。ダンスが最も重要であり、料金はやや高めで、成人であれば年齢を問わず、施設はたいてい中央ビジネス地区やそのそばにあるか、あるいはその周辺にある主要な「歓楽街」のなかにある。

三、**社会奉仕ダンス**――社会奉仕的な観点から特定の社会的需要に応えるため、社会的機関〔国家機関や行政機関、法人などを指す社会学の用語〕あるいはその他の人道的グループがスポンサーとなっているもの。低料金で、利用客はこの奉仕活動が対象としている特定の人々に限られており、そのダンスは、社会的機関やそれに類する団体がスポンサーをしていることや、社会的な評価を獲得している彼らの活動の一環として行われているものであると一目で分かるような位置づけが与えられている。

四、友愛もしくは「慈善」ダンス――親睦を促進したり価値ある理念に資金提供を行う手段として、ある種の慈善団体によって行われる非会員制の、あるいはセミパブリックのダンス。したがって、「慈善舞踏会」や「ロッジ・ダンス」、あるいは運動競技団体がスポンサーを務めるダンスがこの類型になるだろう。これは料金が比較的高めで、客は一つの文化集団の成員であり、ほぼ同年代である。

五、擬似ダンスクラブ――本物のダンスクラブを装って経営されているが、実際には私的営利目的のためにダンスファンを抱える非会員制のダンスホールである。経営者は一人ないしは複数である。「クー・クー・クラブ」だとか「愉快なダンサーたち」、「キャンパスクラブ」といった名称は、客がしっかりした「第一次集団〔的な集まり〕」であるとか、ダンスホールが富裕層向けである、といった印象をつくり出している。このようなダンスホールは、たいていそれなりの設備が整っており、都市の密集地に位置していたり、交通の便が良く小売業が多い中心地に近い場所といった、客をたくさん惹きつけるような貸しホールで定期的に開催されている。客はかなり同質性の高い集団で、入場料はかなり高い。

六、ホテル・ダンス――ホテルが宿泊客のために開催する非会員制の、あるいはセミパブリックのダンスで、社会的に望ましいと思われている人物や宿泊客の知人なども入場できる。通常は入場料は設定されておらず、ホテルで出来るかぎりの設備が整えてある。参加者の年齢こそさまざまであるが、ダンサーは客層と同様で、似たり寄ったりである。

七、ディナー&ダンス・レストラン――通常は、楽団を含むダンスを用意している商業的レストランである。従ってダンスは単に食事〔＝ディナー〕に付随的なものと考えられており、主に食事の合間に楽しまれている。そうしたレストランでは、カバー・チャージ・サービス料〔提供されるライブ演奏、DJ、ダンスフロアなどのサービスに対して、客が一人あたりの決められた金額を支払うもの〕を別途に取らないことも時にはあるが、料金はかなり高めである。たいてい中央ビジネス地区か、他の「歓楽街」地域にあって、普通は人目を引くような高くつく場所にある。客はさまざまで、少人数で別個にやって来て、レストラン内にいる他の客にはほとんど無関心である。

八、キャバレーもしくは「ナイトクラブ」――キャバレーは、ボードビルの余興があるディナー&ダンス施設とは異なる。客はダンスだけでなく、食事をしたり余興を見ることにも関心がある。商業的な事業として経営されており、入場料は高く、通常はカバー・チャージ・サービス料が必要だ。設備は派手だが、あまり高級な感じではない。そのような施設を大目に見る流動性が高い地域に位置し、中央ビジネス地区に近かったり、その周辺の「頽廃的地域〔E・W・バージェスの「同心円地帯」仮説における「遷移地帯」を指す。〕」だったり、その外側にある「歓楽街」などに位置している。客はきわめて多種多様で、年齢、経済力、教養の程度、そして主要な関心や目的もことごとく異なっている。例えば、いわゆる「ブラック・アンド・タン」キャバレー〔黒人と白人の双方が出入りしているキャバレー〕と呼ばれるようなところでは、他の非コーカサス系の集団だけでなく黒人にも入場を認めているほど多様性の幅が広い。「ナイトクラブ」が非会員制のダンス施設を意味する場合には、軽食の類が出て余興があるため、キャバレーと同義とみなされ得る。

九、ダンス・パレス――大きくて広いダンスホールで、巨額な出費を象徴しており、人目を引く設備があり、私的な営利的投機事業として経営されている。主に都市周辺の「歓楽街」地域にあり、運輸交通の拠点や条件の良い住宅地に近い場所にある。入場料は高く、客層はかなり多様である。ダンスや社交が中心的な関心事であり、施設内の軽食は副次的なサービスのようだ。

十、**ダンス・パビリオン**——ダンス・パレスとは対照的に、営利的に経営されているダンス・パビリオンは少額出費の代表で、簡単な設備の野外ステージや大型テントで、安価な賃貸料で確保できる都市の周縁部に位置している。時季限定で、夏季にだけダンスの機会を提供し、安価な入場料になっている。遊園地やピクニック場と一緒になっていることが多く、あまりお金に余裕のない層の若者たちにダンスをする機会を提供している。キャバレーやダンス・パレスと比べれば客層は多様である。

十一、**ロードハウス**——営利的に経営されている都市のはずれの行楽地で、都市から自動車で行ける範囲内にある。大広間を軽く改造したものから、大きくて人目を引く農園の住宅まで、設備はさまざまである。ダンスは副次的なサービスにすぎず、キャバレーで出されるような軽食やボードビルショーの提供が主である。客層はかなり多様だが、多くの場所で高い使用料を払ったり自動車の諸経費が必要になるにもかかわらず、ここを選ぶだけの金銭的な余裕がある層だと言える。

十二、**レンタルパーティー**——ある筋の情報によれば、賃貸料を支払う手段として行われているもので、あまり豊かではない市民層が、時折パブリック・ダンスのために自宅を開放し工夫してやってきたものである。入場料は安価で設備はあまり良くはなく、おそらく都市貧困層の密集地にある。この類型のパブリック・ダンスは、未だ都市の黒人の間で報告されているのみであるが、白人の間では行われていないとするだけの根拠はない。

十三、**遊覧船上パーティー**——副次的なサービスとして、営利目的の観光船上で提供されるダンス。ダンスは時季限定でかなり高額であり、かなり多様な人々が集まっているが、たいていは若い人が多い。設備はあまり良いとは言えない。

一四、タクシーダンス・ホール(4)

タクシーダンス・ホールは、大都市に見られるパブリック・ダンス施設の他の主要な類型と異なるのみならず、第一印象では混同するかも知れない例外的なダンスホールとも異なっている。

まず、次のようなダンス施設について考えてみたい。そこでは、チケット制ダンス方式に基づいて、女の子たちが客とダンスをするために雇われており、特徴的に一見してタクシーダンス・ホールに見えるが、ホール自体は「**会員制クラブ**」であると主張しており——すなわち、非会員制の娯楽施設では全くなく——、入場券は「会員」や会員に「推薦された」人たちにだけ売られている、そうした施設である。

サングレイドは、ニューヨークのバウリー〔＝安酒場や安宿の多い地域〕にはなく、二番街にもなかった。それはリバーサイド・ドライブにあり、ハドソン川を見渡すことが出来た。階段を二つ上がる。施錠されたドアの脇のボタンを押すと、のぞき穴が開く。私の連れは色黒のコロンビアの少年で、その「クラブ」で良く知られた客からのカードを持っていた。私たちは入場を許可された。部屋が九つある風通しの悪い貸し室は三つに分かれており、四人編成の楽団、ぼさぼさに裂けてしまっている灯り、ぼろぼろのテーブルが数個といった具合であった。「クラブ」には七十人いて、半分くらいは少女だ。会費の一ドルに戦争税が加えられるが、それが政府に納められているかどうかはわからない。チケットは三枚で二五セントである。だが、あまりダンスをしている様子はなかった。日焼け顔の男たちが席について、少女たちを見てニヤついていた。(5)

「会員」やその友人にだけ入場を許可するやり方は、主に人々の注意や警察の定期巡回から逃れるための方策だ。しかしここでさえ、ホールの所有者は利益を得るために、会員になりたがっている客の数だけ許可を出して、ご都合主義だと思われるくらいに手当たり次第に「会員カード」をばらまく欲望に駆られることはまず間違いない。そして、実際のところ、そうした施設は自己推薦のような男たちもほとんど認めるようになるので、事実上はタクシーダンス・ホールになってしまう。そういう時にかぎっては、個人的な施設も疑いなくタクシーダンス・ホールとみなして良いだろう。

タクシーダンス・ホールの類型の第二の変種は、客にもタクシーダンサーにも女性がいる施設である。都市によっては、ダンス・パレスが、ダンスホールでダンスの相手をなかなか見つけられない男性のために「ホステス」を雇い用意していたところもある。[6] しかし、施設において、こうした「ホステス」やタクシーダンサーたちだけが女性ではない、ということから非常に重要な違いが生じる。プロの「ホステス」がいるダンス・パレスは、たくさんの男性客のためにタクシーダンス・ホールと同様の役目を果たしてはいるが、その一方で、そのプロのダンサー集団は〔そこにおいて〕主要な女性集団ではないために、こうした施設を特徴的なタクシーダンス・ホールとして見ることは出来ないのである。

タクシーダンス・ホールとは異なるものとして捉えられる第三〔の変種〕は、客のダンス手数料以外の手段で収益を得ている施設や、ダンスの歩合よりも他の手段で「ホステス」に報酬を出している施設に見られる。この手の最もわかりやすい事例は、「四九年ダンスホール〔フォーティーナイナー(forty-niner)、すなわち、一八「四九」年のゴールドラッシュでカリフォルニアに来た人たちを当て込んで開業したダンスホールを指す。〕」や「四九年キャンプ」などの、ゴールドラッシュの時代の遺産の一つや、サンフランシスコの「バーバリーコースト」などである。「四九年ダンスホール」では、ダンスは無料で、ダンスのパートナーや「ホステス」は、ダンスからではなく隣接のバーで客に飲ませる酒の量で収入を得ていた。かつては、この種のダンスホールは太平洋岸一帯に分布していた。

その年老いた警察官は、シアトル史上の初期、特にアラスカ・ゴールドラッシュの時期には、多くのダンスホールがバーと結びついて存在していたと述べている。そこに通っている女の子たちは、タクシーダンサーとしてではなく、アルコール販売により料金を受け取ることで口銭を稼いでいた……当時、それらの施設は新聞紙上で非難的に「四九年ダンスホール」と呼ばれていた。(7)

その後、「四九年キャンプ」という名称が一般的なものとなったため、極西部地方にだけ見られるものではなくなった。シカゴではこの類型の施設は「コンサートホール・サルーン」として知られ、一九〇〇年以降もこの類の盛り場が数多く存在した。(8) 南部では、地方選択権法が制定されたのにともない、この類型のダンスホールは特別な巡業見世物になっていった。

南部では、ごく最近まで巡業見世物がだいたい一年ごとに小さな村々を回っていて、その主要な呼び物の一つが「四九年キャンプ」だった。ほとんどすべての巡業に「四九年キャンプ」があった。そのためのテントが別個にあって、そこでは入場料を取られた。そのなかにはちょっとした舞台があって、ショーに所属している少女たちとのダンスに招かれた地元の少年たちが、その上にあがっていた。舞台の端には、法的に認められているものであればあらゆるものをとり揃えた小さなバーがあったが、その値段は通常の倍であった。ダンスが終わると経営者が、「君たち、バーに来いよ！　四九年時代みたいだぜ！」と声をかけた。(9)

現在でも、いくつかの「四九年キャンプ」が北ミシガンやミネソタ、アイダホなどの鉱山町を訪れるので、シカゴには毎年つくられているという報告がある。(10) しかし、こうした「四九年ダンスホール」は、タクシーダンス・ホールと混同されるべきではない。同じような役割を多く果たしてはいるが、組織の構造は総じて異なっている。女の子は男たちに買わせる飲み物の歩合で報酬を得ているので、ダンスは酒の消費に付随的なものにすぎない。

さらにもう一つ、タクシーダンス・ホールの変種を挙げよう。それは、チケット制ダンス方式を採用しておらず、客がダンスの相手を選ぶことが許されていない施設である。このわかりやすい例が、ダンスの集団教習のために使われる方法に見られる。

月曜日はシンデレラ・ガーデンで「初心者向けの夕べ」として紹介されていた。受講料は一晩でたったの一ドルだった。ダンスフロアはロープで二つに仕切られていた。一方には若い男性たちが、インストラクターとして働いている若い女性とダンスをする順番を待って並ばされていた。もう一方の仕切りでは、インストラクターのバッジを付けた男性が女性たちにダンス指導を行っている。女性たちのなかには、年配者もいれば若い人もおり、また太った人も痩せた人もいた。このダンスが終わると、ダンスペアは別れ際の会釈の一つもないまま解消され、インストラクターは自分のカードを穿孔してもらい、次の「生徒」たちのための準備をする。

インストラクターを選ぶことは出来なかった。「生徒」と「インストラクター」が二つに向き合ったラインに、二人の無愛想な世話役が付き添っていた。人々は互いに全く関心を持っていないように見え、ダンスは機械的で、そこには熱心さが見られなかった。それが彼らを惹きつける即興の娯楽でないことは明らかだった。(11)

客のダンス相手が任意に選ばれる場合、客のダンスについての関心は指導についてのものや芸術的なものになるだろう。しかし、客がダンス相手を選ぶことを許されると、必然的に娯楽的な関心が強くなるように思われる。もしこれに、とても短いダンス時間で、客が頻繁にダンスの相手を変える機会のあるチケット制ダンス方式が加われば、娯楽的な関心や性愛的な関心以外のものは実質上消え失せてしまうだろう。例えばある「ダンス学院」では、頻繁に「インストラクター」を選び直す機会のあるチケット制ダンス方式を始めているが、そこでは、ダンスの指導は無意味なものとなり、社交的、娯楽的なものに関心が移ってしまっている状況に歯止めが利かなくなってきている。サンフランシスコとニューヨークのダンスホール調査研究所所長のマリア・ウォード・ランビンは、自らの体験を次のように記している。「ダンス学校でダイム・ア・ダンス・チケット方式にすると、閉鎖的ダンスホール（タクシーダンス・ホール）になる傾向があることがわかりました。パートナーが二分ごとに交代させられるようなところでは、ダンスの指導はほとんど期待できないし、実際にほとんどないのです」。[12] 娯楽の場であり、ダンスの指導を受けるための場ではないタクシーダンス・ホールは、このように必然的にチケット制ダンス方式や、ダンス相手を頻繁に変えることと結び付いていると考えられる。

こうした周辺的な施設を比較することで、タクシーダンス・ホール型の施設の基本的な特徴が今やより明瞭になった。タクシーダンス・ホールが、男性「一般客」だけに入場を許可している施設で、施設とタクシーダンサーの収入は客とのダンスから得られていることは明らかである。さらに、タクシーダンス・ホールと、チケット制ダンス方式やダンス相手を頻繁に変える機会〔があるという制度〕とは、切っても切り離せない関係にある。ここまでくれば、〔タクシーダンス・ホールの〕正式な定義を提示しても良いだろう。

タクシーダンス・ホールとは、男性客だけを対象とする、営利目的のパブリック・ダンス施設であり、女性のダンスパートナーを雇い男性客が社交ダンスをする機会を提供しようとするものである。女性たちはチケット制ダンス方式に基づく歩合制で報酬を得ている。彼女たちは、自分を選んだ客であれば誰とでも、その客が支払った〔料金に相当する時間の〕分だけダンスをすることが求められている。

注

(1)　以下の記述は、シカゴのある特定のタクシーダンス・ホールに関するものではなく、一九二七年から二八年にかけて、シカゴにあるほとんどのタクシーダンス・ホールに認められたことを描写したものである。読者に可能なかぎり鮮明なイメージを提供するために、観察者の個人的な印象や反応をそのまま記述に残している。より客観的な議論は後の章で扱うことにする。

(2)　マリア・ウォード・ランビン（サンフランシスコ・ダンスホール調査研究所前所長）が筆者に宛てた私信。

(3)　ここでは、「非会員制の〔public〕」、すなわち普通の客が自由に出入り出来るようなダンス施設にのみ言及している、ということを記しておかなければならない。というのも、全く考察に含まれていない「会員制の〔private〕」ダンスやダンス施設が多数存在するし、またそう容易には区分できないような境界域にある施設も見られるからである。例えば「ナイトクラブ」というのは、「**非会員制の**キャバレー」と「**会員**

制のクラブ」の両方を指して使われるようになった言葉であり、後者は施設への入場が「会員」にのみ認められている。だが名ばかりの「会員制クラブ」というものもあり、それは一人ないしは複数の事業家が、私的利益のために経営しているものであり、「会員カード」はいい加減に売られており、現実には明らかに**非会員制の**ダンス施設である。ナイトクラブと呼ばれているもののほとんどすべてが、ダンスの機会と同様にボードビルショー〔vaudeville program〕や料理、軽飲食等も提供していると報告されている。そのため、こうした施設はキャバレーとして分類しても良いかも知れない。しかし本当に「会員制クラブ」である「ナイトクラブ」は、明らかに非会員制のダンス施設とは違うため、ここでの分類の範囲を超えるものである。

（4）このダンスホールは、本研究において考察の対象となっている類型のものであり、その定義については本章の最後に提示する。

（5）J. B. Kennedy, "Devil's Dance Dens", *Collier's*, 70 (September 19, 1925), p.12.

（6）この類型の施設は、アメリカ合衆国中の多くの都市で見られ、特にシアトルやニューヨークでは顕著である。このタクシーダンス・ホールとダンス・パレスとの混成類型は、シカゴでは見られず、ダンス・パレスの所有者はダンスパートナーを得るためにお金を使わなければならないような男性には、施設を使わせたくなかったのである。

（7）シアトル市警察本部女性部部長E・W・ハリス女史の、一九二七年四月二二日付の私信。

（8）シカゴ大学のネルス・アンダーソン博士から得た情報。

（9）シカゴ大学社会学科エドガー・トンプソン。

（10）シカゴに事務所を持つ良く知られた巡業見世物の職員から提供された情報。

（11）調査員の記録。

（12）一九二七年四月一二日付の筆者宛ての私信。

第二部　タクシーダンサーとその世界

第三章　社会的世界の一つとしてのタクシーダンス・ホール

タクシーダンス・ホールを訪れる人々にとって（たとえ、その訪問が不定期なものであったとしても）、そこは独特な社会的世界の一つとして存在する。そこには、そこ独自の振る舞い方や話し方や考え方がある。そこにはまた、独特な隠語、活動、関心、生きていくうえで何が重要かに関する独特の認識、そしてある程度独自な処世案ないしは生活観とでも言うべきものがある。こうした文化的世界は、ホールの常連客が日常的に通る多くの大通りの至る所にあり、その諸側面のいくつかは、ホールにたまたま訪れた人が見てもすぐにわかる。

私はこのダンスホールについては、ほとんどあらゆることを想定していたつもりだったが、それでもなおここには驚かされた。そこは今まで私が見たなかで最もまだらな一団だった。フィリピン人、中国人、メキシコ人、ポーランド系移民、筋骨たくましい労働者、そして高校生の少年。さらに私を混乱させたのは、男たちが女の子たちへ向けている冷笑的なまなざしであり、また彼らがダンスのはじまりごとに女の子を手に入れるためにとる、その直截的なやり方だった。女の子たち自身はといえば、年は若く、またかなり化粧の濃い生き物であり、ほとんど無口で、いざ口を開く時には、自分のしゃべりを際だたせるために変わった表現を用いる。彼女たちが話すのは、「ブラック・アンド・タン」や「ジョー・プレイス」、「ピノイ」、「黒人びいき」についてであり、他にも私に馴染みのない用語が使われていた。女の子たちの何人かと知り合いになりたいと私は目論んだが、彼女たちの関心を引くことはなかった。他方で、同時に彼女たちは、各々、その場にいる数人の男たちや何人かの女の子たち（＝同僚のダンサー）に対しては、非常に敏感に反応しているように見えた。彼女たちは誰に対しても、愛想良くまたコケティッシュに振る舞っているように見えたが、その実、〔そうした人々に対して〕きわめて無関心であるようにも見えた。私は、このホールを取り巻く現実を観察することは許されても、そこに参加することは許されていないと感じて、その場を去った[1]。

タクシーダンス・ホールの生き生きとした世界は、慣習的な行為が妨げとなって〔外部の者には〕閉ざされる。その閉ざされ方があまりに厳しいため、頻繁にここを訪れても、その世界を把握することは出来ないかもしれない。ここで行われているこうした振る舞いや言葉や言い回しの意味について手ほどきを受けないかぎり、またここの人たちが抱いている関心やこの世界の行動基準の意味について手ほどきを受けないかぎり、タクシーダンス・ホールが人間にとって持つ意味を理解しようとは思わない方が良い。というのも、慣習的なやり方で営まれている他の多くの都市生活から完全にかけ離れたところというよりも、〔それ自体〕一つの独自な規範を備えた環境としてこの世界を形作っている要因には、あまりに多くのものがあるからである。

第一節　充足される人間の根本的願望

おそらく、このタクシーダンス・ホールの世界を、一つの独自な規範を備えた環境として他の世界から隔絶し維持することを可能にしている最も重要な点は、人々の関心や満足をこの世界が徹底的に充足していることである。とりわけ、家族の影響から逃れてきて他のタクシーダンサーたちと生活をともにしている若い女の子たちの目には、このダンスホールにおける生活は、彼女たちの主要な関心や願望のほとんどを十分に満たしてくれ得る場所として映るのである。

このダンスホールで働き始めてからは、ここでの生活があまりに楽しいから、ここをやめたいと思ったことはなかったわ。仕事は簡単で、他の場所では儲けようもないくらいのお金をもらえるし、それに、ありとあらゆる人間に出会うことが出来るから。退屈な時なんて全くなかったわ。密造酒造者、酒の密輸業者、かっぱらい、強盗、気ままな世界旅行者、そしてホーボー。いろんな人間に会ったわ。男たちは皆それぞれ十人十色で、もしロジャーズ・パークの自宅で家族と一緒に暮らしていたら、決して会うことのなかった人たちよ……女の子がダンスホールで働き始めてうまくいったら、ダンスホールの付き合いだけで何ヶ月も暮らしていけるわ。例えば私の場合はこんな感じよ。私はホールの他の女の子たちと一緒に暮らしていたわ。そして男たちともこのホールで出会ったわ。このホールの収入で生計も立てていたし。実際、この仕事で欲しいものは何でも手に入ったわ。本当に楽な生活だったわ。何の不安もなく、ただただ流されるままの生活だったわ。思うんだけど、もし何かここをやめるきっかけがなかったら、未だにウェスト・サイドあたりで同じ生活をしていたでしょうね。(2)

タクシーダンス・ホールでは、経済的収入のみならず、刺激や興奮を得る機会、男を奪い合う機会、親密さを求める機会、求愛を受ける機会などあらゆる機会が提供される。ダンサーたちが、自分自身とダンスホールの生活をあまりに完全に同一視してしまうことさえあるかも知れない。その場合彼女たちは、一日欠勤して戻って来た時には、「再び我が家に戻ってくる」に際して、喜びと満足の感情を抱くことになる。

あなたにはわかりっこないわ。ウィスコンシンの自宅で二週間過ごした後にこの「学校」にまた戻ってきた時、私がどんなに嬉しかったか。もちろんママに会えたのは嬉しかったわよ。でもね、もう〔今の私には〕ママと話す話題がほとんどないの。あとあの老いぼれのドイツ人義父については……そうね、会わないに越したことはないわね。もう、ウィスコンシンに戻って暮らしたいとは思わないわ。でもこの「学校」にいると本当に落ち着くわ……ここでは勝手がわかるの。私が戻ってくるのをいつも心待ちにしてくれてる友達もたくさんいるし、彼らは本当に私のことを気にかけてくれてるし、だから喜んで私のためにお金を使ってくれるわ。ここには友達とまでは言えない男たちもたくさんいるけど。でも、この世界の外側をすべて探し回っても、本当の友人と言える友達はそうは見つからないわね。だ

けどここにはいるのよ、そう呼べる友人が。(3)

人間の持つ根本的な欲望、すなわち、親密さや反応を求める欲望、新しい経験と刺激や興奮を求める欲望、それらに加えて、認知を求める欲望や地位を求める欲望など、タクシーダンス・ホールはこれらすべての欲望をある程度満たしてくれる。安全を求める欲望とは、W・I・トーマスが提示する「四つの願望」(4)の一つであるが、実際のところ、有能なタクシーダンサーの生活においては、この欲望だけが欠落している。

第二節　特有の活動と隠語

タクシーダンス・ホールの世界を、一つの独自な規範を備えた環境として他の世界から隔絶し維持することに貢献している第二の基本的な側面とは、その世界に独特の行動様式と隠語である。ある人物の振る舞いや仕草のちょっとした特徴でさえ、ダンスホールの世界においては、その人が「インサイダー」なのか「アウトサイダー」なのか、どちらの人間なのかを識別する手段となる可能性がある。一例としてあるダンサーは、アウトサイダーを特定するために彼女が用いている手がかりのいくつかを次のように示唆している。

あなたにはじめて会った時、私にはすぐにわかったわ。あなたはウェスト・マディソン・ストリートの人間ではないってね。あなたの振る舞い方は、ここにやって来る他の白人たちとは違うものだった。かといって、このホールに馴染みのない客なら、ここにやって来てもぽつんと静かにしているか、おどおどしているかのいずれかだわ。彼らはあまりしゃべらないし。でもあなたはよくしゃべった。しかも、ボスのところに行って何の遠慮もなく話をしたわ。他の人間だったら誰もそんなことしないわよ。ボスと知り合いでもないかぎりね。

で、あなたが私に近寄ってきた時だけど、あなたはまず「踊ってくれるかい」、て聞いてきたのよ。しかもチケットの渡し方が他の男たちとは違った。踊り方も違ったわ……
　しゃべり方も違う、使っている言葉も違う、ってことにもすぐに気がついたわ。しかも、ここの男たちはたいてい自分の自慢話をするんだけど、あなたはそれをしなかった。そこでピンときたの。あなたは自分を偉い人間だと思っている、それでいて、ここで女の子と付き合っても別段恥ずかしいとも思わない人間だと。それで私はあなたがなんかの「プロ」だってわかったのよ。(5)

　ダンスホールの世界で使われている特有の隠語は、それ自体、コミュニケーションの手段であると同時に、〔インサイダーとアウトサイダーを〕識別する手段でもある。そうした隠語は、この〔タクシーダンス・ホールという〕施設に集中的に集まる種々の特別な関心や判断、そして活動を反映している。かなりの程度において、こうした隠語はありふれたスラングや「ウェスト・サイド訛り」からつくられている。しかし、それに加えて、他にもダンスホールの世界でしか使われないような面白い言葉や言い回しもある。客たちは皆、こうした言葉や言い回しの多くをほとんど一般的に用いている。とはいえ他方では、ある一つの集団が独占的に用いているものもある。例えばフィリピン人たちは、彼ら独自の言葉や言い回しを持っている。さらにウェスト・サイドの白人の若者たちもまた、彼ら自身に特有の隠語を持っている。同様にタクシーダンサーも、そうしたフィリピン人とウェスト・サイドの若者の双方を表現する際に使う、彼女たち自身の言葉や言い回しを持っている。しかしながら、こうした特有の隠語のすべてが混ざり合うと、独特の関心と活動の世界が明らかにされる。そこにおいて焦点となる関心とは、性的なものと営利的なものである。網羅的な用語集とは言い難いが、以下の生き生きとした言葉のリストを見ると、ダンスホールの世界におけるこうした隠語の意味が明らかになる。

アフリカ [Africa.] ――黒人居住区、特に黒人のキャバレーを指す。

アフリカで遊ぶ [Playing Africa.] ――黒人居住区で密かに売春を行うこと。

アフリカにとどまる [Staying in Africa.] ――黒人居住区に住むこと。おそらくは売春を目的として。

バタ [Bata.] ――タガログ語で「赤ん坊」のこと。フィリピン人が持つ白人の恋人を指して使われるフィリピン人の言葉。

ブラック・アンド・タン [Black and Tan.] ――黒人と白人の双方が出入りしているキャバレー。

買い物をする [Buying the groceries.] ――隠れて異性と付き合うこと、同棲すること。

授業 [Class.] ――タクシーダンス・ホールを指すフィリピン人の言葉。

授業があるんだ [I have a class.] ――これからダンスホールに行くところだよ。

授業に行こうぜ! [Let's go to class.] ――ダンスホールに行こうよ!

コレギアラ [Colegiala.] ――「女子学生」を意味するスペイン語で、タクシーダンサーを指して使われるフィリピン人の言葉。

エスクエラ [Escuela.] ――スペイン語で「学校」。タクシーダンス・ホールを指して使われるフィリピン人の言葉。

カモ [Fish.] ――ダンサーたちが簡単にお金をせしめることが出来る客。

カモる [To fish.] ――客からうまくお金をせしめること。

フリップ [Flip.] ――フィリピン人が使う自分のあだ名。元々は米語。

フルーツ [Fruit.] ――お人好し（＝すぐ騙される人）。

ホット・スタッフ [Hot stuff.] ――盗品。

ラインアップ [Line-up.] ――数人の男たちが一人の女の子に対してするわいせつ行為（＝輪姦）。

うまくいく、「うまくいくこと」 [Make, "to make."] ――誰かとデートの約束を取りつけること。

モンキーチェイサー [Monkey-chaser.] ――タクシーダンサーやコーラスガールに関心のある男。

モンキーショー[Mokey shows.]――コーラスガールを使ったバーレスク。
モンキー[Monkeys.]――ダンサーのこと。コーラスガールないしはタクシーダンサーを指す。
ニッケルホッパー[Nickel-hopper.]――タクシーダンサーのこと。
ニガー[Nigger.]――フィリピン人をあらわすウェスト・サイドの言葉。
ニガーラバー（黒人びいき）[Nigger lover.]――フィリピン人と「つき合っている」女の子のこと。
オン・ザ・エボニー[On the ebony：「エボニー」(ebony)とは黒檀（植物の一種）を指す。]――白人種以外の男たちとの社会的接触を是認しているタクシーダンス・ホールないしはタクシーダンサー。
オペラ座（定冠詞とカギ括弧を伴う場合もある）[Opera, "the opera."]――バーレスクショー。
家賃を払う[Paying the rent.]――隠れて異性と付き合うこと、同棲すること。
引っかける[Picking up.]――タクシーダンサーと閉店後のデートの約束を取りつけること。
ピノイ[Pinoy.]――フィリピン人が使う自分のあだ名。元々フィリピン語。
遊ぶ[Playing.]――異性を見事に食い物にすること。
プロ[Professional.]――調査員のこと。何らかの目的を隠し持ってダンスホールを訪れている人間のこと。
パンク[Punk.]――初心者ないしは新米の若い子または女の子のことを意味するが、たいていは、まだ世慣れしていないタクシーダンサーをあらわす言葉として用いられる。
プーチ[Puti.]――白人を指すフィリピン人の言葉。
ラケット（しごと）[Racket.]――お金を得るための特殊な企て。誠実なものであるか否かは問われない。
身体検査[Shakedown.]――金品を巻き上げること。
白にとどまる[Staying white.]――一人の白人だけにデートを許すこと。

第三節　慣習的な活動が持つ特有の意味

タクシーダンス・ホールの世界が発達させてきたものは、新しい隠語やこの世界に独自なタイプの人間行動ばかりではない。古くから使われ、既に定着している言い回しや慣習もまた、新しい意味や目的を持つようになってきた。既に定着している慣習へのうわべだけの同調は、〔外部〕社会の道徳的規範に抵触する行為を覆い隠している。求愛や「デート」などのような、〔外部社会に既に〕完全に受け入れられている種々の慣習的な活動に、新しい意味が与えられている。例えばデートは、若い人々の間で互いに親しくなるための手段として慣習的に受け入れられているが、タクシーダンス・ホールという環境においては、不道徳な行いを持ちかける、という意味合いを持つに至っている。タクシーダンサーとの最初のデートは、単に、そのデートの意味に関する憶測を生み出すにすぎないが、何度かデートを重ねるようになると、それは、道徳的に許されない関係が〔両者の間に〕確立された証しとなる、ということが多くの人々に受け入れられている。

彼らは付き合い始めてもう二週間になるわ……付き合ってもいないのに、男がここで女と夜を一緒に過ごして、毎晩その女を家に送る、なんてことがあるわけないじゃない……まぁ、あんた、聞きなさいって。そんな寛大な男なんていやしないんだから。(6)

デートという行為それ自体のみならず、他の形態の多くの慣習的行動も、このタクシーダンス・ホールにおいては新しい意味を持つようになっている。

「う〜ん、もちろん二人は恋人同士よ」。ヘイゼルとアーサーは結構いい仲じゃないの、と私はほのめかしたのですが、それに答える形でミルドレッドは大声でそう言いました。「わからないかしら。彼女、彼と踊る時には全部ただにしてるのよ。それで、他の男が彼女と三回以上踊ってる時は、いつも彼は嫉妬してるわ。気づいてると思うけど、アートは今では他のどの女とも踊らないわ。彼はすぐさま彼女のところに来て、彼女のそばに座って、彼女にチケットを何枚か渡しているわ……彼女が新しいドレスや毛皮のコートを手に入れたことに気づいているかしら。気づいてなかったでしょう。まぁ、女の子が一回ダンスを踊ってニッケル〔＝五セント白銅貨〕一枚もらったぐらいで、毛皮のコートなんて買えやしないわ」。そう彼女はせせら笑って締めくくった。[7]

タクシーダンス・ホール〔の世界〕には、その世界独自の判断と経験の体系があり、それを通じて、この施設を取り巻く種々の活動が解釈されている。

第四節　タクシーダンス・ホールにおける有力タクシーダンサー

タクシーダンス・ホールに見られる他にはない最も特徴的な側面は、成功したタクシーダンサーが持つ卓越した威信とその高い地位である。ダンサーたち自身には、商業的に搾取されているという気持ちは更々なく、彼女たちは、〔ダンスホールの〕状況から刺激を受け、客に褒められるうちに、しばらくの間はそれらに満足を見出すことになる。

確かにそりゃもう気楽なもんよ。仕事なんてないに等しいし、朝も遅くまで寝てられるし、昼間の仕事よりよっぽど稼げるし……その他いろいろよ。でも私がこの仕事を好きなのはそれだけじゃないのよ。このホールにはさ、私をゴキゲンにさせる何かがあるのよ。出勤して来た時にはすっかり落ち込んでたとしても、すぐにまた完全復活するわ。音楽のせいじゃないわね。とにかくみんなと一緒にいるのが好きなのよ。それにホールじゃ男たちが……特にフィリピン人ね、みんな私に本当に優しくしてくれるのよ。[8]

とりわけ、客たちが女の子たちの気を引き、閉店後の約束を取りつけたいという希望を持っている場合、彼らは、女の子たちに優しくまた彼女たちを丁重に扱う。客たちの多くが切望しているダンスホールの外の世界での女の子たちとのつきあいは、より信頼できる交渉という方法ではなく、先行き不透明な求愛を通してのみ手に入れることができる。そのため、タクシーダンス・ホールにおいて人気のあるダンサーは有利な立場に置かれることになる。その有利な立場は、部分的には、まさにダンサーの気持ちの不確かさから生じているようである。たとえ、デートの約束を取りつけたいという欲望や期待を、明らかに全く抱いていない客たちと一緒でも、タクシーダンサーは、たいていの場合、彼らと満足な関係を築く。そうした関わり合いは、非人格的な性質のものである場合もあれば、友情にもとづいたものである場合もある。

他のタイプのダンス施設〔におけるダンサーの立場〕と比べても、タクシーダンサーは、このタクシーダンス・ホールという社会的世界において、より完全に支配的な立場に立っている。それを可能にしているのが、タクシーダンス・ホールに特有の組織形態である。ほとんどの場合、客たちは、このホールにたまにやって来て、束の間を過ごし、この場を去っていく。ダンサーたちは、それとは対照的に、ダンサーたちは、どちらかといえば恒常的で確かな経済的関係をこの施設と持っている。ダンサーたちは、ダンサー同士の接触と客との接触の双方において、ある一定の流儀を定め、ある種の生活観を生み出し、その場その場で必要となる行動基準をダンサーと客の双方に対して設ける。行動基準がホールの経営者によって外側から課せられ維持されているかも知れないが、最も直接的な統制権は、この施設における生活を支配している女性たちの集団の手中にあり、ある一定のルールや統制技術を考案し発達させてきたのも彼女たちである。こうしたルールや技術は、ダンスホールにおけるその時々の接触を通じて、ベテランダンサーから新米ダンサーへと伝えられていく。当然のことながら、休憩時間中の化粧室は、こうしたルールを継承する場の一つとなる。

　このホールに来た最初の夜のことは決して忘れられないわ。わかるでしょう、ここに来た時の私は日曜学校に通うような子どもじゃなかったわ。でも自分はそういう子どもなんだと思い込んでいたわ。周りがそうさせていたの。間違いないわ。休憩時間に化粧室に行くと、他の女の子たちが、顔に白い粉をはたいたり、化粧を塗りたくったり、口紅を塗ったり、毒舌を吐いたり、煙草を吸ったり、お酒を飲んだりしているのを目の当たりにしたわ。ある女の子なんか、したたか飲んでいて、毒づいたり、今まで聞いたことのないようなひどいことを言ったりしていたわ。他の子たちはみんな彼女に耳を傾けて、彼女がどんなことを言っても笑って聞いていたわ。私は、全部に嫌気がさしてその場から立ち去ったの。

一週間ぐらいは化粧室には立ち寄らなかったわ。でもある晩、立ち寄った時に、怖い感じのポーランド人娘が私に向かってこう怒鳴ったの。「ブロンドの母ちゃんは自分を何様だと思ってるのかしら」。すっごく頭に来て、どうしていいかわからなかったから、背を向けて立ち去るしかなかったわ。

でもそんなことにもすぐに慣れた。だんだん彼女たちと同じように話すようになったし、今はもう化粧室ではみんなと全く同じようにおしゃべりしてるわ。(9)

第五節　異性を食い物にしようとする動機

タクシーダンス・ホールという社会的世界が持つもう一つの基本的な特徴は――既にこれまでの議論の随所で示唆してきたが――、独特の「生活観」の存在である。タクシーダンス・ホールに典型的な生活観は、一つにはこの施設自体の所産であり、その社会構造が故に必然的に生まれる生活のあり方やそこで働く人間の関心から生まれたものである。こうした生活観は、自分とタクシーダンス・ホールを最も密接に結び付けている人々が、ホールを通じて、自らが生活において重要なものと考えるものを獲得しようとする、そのやり方〔ないしは手法〕を示している。彼らのその手法は、幾分標準化されており、それらが完全に成熟すると、それは何らかの「人生観」や「理由づけ」と結び付き、彼らが行う活動や用いる手法を正当化する手段となる。客とタクシーダンサーの双方に支配的な生活観は、営利的な関心と恋愛的な関心の複合体と、〔ダンサーと〕多くの客たちとの間に時折必然的に生じる親密さから生まれる。それは、双方が異性に対して向ける、互いに相手を食い物にしようとする動機にあらわれており、多くのベテランタクシーダンサーと少なからぬ客の心理に特に目立ってあらわれている。

この生活観の重要な側面の一つは、タクシーダンサーと客の双方が、互いに相手に対してとる態度にある。市場に見られるような非人格的な態度がすぐさま恋愛的な衝動――普通なら成熟していくであろう恋愛的な衝動――に取って代わる。営利主義という動機のもと、例えば、タクシーダンサーは、すぐさま客たちを、老若問わず、**究極目的**としてよりはむしろ、目標を達成するための**手段**として見るようになる。その目標とは、お金による自分の人生の埋め合わせである。他のあまり望ましいとは言えない形態の刺激とともに、恋愛的な行動は、男たちからお金を巻き上げるための利用可能な代替的方法の一つにすぎないものと化してしまう。

タクシーダンサーからダンス以外のものを得る。これこそが客の目当てにしていることである。彼らが関心を持っているのは、魅力的で若い女性を手に入れることである。堅苦しい挨拶を抜きにして、また他の社交的な集まりであれば避けることの出来ない義務と責任の多くをともなうことなく、踊ったり付き合ったりすることが出来る女性を手に入れることである。しばしば彼らは、閉店後の、ダンス以外の交流を約束してくれる若い女性を確保したいと強く願う。このようにして、客の特殊な関心とタクシーダンサーの営利的な目的から、双方の間に、互いに相手に対して有利な立場に立とうとする熾烈な競争が生まれる。多くの場合、そうした競争は意識的に行われ、そこでは相手を食い物にするためならば、公正なものであれ卑劣なものであれ、あらゆる手段が用いられる。

どの女の子にも言えることなんだけど、彼女たちのお目当ては、結局お金だよ。そう、彼女たちが客からもぎ取ることが出来ると思っているお金だよ。あの娘たちは、いける、と思った時は〔俺たちを〕「騙そう」とするのさ。でも彼女たちも俺には敵わない。俺はあいつらのことは良くわかっている……〔「わかっている」と言っても〕別に彼女たちのことを気にかけているわけじゃないよ。かわいいのは自分だけさ。どうあれ、あいつらに騙されないようにしようとしているだけさ。むしろ俺の方があいつらを騙してやろうと思っている。やるべきことはわかってる。後は実行するだけだ。これが俺という人間さ[10]。

タクシーダンサーもベテランになってくると、こうした騙しの哲学やテクニックの熱心な実践、そして砕け散った夢と恋から生じた復讐心に満ちた衝動が、自らが行っている非慣習的な行為に対する正直ではあるが無責任な考え方と混ざり合い、結果として彼女たちを、その行為それ自体を楽しむという独特なタイプのパーソナリティ〔を持った人間〕につくり変えてしまう。彼女たちは個人主義化し、幾分自己中心的になって行き、自分より優位な立場に立とうとする男たちの性格上の欠点を素早く見抜けるようになるが、他方で、彼女たち自身の主立った欠点を見つけることは出来ないようである。とはいえ、タクシーダンサーも客たちの多くも次のことを理解していない。すなわち、上記の不幸な関わり合いや不快な経験の数々に関する最も基本的な説明は、彼ら自身が元々持っていた性格のなかに、というよりも、まさに今日のタクシーダンス・ホールの社会構造のなかに見出され得るものである、ということを。

こうした基本的ではあるが不可視な社会的諸力――この諸力が彼女たちの生活を形作っているのだが――が見えないために、タクシーダンサーたちはちょっとした放浪者になってしまい、その日その日の束の間のスリルや詐術の巧みな実践から得ることの出来る種々の満足を可能なかぎり得ようとする。以下の記事は、才気溢れるある女性新聞記者によるものである。彼女はしばらくの間、タクシーダンサーとして潜入取材をしていたが、「ドロシー」との接触を通じて、自らの経験やドロシーの彼女に対する態度、その人生観、そして、ベテランタクシーダンサーに典型的な、詐術を誇らしげに使う態度を簡潔に描写している。

「あんた、名前はなんて言うの」と彼女は私に尋ねた。
「リリアンよ」と私は答えた。
「ここでずっと働くつもりなの」。

「わからないわ。ここはなんかしみったれた感じがするわ」。

「そうね、あんたの言う通りね。あんな見下げたケチどもははじめてよ……」。

「ねえ、私と一緒に来ない。私、毎日午後にはシェリダン・ロードに行くの。そこはいつも、ただカモられるのを待ってるいいカモが何人かいるわ。で、結構楽しませてもらったわ。私には決まった彼氏がいたんだけど、振られちゃってさ、今は気ままなご身分ってわけよ。まぁ、あのカモたちも私と同じようなもんね」。

「もうバカとは決して付き合わないわ。あいつらといるとむかつくわ。朝から晩まで上司にぺこぺこぺこぺこして。で、私らの金をふんだくって。まともな服も着せてくれやしないわ。で、生き方を変えたの。奪ったものは自分のもの、あいつらが持っているものも全部私のもの。まぁ、うまくやれればの話だけどね」。

「ねぇ、もう休もうよ」と私は彼女に言った。「もう私三十回ぐらいは踊ったわ。でもまだそんなに稼げてはいないわ」。

「あらそう？　なら後はこのドロシーちゃんに任せなって。あなたに彼らをすってんてんにするそのやり方ってもんを教えてあげるわ。私がどうやるか見てて。そうしたら一週間後には毛皮のコートが一着手に入るわよ」。私たちは連れだってホールを歩き、そしてドロシー「ちゃん」は、彼女の両手を自分の唇にあて、カモを探し始めた。

「私はあれにするわ。私がどうやるか、それを見て、あの角にいるおやじに近づきなさい。まず間違いなくうまくいくわよ」。そうしてドロシーは、小柄で浅黒い青年の方へ歩み寄り、彼をじろじろと見たうえで次のように言った。「あなたピカイチよ。おいでよ」。そう言うと彼女は彼の腰に手を回し、チケットを二枚受け取り、そうして、頬と頬を合わせ、彼の耳元でささやき始めた。街娼とタクシーダンサー〔のテクニック〕が組み合わさった戦略である。彼女が自分の技を披露しようとするのをじっくり観察する間もなく、ダンスは終わってしまった[11]。

第六節　「カモ」としての東洋人

男を食い物にしようとする動機は、〔ダンサーが〕東洋人と「デートする」態度や踊る時の態度に最も良くあらわれている。東洋人の若者たちは、しばしば、合衆国において同じ人種の満足できる若い女性が見当たらないために、またアメリカの白人女性との自由な社会的接触が許されていないために、若い女性と社会的接触を持つという問題は彼らにとって悩みの種となっている。アメリカの白人女性との接触を確保することは単なる好奇心の問題と化し、確保に成功することは自慢の種にさえなる。上記の制約はしばしばこうした段階にまで達する。こうした状況において多くの東洋人たちは、タクシーダンサーたちとの軽い接触に対してさえ、自らすすんで途方もないお金を使っている。とはいえ彼女たちの方では、しばしばこの東洋人たちは「カモ」として、すなわち食い物にする対象としてみなされている。

私はマロウィスキーの家というパーラーに連れて行かれました。そこではソフィーが、幾分不作法な中国人男性の相手をしていました。自分はあるチャプスイ・レストランでウェイターとして働いている人間だ、と彼は言いました。ソフィーと彼はなかなか打ち解けようとしませんでした。彼はただ座って周りを眺めているだけでした。踊ることもありませんでした……私とソフィーは出入り口の方へ向かい始めました。しかし、彼女は一瞬ためらって、「まだ逃げちゃ駄目だわ。私の『カモ』が嫉妬しちゃうかも知れないわ」と言ったのです。「『カモ』？　カモって何？」と私は尋ねました。「あら、あそこにいる中国人のことよ」と彼女は答えました。「何で彼のことを『カモ』って言うの？」。なおも私はしつこく尋ねました。「あら、だって彼は私が頼めばいつでも二十ドルぐらいくれるし、週に二回ぐらいしかここに来ないんだもの」と彼女は答えました。[12]

東洋人、とりわけフィリピン人の若者たちが、多くの若い女性たちにとって格好の収入源となっていることは明らかである。この女性たちは、ご都合主義という動機のもと、彼女たちが持っているであろう如何なる人種的偏見も〔ここでは〕棚上げにしたうえで、彼らから徹底的かつ体系的にお金を巻き上げることに専念している。彼女たちは、その詐術に〔さらに〕磨きをかけることさえあるかも知れない。

リーラは……私にこう言った。フィリピン人の若い男たちは格好のカモで、女の子たちにたくさんお金を使ってくれて、また女の子たちの所作に嫉妬し、時折、自分たちをめぐって取り合いを始めることさえある、と。「もしここで稼いだお金だけで生きていこうなんて思ったら、私飢え死にしちゃうわ。でもフィリピン人相手なら、誰だっていつでもお金を巻き上げられるわ」。

「私の妹もここで働いているんだけど、今夜は病気で来てないの。妹はもぎ取れるものは何だってもぎ取ろうとするわ……で、自分が〔カモにしている〕中国人をめぐって他の何人かの子たちと取っ組み合いになったこともあったわ。その中国人というのは大学生で、ウェイターとしても働いているわ。家からも少しは仕送りがあるようだけど、でもうちの妹が彼にいつも働くように仕向けているわ。だってそうしたら、彼からたくさんお金を巻き上げられるから」。

「私も、自分の男にはいつも働くように仕向けているわ。彼、病院のインターンをやってるんだけど、床屋でも働いているわ。先週なんか、もし他の女と踊ったりしたらあんたの喉を掻っ切るわよって言ったら、このドレスを買ってくれたわ。ここに来るような白人はみんなケチよ。ああいう奴らは、死んでも一銭もやるもんかって〔考えてる〕人間たちよ。だから時間を無駄にしちゃ駄目よ」。

「あなたにちょうど今やって来た新顔を紹介してあげるわ。彼も未だに家から少し仕送りをしてもらってる奴なんだけど、うまくやればあなたも彼から巻き上げられるわ。ここで以前働いていたある子は、フィリピン人ボクサーと付き合っていたわ。彼女はその男から一二〇〇ドル巻き上げて、カリフォルニアへとんずらよ。その後、その子はその男に手紙を書いたんだけど、その内容っていうのがこうよ。『くたばれ！　あんたはバカなカモで、私はこれから映画の世界でデビューするのよ』」。[13]

タクシーダンサーは、白人の仲間内では、自分が東洋人に抱いている利害関心を説明しなければならない。以下の引用文にも詐術の実践に関する正当化が見られる。

「あら、ここにいる『ニガー』「フィリピン人」と『チンク』「中国人」は、女の子たちにとっては単なる『カモ』にすぎないのよ」。彼女たちは僕たちにそう言っています。「私が彼らをちょっともてあそんだって、誰も何とも思わないでしょう。みんなお利口さんだし、プレゼントだってくれるし。別に彼らとどうこうなろうってわけじゃないのよ」。

女の子たちはお金を巻き上げるために彼らを操っているだけなんです。ある子は私に、あの男たちのなかの三人をカモにしている、と言っていました。既に彼らからクリスマスプレゼントももらってるんでしょうね。そういう男たちのほとんどはフィリピン人です。彼らはジャック［お金］もたくさん持ってますし。たぶん、彼らのほとんどが大学に通っているじゃないでしょうか。(14)

しかしながら、東洋人からのデートの約束を決して受けようとしないタクシーダンサーも数多くいる。彼女たちは時折、東洋人とホールで同じ空間を占めることそれ自体さえ拒絶することもある。そうした女の子たちにとっては、いわゆる「白にとどまる〔Staying White〕」ことが最も尊重すべきこととなっている。

「フリップ」［フィリピン人］というのは、付き合いたければどの子にとっても申し分ない人間ね。彼らは、ここに来る大半の男たちと比べても、よっぽど礼儀正しいんじゃないかしら。でも彼らは白人じゃない。それに尽きるわ。もちろん私もホールでは彼らと踊ることもあるわよ。でも決して彼らとデートすることはないわ。私は白人よ。〔だから〕白にとどまるつもりよ。(15)

第七節　ナイトクラブとキャバレー

男たちを食い物にしようとする動機は、ナイトクラブやキャバレーへの出入りとも結び付いている。〔この場合〕男たちは幾分役に立つ存在である。というのも、彼らはこうした場所に女の子たちをエスコートし、その勘定も払おうという気になることもあるからである。キャバレーに行くことは、ダンサーの威信の証しとなり、それは、こういった場所に出入りしているぐらい地位の高い人間と思われたい若い女の子たちにとっては、ほとんど義務と化してしまう。しかしながら、ひいきするに値すると考えられているキャバレーやレストランは、二つか三つぐらいしかない。なかでも「ブラック・アンド・タン」（黒人居住区のキャバレー）がひいきにされている。というのも、彼女たちをエスコートする男たち――ほとんどの場合それはフィリピン人か中国人であるが――が、そもそもその場所を、複数の人種から成るカップルにとって居心地の良い場所と捉えているからである。間違いなくこれが、彼らがその場所をひいきにしている理由である。もちろん敬遠されている店もいくつかある。〔他の客の〕服装や振る舞い方が、タクシーダンス・ホールの客が行き慣れている店と比べてより上品で洗練されている、というのがその理由である。

我々のうちの二組のカップルが、早朝キャバレー・パーティーに行くべく動き始めていた。「どこに行こうか」とラベルが言った。「ランデブーに行こうよ」と私は提案した。「あそこは駄目だ」と、製鉄業に就いているビッグ・ビル・ハンソンが大声で言った。「あんな堅苦しい場所には行きたくないよ。ケリー・ステーブルズに行こうよ」。女の子たちはビルの提案に賛成のようだったので、我々はタクシーの運転手にバート・ケリー〔＝ケリー・ステーブルズ〕へ向かってくれるよう頼んだ(16)。

このように選択肢が制限される結果として、タクシーダンサーは、タクシーダンス・ホールを通じて都市の歓楽街の世界を経験することになり、その後はもっぱら、都市において最も風紀の乱れた施設に通うようになる。こうした事実を以下の引用が例証している。

シカゴではあまりあちこち行かなかったわね。「ブラック・アンド・タン」にはよく行ったわ。レックス・カフェにも一度行った……でもダウンタウンでやっているショーには決して行かなかったわ。私がよく行ってたのは、寝床の近くにある小さな映画館……大きなダンスホールにも決して行かなかったわね。そういうところにも行きたかったけど、仲間の誰も行かなかったから。[17]

悪い意味でより知名度の高い「ブラック・アンド・タン」のキャバレーや、シカゴの悪徳歓楽街に位置する何軒かの施設、そしてロウア・ノース・サイドの頽廃地区において悪名高いいくつかの場所。これらが、タクシーダンス・ホールの世界において、高い評価を受けている夜のたまり場を構成している。

第八節　官能的なダンスと詐術

男たちを食い物にしようとする動機は、多くのタクシーダンサーがそれを実践し促すことが儲けにつながる、と考えているダンスのやり方にさえ影響を及ぼしている。儲けを増やしたいと切に願っている多くの女の子たちが、多くのホールで一般的に行われている標準化された形態の官能的なダンスを採用している。このダンスを行うか否かに関するダンサー個々人の意思決定は、一般的に思われている以上に徹底して経済的適応という観点からなされているものである。また通常思われている以上に道徳的判断がそこに介在する程度は低い。そうした典型的な態度の一つが、以下の引用に見られる。

ここでは、私がやっているようなやり方で踊るつもりがないんだったら、隅っこに座っていることね。私もここに来て最初の二日間は、隅っこに立って稼ぎは三十セントだったわ。だって、そういうダンスをするつもりがなかったから。でも今は、どうやら私は最悪の類の女になっているようね。ここに来てる二人の女の子も今では私に話しかけようともしなくなったし。でも気にしてないわ。私にはお金がすべてだから。[18]

自らが位置している経済的状況に対する女の子たちの露骨な適応が、客を食い物にするためならばかまわない、という自らの行為の正当化へと変化するのはいともたやすい。タクシーダンス・ホールにおいては、客を食い物にするという行為は、あからさまに不道徳な行為を除けば、すべて、お金や贈り物を得るための手段と考えられている。こういう世界においては、客を食い物にするためならば、という考え方は、官能的なダンスを行うことに対して十分な合理化をいともたやすく与える。こうした行為がまさに、「カモること」、すなわち男を食い物にするためのもう一つの手段となっているようである。

第九節　「セックス・ゲーム」

タクシーダンス・ホールの世界が持つ数々の側面のいずれにも特徴的な、相手を食い物にしようとする動機は、タクシーダンサー個人の性哲学やその実践のなかにも存在している。「セックス・ゲーム」とは、こうした生活観に適用されている用語であるが[19]、この用語は、異性に注意深く忍び寄り、またゲームに勝つための方策として女の子が自分の性的魅力を露骨に利用する、そうした機知比べのことを意味している。

このゲームは、恋人のいない女の子が、人々の結び付きが移ろいやすい世界において、偶然にとる適応の結果としてごく自然に生じる。こうしたうわべだけの人間関係においては、功利主義的関心が他のあらゆる関心に先行する傾向がある。こうした世界において成功しようと思っている女の子たちにとっては、自らの行動方針を再調整することが義務化されているようである。セックス・ゲームという哲学が生じるのは当然の結果である。

しばしば「ゴールド・ディガー〔金目当てに男性と交際したり結婚したりする女性のこと〕のやること」と考えられ描写されているこのセックス・ゲームだが、この哲学は、ベテランタクシーダンサーの間においてのみならず、人間関係が移ろいやすい世界において何とか成功しようとしている他の多くの女性たちの間においても、特徴的な生活観となっている。フランシス・ドノヴァンによると、[20]ウェイトレスは、こうした行為を行うことを得策と捉えている。資料さえあれば、コーラスガールやキャバレーのエンターテイナー、そして多くの売り子たちさえもが、セックス・ゲームのような行為をすぐに役立つ手段と捉えていることもまた、かなりの確率で明らかになるだろう。

その性哲学において、ベテランタクシーダンサーたちは意見の一致を見せている。しかし、それ以上の意見の一致をともなう基本的な生活パターンというものはおそらく存在しない。とはいえ他方では、彼女たちの間には斉一性があるが、その斉一性がすべてダンスホールにおける彼女たちの活動の結果として生まれたものである、と言うことは出来ない。それはむしろ、彼女たちがダンスホールの世界にやって来る以前に経験してきた、まさにその経験の類似性の所産なのである。かなり異なった文化的背景があるとしても、彼女たちのほとんどは、タクシーダンス・ホールにやって来る前にかなり類似した経験を体験してきており、〔皆同様に〕似通った生活観に辿り着く。彼女たちの大部分は、金の亡者が跋扈するいい加減な都市生活のなかをあてどなくさまよってきた若い女の子たちであり、自らを方向付けるためのきちんとした道徳教育をほとんど受けておらず、またお金を稼ぐための技術も持っていなければ訓練も受けていない。そのため、商店のウインドウや大通りで目にする成功の基準を無批判に受け入れるようになってしまう。

生きていくうえで必要なお金やモノ――彼女たちにとってこの上なく重要なものと思われる――を必死に獲得しようとするなかで、女の子たちは個人主義的になるのみならず、率直に言って、ご都合主義的にもなる。彼女たちは、普通の仕事で得た収入では、何としても手に入れたいと思う種々の刺激やモノの多くを買うことが出来ない。そこで彼女たちは、臨機応変に、自分が持つ個性や女の色気がお金を儲ける手段になる可能性を持っていることを発見することになる。こうした適応は、状況の要求に対してただ機械的に順応した結果であり、驚くほど多くの事例において、道徳的な考慮は二次的な重要性しか持っていない。あるタクシーダンサーの言葉を借りるならば、問題は単純に「自分が持っているものを最大限に活用」するかどうかということになる。

私はね、別に友達をつくるためにホールに来てるわけじゃないのよ。お金を稼ぐために来てるの。まだここに来て一ヶ月ぐらいしか経ってないけど、でも稼ぐやり方はもう知ってるわ。元気いっぱいって感じの顔をしてなきゃならないし、踊る時も体を速く動かさなくちゃいけないわ。でもお金が欲しいからって淫らなダンスをする必要はないわ。私は獲りたいと思ったダンスはすべて淫らなことをしなくても獲ってきたわ。でもそれが出来るのは、スタイルが良くて、ちゃんとしたドレスを着ているからだと思うわ……要は単に自分が持っているものを最大限に活用できるかどうかってことよ。この仕事で私が必要なのは自分の「セックスアピール」だけよ。[21]

第十節　性関係の諸形態

セックス・ゲームはごく自然に相当数の変則的な性関係に行き着く。こうした経験からいくつかの形態ないしはパターンの性関係が生まれてきた。それらは〔元々は〕外部の世界から持ち込まれたものではあるが、にもかかわらず、今ではタクシーダンス・ホールの世界を構成する不可欠な部分の一つとなっている。いくつかの事例において、外部から持ち込まれたこうした関係は、その状況の経済的必要性を満たすために、かなりの程度そのあり方を変えてきた。このことは「一対複数の関係」に著しく当てはまる。この性関係は変則的な適応形態の一つであり、これが、タクシーダンス・ホールの外部に存在する〔一般的な〕集団に見られる、という報告はこれまでのところきわめて少ないが、他の閉ざされた世界においては、もしかすると〔タクシーダンス・ホールにおけるそれと〕同程度の発達を遂げているかも知れない。

愛人――さまざまな婚外関係のなかで、その地位という点で最も高いのが、この愛人という形態である。タクシーダンス・ホールと関係がある他の形態の道徳的に許されない性行動と同様に、この関係を結ぶ男女が互いに相手に対してとる態度のなかにも、かなりの個人的関心と共感が認められる。同様に、献身と誠実に関わる幾分明確でよくわかる基準が存在する。この関係に駆け引きがともなうことは滅多にない。それは幾分、相互協力的な関係という形をとり、ダンスホールの世界の言葉を使うならば、そこにおいて男たちは「家賃を払う」か「買い物をする」か、その両方を行うかすることになる。こうした関係は数ヶ月続くことがある。

一対複数の関係――〔上記の関係に〕次いでよくあるのが「一対複数の関係」と呼んでも良さそうな関係である。女の子は一人の男に「性的に誠実」になる代わりに、ある寛容な関係を取り結ぶことになる。そこにおいて彼女は、三、四人程度の男たちに誠実であることに同意する。またその男たちが互いに知り合いになることさえあるかも知れない。各々の男たちとの個々の関係を通じて金銭的欲求が満たされるのである。

アンはいわゆる誰とでも寝るような子ではなかったよ。彼女は俺たち四人と関係を持っていたけど、俺たちとしか付き合わなかったね。彼女はまず俺たちを選ぶ。そして俺たちは彼女との関係に招かれる。そういう感じさ。俺たちはそれぞれ彼女に貢いでいた。二人が彼女に家賃を払い、もう一人が買い物をして、最後の一人が彼女に服を買った。俺たちの間には嫉妬なんて全くなかったね。俺たちはしばしば彼女のアパートで会って、そこでのらくらしていたものさ。誰かが彼女を独り占めするなんて話は現実的にあり得なかったね。一二時を回ると、彼女は〔その日は〕ツイてない男たちに向かってこう言ったものさ。「さぁ、みんな家に帰る時間だよ」〔その晩は四人のうちの誰か一人が彼女の家に招かれることになる。〕。で、次の晩にはまた別の男が選ばれるわけさ。誰も嫉妬なんかしやしない。何故かって……俺たちみんなアンのことを良くわかっていたからさ……彼女は俺たちのことを裏切らない。俺たちの誰もがそう思っているかぎり付き合いも続く。四ヶ月以上は続いたかな。(22)

夜通しのデート――最後に挙げられるのが、夜通しのデートというもので、これも幾分頻繁に行われている。しかしながら注目すべきは、この種の行動はすぐさま、密かに行われる売春という性格を帯びるようになることである。

第十一節　恋愛的衝動

これまでに指摘してきたことだが、タクシーダンサーの生活観には、男を食い物にすることを根本的に重視するところがある。女の子が客や東洋人に対してとる態度や夜の盛り場に出かける行為、そして「セックス・ゲーム」。いずれにおいてであれ、そこには相手を食い物にしようとする態度——すなわち、全くお金を使わずに出来るかぎり多くのものを獲得しようとする態度——が明らかに認められる。この態度はタクシーダンサー自身の観点であるのみならず、——より保守的な形で——明らかにダンスホールの経営者たちが女の子たちに望んでいる態度でもある。しかしながら実際には、この種の動機は、もう一つの動機によってたびたび頓挫させられてしまう。その動機とは恋愛的衝動である。望むと望まざるとにかかわらず、恋愛的衝動は、この状況で増大する活力にともなって沸き立つ。ただしそれは、経営者がダンスホールを経営するなかで避けがたい障害として受け入れられる範囲内においてのことであるが。

> 学校を経営して最初の何年かは、女の子たちが客と外出しないように努めてきました。女の子が男と店のすぐ外で逢い引きしようものなら、誰であれ即クビにするという規則を設けたことさえありました。しかしこのやり方は全く駄目でした。彼女たちはすぐさま、男たちと一ブロック離れた街角で逢い引きするようになったのです。街角で会ってはいけないと言うと、今度はレストランで逢い引きし始めます。もうお手上げです。彼らもそれぞれ男であり女である以上、何とかしてくっつこうとしてしまうんですね。[23]

通常タクシーダンサーが客に対してとる態度は、彼らを食い物にするというものだろう。とはいえ、彼女たちはやがていくつかの「例外」をつくるようになる。ある子がある男を「好きに」なったとする。すると、ダンスホールの厳格な商業システムが崩壊してしまうことになる。好意を抱かれひいきにされている客たちからチケットを要求する代わりに、女の子は、しばしば客（の一部）と「ただで」踊り、好きな男からお金を取ることを自らすすんで放棄してしまう。「チケット回収係」とは、曲がかかってダンスが始まる度にダンサーの間を巡回し、すべてのタクシーダンサーからチケットの半券を集めて回る人間を指すが、このような人間を配備するという徹底したシステムを以てしても、上記の傾向を十分に取り締まることは出来ない。タクシーダンサーはあれこれ手だてを考え、タクシーダンス・ホールのシステムの裏をかき、彼女の特別な友達とのダンスから得たお金の少なくとも一部をうまく放棄する、そのやり方を見つけ出す。

恋愛的衝動は、女の子たちが、東洋人やとりわけフィリピン人たちに対して向けている態度にも作用している。最初のうちは、フィリピン人を食い物にする対象として見るものの、やがて彼らに対して全く異なった態度をとるようになる女の子も少なくない。

フィリピン人は優しいし礼儀正しいわ。私があるフィリピン人と婚約してるってことをみんなが知ってるかどうか、私にはわからないけど。彼のことを愛しているわ。本当よ。今も決心しようとしているところなの。彼のためにすべてを投げ出せるかどうか、そこまで自分があの人のことを愛しているかどうかってね。もし彼と結婚したら絶対に別れないわ。もし結婚が失敗だったとわかっても、彼の愛に嘘がないかぎり、私は彼についていくわ。そして、「どんなことがあっても」別れないつもりよ。もし本当に結婚したら、二人で彼の故郷に帰って暮らすわ。フィリピンならあまり偏見もないだろうし。そう思わない？……生まれた赤ちゃんの肌の色がちょっと茶色くても私は気にしないわ。これまでも何人か見てきたし。〔肌の色が違うからって〕全く違う人間ってわけじゃないわ。私にとってはみんなとってもキュートよ。[(24)]

他の東洋人たちよりもフィリピン人がダンサーに好まれる理由は、次のような要因によって説明される。フィリピン諸島におけるスペインからの影響に示される、西洋風の文化、上品な態度、こざっぱりとした服の着こなし、礼儀正しさ、そして恋人に対するスペイン流の情熱的な振る舞いを行うことが彼らには出来ること。こうした要因がそれである。世間に関してかぎられた知識しか持たない若い女の子にとって、フィリピン人はとりわけ魅力的で情熱的な存在に見えるのである。

ホールで働き始めた頃は良くわからなかったわ。フィリピン人がどういう人間かさえ知らなかったわ。映画俳優か何かとしか思っていなかったもの。彼らはいつも服の着こなしが良くて、いつも優しく接してくれるわ。私はフィリピン人がとても好き。素敵なところに連れて行ってくれるし、送り迎えはいつもタクシーよ。フィリピン人はきっとお金持ちなのね。(25)

とりわけ女の子が自分の過去に満足していない場合や、他の男友達から与えられる種々の機会が満足いくものではない場合、そして彼らの彼女に対する接し方に不満を抱いている場合、フィリピン人の礼儀正しさと敬意ある振る舞いは、女の子の自己概念をより高めるよう機能する。こうした状況下において、タクシーダンサーは、きわめて高い頻度でフィリピン人に恋心を抱くようになる。

いくつかの事例において、恋愛的衝動は、卑しさが強調されるタクシーダンス・ホールの世界に対する反動としてその強さを増し、時には「恋愛の自由」という信条を連想させるような、一種の個人主義的な考え方を愚直に受け入れるという形にまで発展することがある。

恋することってきっとあると思うの。実際に経験したことはないんだけどね……そんなことあるもんかって思ってしまうようなことを自分がたくさん経験してきた、ということは自分でもわかってるけど、もし、自分でも嘘偽りのない本当の恋をすることが出来るって本当に思えなかったら、きっと死にたくなると思うわ……その人がどんな人だってかまわない、ただ純粋にその人を愛するの。あと、その人がどういう仕事で生計を立てていたってかまわないわ。私はお酒を飲むのは好きじゃないけど、でもその人が密造酒造者でも、そう、たとえごみ収集人だったとしても、私はその人のことを愛するし、結婚もするわ。自分の夫がどんな仕事をしていても、他人にとやかく言われたくないわ。その人は私の夫であって、他の誰のものでもないのよ……

恋って、結婚するかどうかよりもよほど大切なことよ。そもそも結婚にどういう意味があるって言うの。人知を超えた何かが結婚にはあるって牧師は言うけど、そんなこと、その女がその男のことを愛してなかったら意味ないじゃん。(26)

恋愛的な関心は、かなり広範囲にわたってタクシーダンス・ホールの非人格的な商業システムと対立し、それを破壊してしまう。とはいえ、ある日の恋心が次の日には功利主義的な関心に取って代わられてしまうこともある。もし、タクシーダンサーが恋心を寄せている対象が自分を食い物にしようと考えていると感じられたならば、幻滅や皮肉な考え方、そして憤りという心理が、すぐさま彼女の誠実な恋心に取って代わってしまう。

こうした種々の葛藤する衝動や解体的な諸活動のなかから、タクシーダンサーと客は、それぞれ自分たちの基準ややり方、そして自分自身の生活観をつくり上げる。タクシーダンス・ホールが提供する多岐にわたる満足感、独特な隠語や振る舞い方、種々の活動に対する解釈［の仕方］、ルール、組織と構造、そしてそこに支配的な生活観。これらはタクシーダンス・ホールという社会的世界においてその基礎的要素を成しており、こうした要素によって、タクシーダンサーと客が行う種々の活動や彼らが自分の生き方に対して抱く認識、そして人生観が鋳造されるのである。

第四章　タクシーダンサーの家族とその社会的背景

確かに、タクシーダンス・ホールにおける種々の経験は、タクシーダンサーをある一定のタイプに形作っていく傾向にある。例えば、「粋なタイプ」、「活発なタイプ」、非人格的で幾分幻滅したタイプなどが、ダンサー自身の道徳的規準とともに形作られる。とはいえ、タクシーダンサーがタクシーダンサーである所以の一部は、彼女たちがダンスホールに来る以前に体験した種々の経験によっても説明可能である。ここで誰しも次のような疑問を持つことだろう。都市における多くのさまざまな職業的機会のなかから、ダンス一回五セントであらゆる客たちと踊るという職業で生計を立てることを選択する、こうした若い女の子とはどういう子たちなのか、と。

ここでまず注目しておくべきことがある。それは、ダンサーになる女の子たちの大多数がシカゴ生まれだということである。[27] 彼女たちは、安手の下宿屋に住んでいたり、他のタクシーダンサーたちとアパートに同居していたりすることもあるが、多くの場合、近親者がシカゴのどこかに住んでいる。この手の女の子は、自分が逮捕ないしは保護されると、次のような興味をそそる面白い話をするかも知れない。自分は「孤児」で「三歳の頃から一人で生きて」こなければならなかったであるとか、時には「母を訪ねて三千里」の最中であるとかいう話をすることさえあるかも知れない。とはいえほとんどの場合、彼女たちの親とその家族はシカゴのどこかに住んでいると言っても過言ではない。[28]

アグネス・グレタン。年齢は一七歳で、ロウア・ノース・コミュニティで他の三人のタクシーダンサーと何人かの若い男たちと一緒に安手のアパートに住んでいた。そのアパートが家宅捜査を受けた時、アグネスはソーシャルワーカーたちに彼女のこれまでの生活歴について現実離れしたことを話したが、その内容がワーカーに好印象を与えるものであったこと、また一貫性を持ったものであったことから、その話は数ヶ月間、実話として受け止められていた。彼女が言うには、彼女はベルギーの生まれで、両親はともにベルギー人で、その後フィラデルフィアに引っ越し、一九二四年に両親が亡くなるまでそこに住んでいたとのことであった。自分には兄弟姉妹ともにおらず、全く「身寄りのない」状態であると彼女は主張していた。

それからほんの数ヶ月後、彼女の両親はともに健在で、九人の兄弟姉妹とともに、彼女が元々雇われていたダンスホールから六街区も離れていないところで、一つ屋根の下に住んでいたことが明らかになった。彼女は、自分がクリーニング店で働いていると家族に思わせ、ダンスホールで働いていて法的に厄介なことになっていることを知られないようにうまくやってきたわけである。(29)

数としては少数派だが、他の都市や中西部の小さな町と農村部からの家出少女もいる。

メアリー・ボリスは、一五歳のリトアニア出身の少女で、実の母親と継父と一緒にミネアポリスからそう離れていない小さな町に住んでいた。そこでの生活が「あまりに退屈」だったため、彼女は自分の貯金を使ってシカゴにやって来た。彼女はその後まもなくして、タクシーダンス・ホールで働くことになり、そこでは自分を一八歳と偽っていた。家族には思いついた時に手紙を書くぐらいで、そのため彼女の家族は、メアリーがどのような生活を送っているのかを知らずにいた。最終的に彼女が保護された時には、メアリーは病気になっていて、他のタクシーダンサーたちとある下宿屋で乱れた生活を送っていた。(30)

クリスティーナ・ストランスキーは、ピッツバーグに住むポーランド系のある大家族の娘である。年齢は一七歳で、彼女はその街で非熟練労働に従事していたが、その仕事から得られる収入では満足していなかった。彼女はシカゴにいる親戚から、シカゴの方が賃金は格段に良いことを知らされ、シカゴにやって来た。しばらくの間その親戚と暮らした後、彼女はウェスト・サイドの下宿屋に安手の部屋を借りた。

「ダンス学校」に勤め始めると同時に、彼女は瞬く間に「ダンス教師、ミス・デロリス・グレン」として花開いた。彼女は、自分の新しい名前〔＝源氏名〕と職業の書かれた名刺を渡され、ほどなくしてよりいい物件に引っ越した。彼女はシカゴに住んでいる親戚との関わりを一切絶ち、ピッツバーグの家族には思いついた時に手紙を書く程度だった。数ヶ月後にはじめて「ダンス教師、ミス・デロリス・グレン」とクリスティーナ・ストランスキーが同一人物であることが明らかになった。(31)

タクシーダンサーが、実際にはヨーロッパのどこかの国から来た移民だと判明することが時折ある。これまで、スウェーデン、オランダ、ドイツ、ベルギー、フランスといった国々が、各々、シカゴのタクシーダンス・ホールに女の子を供給してきた。

ミニー・カイパーはオランダ人少女で、一九二三年頃にこの国にやって来た。「母国では仕事は全くなかったわ。だからアメリカに来たのよ」と彼女は言っていた。「英語を少しばかり話せるようになるまで、四ヶ月はニューヨークにいたわ。そしてシカゴに来たの。私のおばもここに住んでいたし。でもおばとはあまりうまくいかなかったわ。もう今はおばとは暮らしていないし……この国に来るまでありとあらゆることを経験してきたわ。しばらくの間は、ダウンタウンのレストランでウェイトレスをしていたし。でもこの仕事はずっと面白いわ。ここにいるといい男たちとも出会えるし……今ね、私は貯金をしてるの。オランダに戻って母さんに会いたいわ。母さん、あまり体の調子も良くないし」(32)

第一節　タクシーダンサーのシカゴの住まい

添付の地図は、七百人以上のタクシーダンサーたちの住まいを示している。シカゴの下宿屋地域に住んでいるタクシーダンサーの居所を除いて、地図上に示されている彼女たちの居所のほとんどが、彼女たちの家族の住まいをあらわしているものと考えて間違いない。地図一が示しているのは、一〇四人のタクシーダンサーの住まいであるが、これらは、調査中に〔ダンサーたちから〕思いがけずして入手できた住所である。観測に個人差があり、事例数がかぎられているため、この地図は正真正銘のランダム・サンプルであるとは言えないが、それを考慮してもなお、この地図は、我々がシカゴのあらゆるホールで接触したすべてのタクシーダンサー〔の住まい〕を可能なかぎり代表しているものである。二番目の地図は、ロレーヌ・ガーデン・ダンス学校に登録されている六百人以上の女の子たちの住まいを示している。ロレーヌ・ガーデン・ダンス学校は、一時期は、ノース・アベニュー近くのクラーク・ストリートで営業していた店である。こちらの地図の方がサンプルとしてはいっそう適切である。とはいえ、この地図に示されている分布状況が、シカゴの他のダンス施設に勤めるタクシーダンサーも代表しているかどうかは定かではない。しかしながら、この二つの地図を比較して見ると、基本的に〔分布状況が〕一致していることがわかる。

まず街中の住居の分布状況を比較してもらいたい。女の子たちは、街のほぼ全域に散らばっている各自の家から〔ホールに〕通っているが、大多数の住居はノース・サイドかノース・ウェスト・サイドにある。しかしながらはるかに重要なことは、タクシーダンサーが、自分たちがかつて住んでいたコミュニティから幾分距離を置こうとしているようにも見える点である。このことは地図一より明らかである。ノース・サイドとノース・ウェスト・サイドに集まっている〔ドットの〕数から純粋かつ必然的に、彼女たちの仕事仲間には同じ地区出身の人間がいるのかも知れない、という印象を地図一は与える。だが実際はそうではない。この二つの地図を作成するに際して使われた住所は、彼女たちの派閥やグループごとに入手されたものであって、全く無作為に入手されたものではない。この事実から、最初に同じ地域に住んでいたグループが、ダンスホールで同じグループを作っているわけではなく、バラバラの場所から来た女の子たちが、ホールで派閥になり、その結果として、その後に、同じ地域に住むようになったということがわかる。地域に基づく〔ダンサーたちの〕結び付きを示す証拠はほとんどないため、次のように結論づけざるを得ない。すなわち、タクシーダンサーたちの仕事仲間は、シカゴ市内の彼女たちが元々住んでいた地域に由来するもの

地図 1

国籍、人種、地域コミュニティとの関連におけるシカゴのタクシーダンサーの住まい

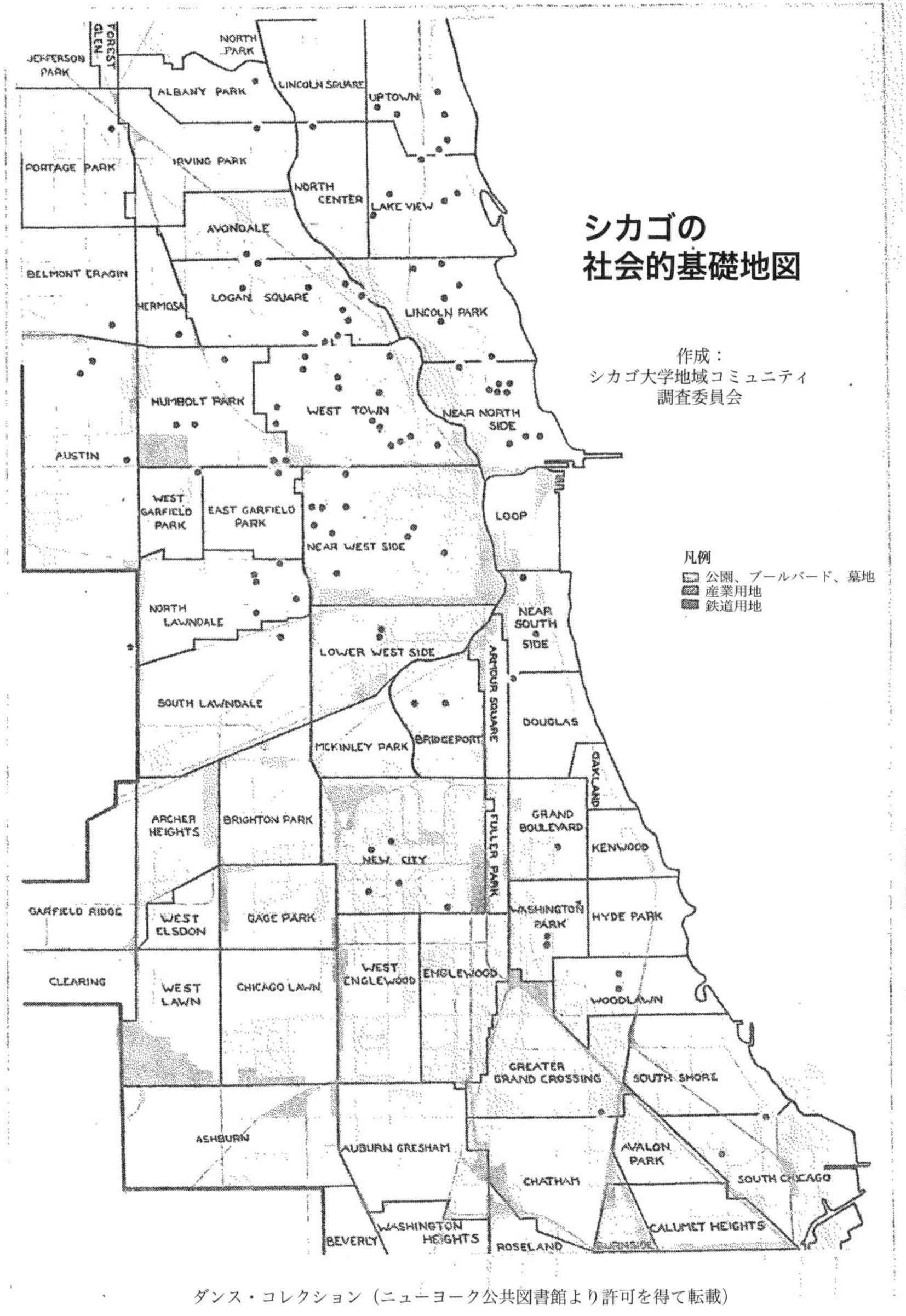

ダンス・コレクション（ニューヨーク公共図書館より許可を得て転載）

地図2

国籍、人種、地域コミュニティとの関連における
ロレーヌ・ガーデン・タクシーダンス・ホール所属のタクシーダンサーの住まい

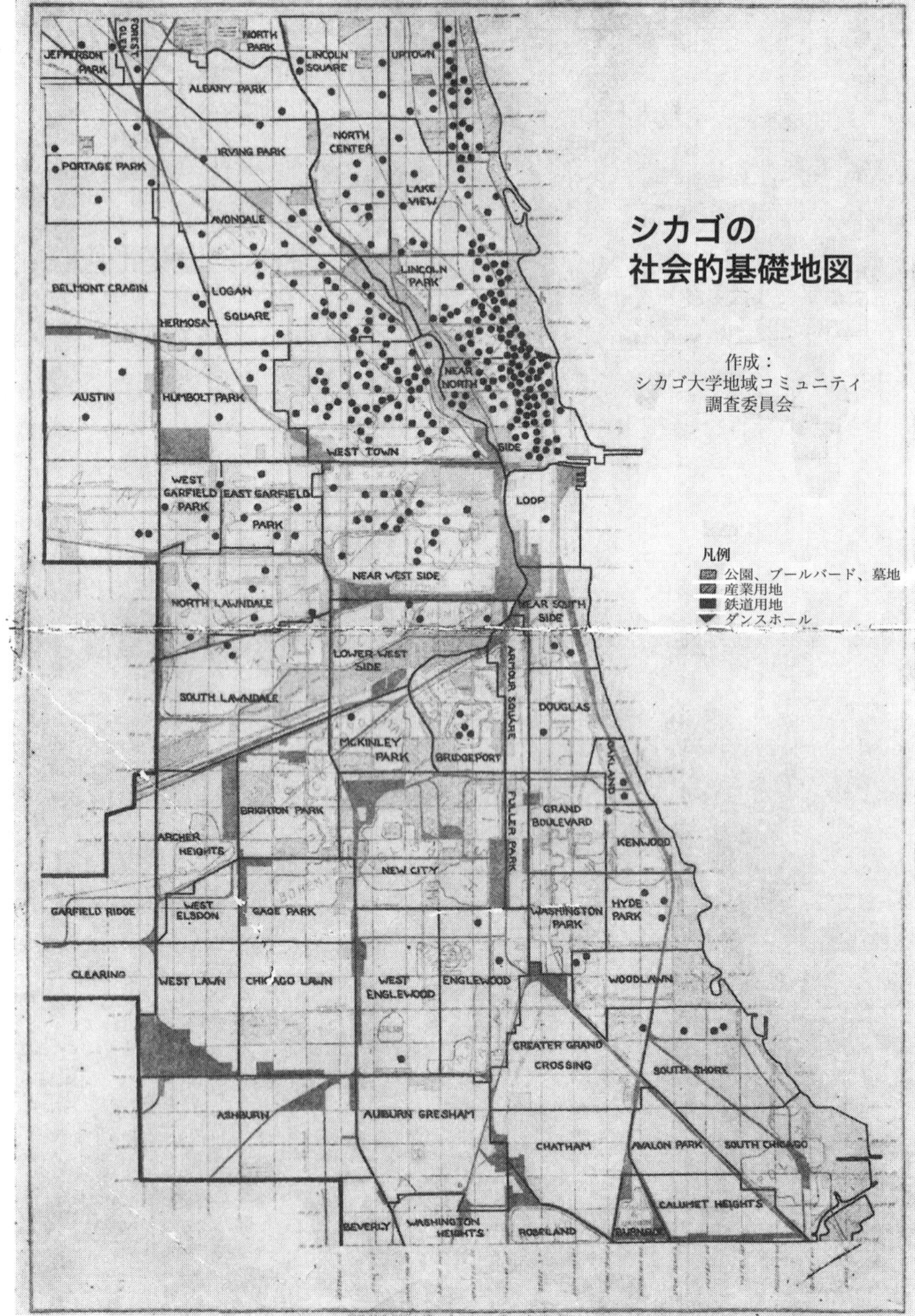

提供：シカゴ大学出版局

ではない、と。ダンスホールに来た時には既に、タクシーダンサーたちは、かなりの程度、彼女たちがそれ以前に持っていた〔出身〕地域との結び付きから切り離されている。

またこの二つの地図は、こうした若い女の子たちの国籍や系譜についても示唆していることが何点かある。驚くほど多くの人数が、シカゴのポーランド人地域から来ている。イタリア人地域やユダヤ人地域であるゲットーから来ている女の子はまずいない。しかしながら、ユダヤ人地域の第二の定住地、すなわち、ユダヤ人がゲットーを離れた後に最初に越してきた地域にはタクシーダンサーがいる。一方にポーランド人集団、そして他方にイタリア人集団とゲットー集団。この前者と後者の集団が見せる著しい対照は、次の二点に示されている。〔まず第一に〕後者の二つの集団の双方と比べて、〔ポーランド人集団には〕スラブ民族独自の文化的遺産があること、〔そして第二に〕ポーランド人を親に持つ女の子たちが、タクシーダンス・ホールの世界に明らかにたやすく吸い込まれ得ること、この二点である。

第二節　タクシーダンサーと家族の絆

タクシーダンス・ホールに勤める女の子たちの大多数が非常に若いということに目を向けると、誰しも次のような仮説にたどり着くかもしれない。すなわち、彼女たちは年相応に人生経験が未熟である、と。とはいえこの仮説は誤りである。可能なかぎりランダムに抽出した三十人の女の子たちのサンプルがある。このサンプルは、どのような科学的判断を提示するにも不十分なものではあるものの、大雑把にではあるが、女の子たちの多くが既に持っている早熟の経験を描き出すのに役立つ。例えば、考察の結果、次のことが明らかになった。すなわち、彼女たちの五分の二が既に結婚しているが、他方で、短期間であっても夫と生活を共にしている者は六分の一しかいない。彼女たちのほとんどが結婚後すぐに離婚を選択している。そのため多くの場合、彼女たちは非常に若いにもかかわらず、二度目の

表１　経済状態による30人のタクシーダンサーの分類

親に依存（結婚していたとしても、永続的な姻戚関係は確立されていない）…………………	５名
自活 ── シカゴ市内で親と同居（大半が未婚。仮に結婚していたとしても実質的な夫婦関係はない）……………	３名
自活 ── シカゴ市内に親がいることはわかっているが、親とは離れて暮らしている ……………	６名
自活 ── 親は市外に住んでいると思われる。下宿屋に住んでおり、結婚はしていない …………	９名
自活 ── 結婚後、別居ないしは離婚している………………………………………………………	５名
結婚しており、協同して夫婦家族を維持している…………………………………………………	２名

結婚を経験している。

三十人の女の子たちの親との家族生活は、概して好ましいものではなかった。両親が健在で家族の紐帯が維持されている「正常な家族」出身の女の子は、全体の四分の一にも満たない。五分の三はすべて欠損家庭出身であり、その三分の二近くが、大黒柱（父親）のいない家族である。その結果として生じる家族の経済的不安定が、おそらくは重要な要因の一つとなって、女の子たちは、手っ取り早くかなり高額な報酬を得る手段として、タクシーダンス・ホールに目を向けることになる。

表一は、こうした女の子たちが家族との関係において、どのような経済状態にあるのかを示したものである。

第三節　タクシーダンサーの家族の諸類型

女の子たちの大半が、深刻な葛藤を抱えた家庭の出身であるということを示すために必要な説明は、既に十分に行った。葛藤状況はしばしば欠損家庭において生じる。例えば、家族に継父や継母が加わる場合が挙げられる。また一方で、家族が経済的に過酷な状況に陥り、その結果として、女の子が着たい服を着ることが出来ない状態にある時にも葛藤は生じる。手短に言えば、生活水準における葛藤である。さまざまなタイプの文化的葛藤も生じる。例えば、親子間の葛藤が挙げられる。親が田園的ないしはヨーロッパ的な社会的世界で生まれ育ったのに対して、彼らの子どもがそれとは対照的な都市的世界で育った事例がこれに当たる。道徳的規範や美的価値観、娯楽のあり方をめぐって、若い世代と年を取った世代との間に生じる絶え間ない葛藤が家庭環境に極端な影響を与えてきた状況について、事例を挙げるとすればその数はおそらく多い。

おそらく、女の子が置かれ得る家庭環境のうち、最も困窮したものの一つは、親が重度の精神病を患っているというものだろう。ひときわ目を引く適例として――典型例というわけでは全くないが――、ヴァージニア・ウィルソン（別名ペギー・ストーン）の事例がある。彼女は筆舌に尽くしがたいほどにひどい状況のもとで育っている。

アーサー・ウィルソン――後にヴァージニアの父親となる――が、彼の妻と最初に出会ったのは、一九〇〇年のことで、その時彼女は、シカゴのあるレストランでウェイトレスをしていた。彼はその頃、少年時代から付き合っていた女性に振られており、後に彼はこのウェイトレスと結婚することになる。ウィルソン氏は、その後、セールスマンとして勤めることになった。彼の家系には全く問題がなかったのに対して、彼の妻の家系には、前世代に顕著な精神異常が遺伝的にあり、彼女の二人の姉妹は既に精神異常のため州立病院に入院していた。ほどなくして、ウィルソン氏の妻が、妻としても母親としてもきわめて無能であることがケースワーカーによって明らかにされた。「彼女は料理をすることも出来なければ、裁縫も出来ない。家事一般が出来ないのである」。

彼女の神経質で精神的に不安定な状態は、日に日にひどくなっていった。一九〇八年にはとうとう、もう妻と一緒にやっていくことは出来ない、と彼は判断した。「彼女はどこに住んでも満足しないんだ。何度引っ越してもまた引っ越したがるんだ」。彼女は気まぐれで気難しく、彼に対して「異常なまでに嫉妬深い」。その後一五年間にわたって、彼の妻は絶えず、多くのさまざまな女性を、自分の夫を「奪おう」としているとして非難して回った。一九一三年に精神科医は、彼女が精神異常者であるとの診断結果を下した。

アーサーは長男で、七歳の時に知的障がいがあると診断されていた。そして一九〇七年に誕生した彼の妹であるヴァージニアには辛くあたっていた。他方でヴァージニアは、五歳の時に既に、「意地が悪く手に負えない子である」と報告されている。

一九一〇年から一六年にかけて、二人の子どもたちは、親同士の争いのなかで「たらい回しの状態」にあった。この間、社会的機関、警察官、施設職員、そして裁判所が折に触れて、双方の側についた。彼の妻は、裁判では一貫して夫を責め立て、もっと生活費を寄こすようしつこく要求した。他方で夫の方は、子どもたちを彼女から引き離し施設に預けようとしていた。彼女は下宿屋を転々とし、子どもたちを夫に奪い取られはしないかと怯えていた。他方ウィルソン氏は、妻が原因で仕事や友達を失うのではないかと絶えず不安に思っていた。

子どもたちは二人とも、早くから悪い性習慣を身につけてしまった。母親はそのことを知ってはいたが、それを改善させることは出来なかった。実際彼女は、そのことについてはただ笑って済ませている。

父親は、ヴァージニアが精神的に正常な子どもだと思っていたが、そのヴァージニアは、学校にはきちんと通っておらず、六年生に上がることが出来なかった。社会的機関、裁判所、そして施設の努力にもかかわらず、ヴァージニアは、自分の青春時代を気の狂った母親とのみ過ごした。ヴァージニアが十歳になった時、ついにアーサーは、知能が遅れた子のための州立学校に預けられた。アーサーが預けられた後、母親と娘はたびたび引っ越しを繰り返したため、社会的機関は母子の足取りをつかむことが困難になった。一九二一年、しばらくの間、母子はロウア・ノース・コミュニティにある安宿に住んでいた。そこで少女は、おそらく母親の了解を得たうえで、頻繁に生活の乱れた男たちの部屋へ通っていた。彼らはホテルを活動の拠点にしていた。この時ヴァージニアは一四歳だったが、彼女は既に性的に乱れていた。

長期間にわたって種々の法的障害があったために、母子二人を引き離すことが出来なかった。一九二六年になってはじめて――母親が最初に精神異常者であると診断されてから一三年の後――、母親は精神病院へ送られた。その時ヴァージニアはもうすぐ二十歳になろうとしていたが、彼女はシカゴを当て所なくさまよっていた。彼女は無能な母親のもとでまともな教育をほとんど受けていなかった。彼女はしばらくの間、シカゴのタクシーダンス・ホールに通っていたが、そこで彼女はまもなくして有名になるほどに不道徳になってしまい、後に解雇されてしまった。[33]

しかしながら、時折、女の子がタクシーダンス・ホールの仕事に身を投じるように作用する可能性がある、別のタイプの精神病的状態も存在する。例えば、親が熱狂的な宗教の信者であるという状況は、時に家庭環境において、親が子に対して効果的な統制を行うことを不可能にする顕著な要因となり得る。ガートルード・プレスリーの事例がまさにそれである。

ガートルード・プレスリーは、一五歳の時に学校を辞め、家出していたと報告されている。後に明らかになったことには、彼女は毎晩フィリピン人たちとともに過ごしていた。母親は熱狂的な宗教の信者で、ソーシャルワーカーとの面接の間、頻繁に神に助けを求めていた。母親は自分の苦境についてつじつまの合わない話をしていた。そして、何故そうした苦境から脱するために何らかの行動を起こさなかったのかと尋ねられると、母親は、自分は神の僕であり神が望むことならば何でも喜んでするとと繰り返すばかりであった。そして事実、神が彼女を天に召すべきと思われるならば自分にとってこれほど嬉しいことはない、とも繰り返し述べた。最後になってようやくその母親は、ガートルードが家出して一週間になることを認め、家出の原因がガートルードの女友達にあると告白した。ガートルードが家を出たのは、父親が酒浸りで彼女を虐待していたのが原因だとも母親は主張している。彼女の兄は殺人罪の判決を受け刑務所に入っていた。家族はその息子を守るために私財のすべてを投入した。彼女たちはひどく汚い家に住んでいると報告されており、ガートルードも母親も身なりが汚い人間だと言われている。家庭環境に全く改善の兆しがないということが、後の報告で明らかになっている。(34)

女の子が、礼儀作法や時には自分の身体や自分の家を清潔に保つことといった、最も単純な理念さえ習得することが出来ない。そのような家族頽廃の一般的な状態は、いくつかの事例において、女の子たちの多くが直面する種々の困難の基礎を形成している。加えて、家庭の基準とコミュニティの基準という葛藤し合う二つの基準もまた、ひどい家庭環境を形成する要因の一つとなっており、フローレンス・クレプカが、自らの少女時代のみならず大人になっても若い頃はずっと経験した状況もまた、そうした環境であった。

青少年保護協会によるフローレンス・クレプカについての報告は、一九一四年に協会が受け取った一通の申し立てにまでさかのぼる。その申し立てによれば、フローレンスは手に負えない子であり、当時は家出していたということであった。両親はオランダの生まれであった。最初の報告は以下の通り。

「この一七才の少女は、不道徳な子どもではないが、ひどい嘘をつく癖がある。彼女の父親は義父［継父］であり、たとえ彼女が働かなくても十分彼女を養育することができ、父親は、彼女が家にきちんといて母親の手伝いをすることを望んでいる。ソーシャルワーカーは彼女に、嘘をつく癖をやめなければならないということ、どこに行くにしても、決して母親に行き先を告げずに行ったりしてはいけないということ、もしもう一度家出するようなことがあった場合には、裁判所に連れて行かれることになるということ、この三件を告げた」。

その六年後、ソーシャルワーカーがフローレンスの家を訪問した時の報告は次の通り。「クレプカ夫人を訪ねた。家族は現在、鉄道近くのかなり貧しい地区の小さな家に住んでいる。ご主人は近くの貯炭所で働いている。ワーカーが彼女の家に近寄ると、窓際で椅子に座っている女性が目に入った。椅子の背には一匹のオウムが止まっていた。三匹の犬が彼女と一緒に部屋のなかで暮らしていた。鶏とまた別の犬が二階を占有していることもわかった。クレプカさんの五人の子どもたちは、その部屋同様に汚いなりをしていた」。

その後の報告は次の通り。「フローレンス、クレプカ夫人と話をした。フローレンスは彼女の母親と同様に外見が汚い少女だった。フローレンスは人柄に深みが無く、虚栄心の強い人間のようだった。彼女は、自分の従業員証明書用の写真の試し焼きを何枚か見せ、自分が『着飾れば』如何にきれいかを見せようとした。夫人曰く、家族は皆、『着飾れば』『器量好し』だと。フローレンスの家は汚く散らかっていた。今回ばかりはクレプカ夫人も、朝のうちに部屋を片付けておくつもりだったが、二階でネズミが走り回りそれに気を取られて片付けることが出来なかった、と言い訳した。とはいえ、復活祭までにはすべて片付けてしまうつもりだと夫人はつけ加えた」。

夫人が言うには、フローレンスはループのあるレストランで店員として働いているとのことだった。フローレンスを訪ねて一度そのレストランに赴いた。「彼女は注文に応じながら、時々苺をつまみ食いしていた……彼女は私と打ち解け始め、家では気晴らしになるようなことが全くない、と話してくれた。母親が家の掃除を全くしようとしないので、彼女は友達を家に招くことが出来ないとのことであった。彼女が家出したのはこのためだと言っている」[35]。

旧世界の両親とアメリカ育ちの子どもたちとの間に介在する文化的差異が原因となった種々の葛藤は、とりわけ強くなる可能性がある。次の資料は、チェコスロバキア人の両親を持つある女の子の、子ども時代の種々の経験、恐怖、そして宗教的危機の記録である。給料、女の子がきれいな服を着たいという願望、そして子どもの幸せのためには鞭で頻繁に叩くのが良いという父親の強い確信。主としてこうしたことをめぐって葛藤が生じていた。旧世界のやり方とアメリカの基準との間の絶え間ない葛藤は、親子の溝を広げ、激高した父親が「九尾の猫鞭」を使うことを正当化する明白な理由を与えるばかりである。結果としてこうした経験は、大半の女の子の子ども時代に一種の離脱をもたらすことになる。すなわち、家からの離脱、近隣の仲間たちからの離脱、教区学校からの離脱、そして時にはローマカトリック教会それ自体[36]からの離脱さえもたらす。

私の両親は農民でウィーンから少し離れたところに住んでいたの。父はボヘミア人家庭の出身で、長い間ボヘミアに住んでいたわ。家ではほとんどボヘミア語で話していたわね。母はスロバキア人家庭の出身よ。二人はオーストリアで結婚して、ここにやって来たのは私がちょうど五歳の時だったわ。私は長女だけど兄が一人いるわ。私たちが三等船室に乗ってエリス島についたのは一九一三年の冬のことだったわ。その時の光景は今でも覚えているわ。父の友人が何人かいたこともあって、私たちはシカゴにやって来た。西二六番通り付近に家を借りたわ。そこには他にも何人かボヘミア人が住んでいたわね。

七歳になって学校に通い始めたわ。当時の状況を詳しくは覚えていないけど、とにかくカトリック系の学校だったわ。父は宗教のために多くのお金を使うことは決してしてなかったわ。父はボヘミアンだったこともあって、いつも自由思想家や無神論者たちと付き合っていたわ。父は酒場をはしごして回っては、よく酔っ払った状態で家に帰って来てたわね。今でも覚えているわ。父がありとあらゆる宗教や教会に通う人たちをいつもどれほど馬鹿にしていたことか。

そのカトリック系の学校に通い始めるようになって、それまで全く知らなかったことを見聞きするようになったわ。祈りの言葉を読み書きしたり、口にしたりするようになったわ。八歳の時にはじめて聖体を拝領したわね……宗教心を持つようになってまもなく、私は修道女になる決心をしたわ。イエス・キリストの母、聖母マリアに宗教詩を書き始めたのもその頃ね。

でもどういうわけか、私は学校で教わった宗教に満足感を抱くことは決してなかったわ。私が修道女会の人たちから大きな影響を受けていたからではないか、と今では考えているけど。事実、私は彼女たちから大きな影響を受けていたわ。というのも彼女たちは、私が家の近所で会うような人たちの誰よりも洗練されていたからよ。私の人生は、若い頃によく目にした、安酒を飲んだりどんちゃん騒ぎをしたりする生活からひたすら逃れようとしてきた生涯だったと思うわ。若い頃の友人のほとんどはそんな生活に満足しているようだったけど、私は、学校に通い始めてからはそんな生活をしたいとは絶対に思わなかったわ。

自分がセックスについてあまり知らなかった頃のことはほとんど思い出せないわ。私たちが育ったところでは、その手の話はよく耳にしたけど、その話の大半は私たちにとってあまりいいものじゃなかったわ。高校に通い始めるようになった頃から、母が私を躾けるようになって、それまで以上に私を自分のそばに置くようになったわ。夜出歩くことは叶わず、学校からまっすぐ家に帰らなければならなかったわ。一六になるまで男の子とデートをしたことすらなかったわ。門限も早かったし。

家では恐怖が私たち子どもを支配していたわ。私がまだ家にいた時は、ほとんど毎日一回か二回は鞭で叩かれていたわ。高校に通う頃になると、私は九尾の猫鞭で躾けられるようになったわ。私たちが親の言うことを聞かなかったり、父が酔っていたりした時にはいつでも、私たち子どもはその躾を受けたわね。一六歳になるまで私はその鞭打ちに耐えたわ。ある晩、私はパーティーに出かけて、夜中の三時近くになるまで家に戻って来なかったの。私が帰ってくるや父が起き出してきて、私はひどく鞭打たれたわ。父は酔っていて、それが事態をますます悪くしたのね。その時の叩かれ様は私がそれまで経験したなかで一番ひどかったわ。私の背中はあざだらけになって数ヶ月は痛みが治まらなかったわ。その時は少し血も出てたわね。私はただひたすら泣いて、最後は鞭打たれた台所の床にそのまま寝たわ。でも次の朝、私は両親に、もしまた私を鞭打つようなことがあったら家出するぞ、って脅したの。両親がその後私にひどい鞭打ちをすることは決してなかったわ。

でも母親とはあまりうまくやっていけなかったわ。私は服を買うために、母からもらっていた以上のお金を必要としていたの。だから結局、学校を退学してループのある事務所で働くようになったわけ。でもそれでも母とは少しもうまくやれなかったわ。私と母はいつも私の給料をめぐって喧嘩していたわ。その後、私はもっと夜遅くまで働きたいと言ったんだけど、両親はそれを認めなかったの。そういうわけで、結局私は家を出て、ループの少し北に部屋を借りることになったの。

この頃にはもう、修道女になりたいという気持ちは全くなくなっていたわ。家を出てまもなくして、私は司祭ともカトリック教会自体とも完全につながりを断ったわ。司祭は詐欺師だ、と私たちは皆信じていたわ。私たちが金曜日に肉を口にすれば罪になるのに、彼だけは食べたい時にいつでも食べることが出来る。そんな彼のところに行って自分の罪を告白しなければならない。これが嫌で嫌でしょうがなかったわ。一六歳の時にダウンタウンで働き始めた時、私は懺悔をするために彼のところに行ったんだけど、私がプロテスタントの男の子と付き合っていると告白すると、彼はひどく怒りだしたわ。それから彼は私に、キスするほどの仲なのか、もうセックスはしたのかと聞いてきたわ。私は発狂して、彼に背を向けてその場を立ち去ったの。それ以来、教会に戻ることはなかったわ。(37)

文化的葛藤は、田舎出身の親たちと、より移動性の高いその子どもとの間にも生じ得る。次の事例では、ケンタッキーとテネシーの山々という外界から閉ざされたところで先祖代々守られ続けた基準と価値観を持つ山暮らしの父親が紹介されている。彼の子どもが、現代的都市の基準を採用した時、彼らの間に葛藤が生じた。

バブコック家は山暮らしの家族でケンタッキー州の東部に何世代にもわたって住んでいた。一九一六年にヘンリーと彼の奥さんとその九人の子どもたちは、ケンタッキーで所有していた小さな土地を売り払い、アイオワ州の中心部に位置する小さな町に引っ越した。そこには彼らが既に相続していた莫大な借金の抵当に入った小さな農場があった。子どもたちは大きくなるにつれ、ますます近所の若者たちと遊ぶようになった。その過程で子どもたちは、自分たちの父親がふがいなく、怠惰で、無知な存在に思えるようになり、父親のそうしたところにますます不満を抱くようになってしまった。

儲け時である戦時中でさえ、ヘンリーが農場を顧みることはほとんどなかった。彼が抱える種々の病気や、以前からの酒を飲む癖、そして夏の暑さやらで、彼はアイオワ州の主要生産物をつくることがますます困難だと思うようになった。時を同じくして、彼の年長の息子たちはそんな父親に失望していることを本人に対して明らかにした。父親は彼らに結婚するまで農場で働いてくれることを期待していたが、彼らは父親のもとで何年も働かされることを拒否した。父親が子どもたちに対する統制力を失ったことが露呈した一方で、彼は自分の妻を新しい環境のなかで支配していた。奥さんは、山国の価値観に従い、忍耐強く、従順な妻でありつづけた。彼女は文句の一つも言わずに大家族を支え、農場での重労働のほとんどをこなし、家族のために服を縫い、四六時中、夫に仕えた。その見返りに彼女が求めたものといえば、食事と自分の住む場所だけだった。

四人の娘たちが年頃になると、父親は以前にも増して子どもたちに対する影響力を失った。娘たちは次々と父親の言うことを聞かなくなり、時をおかずして娘たちは性的非行に走ることになった。

この頃には——折しも時は農業不況の時代であった——、父親の手腕では農場経営は採算が合わないことがわかり、気づくと、事実上家族は極貧状態に陥っていた。次々と娘たちはシカゴに流れて行き、その後全員がそこでタクシーダンス・ホールの世界に足を踏み入れた。結婚していた娘も夫を捨て、現在はシカゴのあるダンスホールで働いている。(38)

タクシーダンサーの家族に生じていると思われる別のタイプの葛藤状況として、両親の愛情をめぐる子どもたちの間の競合という形態を挙げることが出来る。エレノア・ヘドマンの場合がまさにそれであった。

エレノア・ヘドマン、一六歳。一五歳になる弟が一人いる。弟は身障者で、母親は彼に多大な愛情を注いでいた。他方エレノアは、頭が良く自分で何でも出来る子どもだといつも思われていたため、ほとんど注意を向けられてこなかった。ある日、彼女は家を出てそのまま戻ってこなかった。彼女はダンスコンテストに出るために家を出たのだと母親は考えていた。ヘドマン夫妻はともにこのコンテストへの出場に反対していた。母親が娘の日常について覚えていることと言えば、どちらかといえば家では無愛想で気難しい子どもだったと思う、というぐらいのものであった。対照的に、エレノアの熱意のすべては、夫妻が反対するダンスに向けられていたようだった。

エレノアの居場所を突き止めるにはある程度時間がかかったが、最終的にある女性と住んでいることがわかった。その女性は何年か前にエレノア家に下宿していたことがあり、エレノアも彼女のことが前々から好きだった。エレノア

は既にいくつかのダンスコンテストに出場し、その後タクシーダンサーになっていた。(39)

継父母のいる家庭ではしばしば緊張が高まる。成長途中の子どもとその継父母にとって、互いに十分に適応し合うことは、とりわけ困難なことである。それ故にそうした継子たちの大半は家出することになり、その後どの子どもも大抵は、家族との友好な関係を維持することはない。

次の事例については幾分詳しく紹介する。というのも、この事例が継父母の状況を描写しているのみならず、女の子が次第に非慣習的な集団へと引き込まれ、子どもの頃からそれまで教えられてきた規範とはきわめて対照的な規範を受け入れて行く様子も示しているからである。家族から孤立し、その後コミュニティからも孤立することで、女の子たちはそうした存在から効果的な統制力を感じなくなるようになり、自らが関わり合いを持つ集団の規範に従うようになる。次の事例では、女の子は自らの振る舞いを正当化する非慣習的な哲学を形成する代わりに、他の誰かに責任転嫁することによって自分を合理化し擁護している。

私の父は私が七歳の時に亡くなって、私たちは母方の祖母の家で暮らすことになったの。祖父はずっと牧師をしていたけど、祖母はその時ウィスコンシン州の小さな農場で生計を立てていたわ。母は製糸工場に働きに出たわ。その後まもなくして、私たち子どもは祖母に対して我慢の限界すれすれの状態に達したの。いつも祖母は、自分のバカ息子が食べるパンには良質のバターを塗っていたのに、私たちが食べるパンにはラードしか塗ってくれなかったわ。それから祖母は椅子に腰掛けて、自分が如何に信心深い人間であるかを何時間もかけてよく私たちに語ったものよ。

私が十歳ぐらいになるまで母は定職に就いていたわ。祖母は私たちの面倒を見るのに疲れ、もう私は年をとり過ぎたって言い出したの。いずれにしても、私たちももう既に祖母には我慢ならなかったけど。兄は家を飛び出して海軍に入ったわ。その後すぐに一番上の姉が駆け落ち同然に結婚したわ。母は残された幼い私たち二人を前に、為す術もなかったわ。ちょうどその頃、男やもめのドイツ人の農夫がやって来て、母に結婚を申し込んだの。私には、母がその男を愛しているとは思えなかったけど、母は他に私たち子どもの面倒を見ていく方法がなかったから結婚しちゃったわけよ。

新しく私の継父になったその男は、母が思っていたほどには稼ぎは良くなかったんじゃないかしら。あいつはいつも、お金がかかりすぎる、どれだけ二人の子どもにお金がかかるかってこぼしていたわ。一四歳になった時、あいつは私に、もう十分大人なのだから家族を養うために働きに出ろって言ったわ。でも私たちに出来る仕事といえば、どこかの避暑地か誰かの家で家事手伝いをすることぐらいしかなかったわ。だから姉のベティは一六歳になるとすぐに家を出たわ。姉はサウス・シカゴへ行き、そこで段ボール製造工場に勤めることになったわ……まさにあの継父が来て以来、ずっと私たちは不運の連続だったわ。私にはそう思えて仕方がないわ。それでとうとう私も家を出なきゃならなくなったってわけ。それも全部あのケチで老いぼれで馬鹿で腹黒いドイツ人継父のせいよ。

その頃から私、男の子たちと出歩くようになったわ。九時までには家に戻って来いってあいつは言っていたけど。まぁ、ダンスに行って九時までに帰ってくるなんて到底無理だけどね。だからあいつと私はいつも無駄な喧嘩ばかりしていたわ。その上あいつは、言われるまで私が思いつきもしなかったようなことを私がしている、って言いがかりまでつけてくるようになったわ。ある晩、私が乗っていた車が故障して（本当のことなんだけど）、夜中の一時過ぎまで家に戻ってこなかったことがあったの。その夜、家で私とあいつは大げんかして、私を鞭で打とうとしたわ。

その年の秋に私は家を出て、姉と一緒に暮らすため、サウス・シカゴへ行ったの。次の年の春に母から手紙が来て、家に戻っておいで、とその手紙には書かれていたわ。今度は大丈夫だからって母は思っていたみたい。だから家に戻ったんだけど、またあいつと口論するようになって、その後、盛り場でウェイトレスをするようになったの。翌年の冬の間は、家を出て製糸工場で働いていたわ。週に一五ドルもらっていたけど生活は苦しかったわ。だからインディアノーラに行けばもっといい暮らしが出来るって思うようになったの。もう一五歳を過ぎた頃だったわ。その冬頃から、私は男の子たちと一緒にダンスホールに行くようになったわ。私は製糸工場で働いていた年上の女の子たちとよく一緒にいたわ。この女の子たちが話すことと言えば、男の話ばかりだったわ。この子たちを通じて私は、町やその近辺でうろついていた男の子たちの何人かと知り合いになったの。彼らは私たちをカントリー・ダンスへ連れ出して、私はそこで初めて本当の酔っぱらいたちを目にすることになったの。そのなかには、男の子たちもいれば女の子たちもいたわ。その日はうんざりする夜だったわ。でもしばらくすると、そんな状況にも慣れて、こういうところでみんながいつも味わっているスリルを楽しむようになったわ。

私はいつもあまりに臆病だったから、いけないことは何一つしたいとも思わなかったけど、他の女の子たちの多くは時々そういうことをしていたわ。男の子たちとドライブに行って家まで歩いて帰る羽目になったことが二度あったわ。たくさんの男の子たちと遊びに行ったけど、実際、気になる男の子は一人もいなかったわ。ジョーのことを知るまでは。彼は私より年上で、大きな車を持っていて、ルックスも抜群だったわ。でも、いの一番に私を惹きつけたのは、他の女の子たちが彼について語る内容だったの。彼女たちの話では、彼はいつも大きなナイフを持ち歩いていて、それでよく女の子を脅していたとのことだったわ。彼と一度遊びに行ってまた遊びに行こうって女の子は一人もいなかったわ。一目見て、私はジョーの虜になったの。私たちは何度かデートしたりして楽しいひとときを過ごしたわ。おまえは俺にとって特別な存在だって彼は言ってくれたの。まだ私が男の話すことを信じきっていた時だったわ。

付き合って最初の頃は、ジョーはどこに行くにしてもいつも私と一緒だったわ。私にはそれがうれしかったの。だって、他の女の子たちが、以前から私のことをモテない女だって言っていたから。だから私は彼女たちに付き合っているところを見せびらかしていたわ。私が彼に夢中だっただけのようね。彼をぞんざいに扱うなんてことは私には出来なかったわ。とうとうある晩、彼と一緒にドライブに行って、途中で彼は人気のない道ばたで車を止めて、いつも持ち歩いている大きなナイフを取り出し、それをいつも車に置いている砥石で研ぎ始めて、このナイフでおまえを刻んでみたいって言い出したの。彼は大男だったから、私は怯えたわ。彼は気が狂っているってようやくわかったの。実際には彼は私に何もせず、私は無傷で戻ることが出来たけど。でも彼とはもうたくさんだって思ったの。それでもなお私はこの男に惹かれていたわ。この町にいることが怖くなって町を出た私は、ウィンザーへ向かったの。その町から九十マイル離れたところにあるウィンザーで、私はまた別の製糸工場で働き始めたの。

まもなくして、ジョーが私の居場所を聞きつけて、あの大きな車に乗ってウィンザーにやって来たわ。私は彼に首ったけだったけど、同時に彼のことが死ぬほど怖かったわ。どういうわけか、私は彼の虜だったの。彼は私に、一緒に戻ってインディアノーラで働いて欲しいとまで言ったわ。私は荷物をまとめて彼と一緒に戻ったわけ。その後インディアノーラに数週間以上いたわ。そして彼は、私とデートに行っては時折ナイフで私を脅したわ。彼は今まで出会ったなかで最も狂った男だったわ。私とセックスがしたいわけでもないようだったし。時々女の子を斬りつけて回るこの男は、それ以外にしたいことがないのではないかと思ったこともあったわ。かと思えば、彼が子羊同然におとなしい時もあったわ。どこか彼に決して見つからない場所に逃げなければ、と私は心に決めたの。ちょうどその頃、姉のベティから手紙が来て、姉が結婚したことを知ったわ。手紙には、シカゴに来て一緒に暮らさないかと書かれていたの。そうして私は、ある夜、インディアノーラをこっそり抜け出して、シカゴにやって来て、サウス・サイドで姉夫婦と暮らし始めたわ。段ボール製造工場で職も得たわ。でもその後まもなくして、私が原因で夫の愛情が冷めてしまった、と言って姉が私を責めるようになったの。でも本当に私は姉の夫にこれっぽっちもその気はなかったんだけど。ジョーが海軍に入ったことを耳にした私は、ウィンザーに戻り、また製糸工場で働き始めたの。もうすぐ一六歳になる頃だったわ。

ウィンザーに来てすぐに、私はジョンという名の背の低く体格の良いオランダ人の男と出会ったの。ルックスは良かったけど、私が出会ったなかで最も嫌な男の一人だったわ。彼は短気で口が悪く、とりわけ彼がキレた時にはいつもそれが目立ってあらわれたわ。私と彼とはダンスしていた時に知り合って、その後何回かデートを重ねたけど、ある時、彼と口論になって、私が彼の気に入らない男と踊っていたというだけで彼は激怒したわ。このことが原因で私たちは別れ、しばらくの間、彼と会うことはあまりなかったわ。でも彼とよりを戻さなかった本当の理由は、他に好きな男が出来たからよ。私が今までで本当に愛した男は彼だけよ。彼は二八歳で、結婚していて二人の子どもがいたわ。あるパーティーで彼と知り合って、そこで私は一人の女性から彼を奪い取ったってわけよ。

それが、私がはじめて誰かを本当に愛した時だったわ。彼はほとんど毎晩私をデートに誘ってくれたわ。私に花を贈ってくれたり、プレゼントをくれたりしたわ。その時まで、私は本当の愛というものがどのようなものか知らなかったわ。ふと気がつくと、私は妻子ある男を好きになっていたわけよ。でも彼もまた私のことを心底愛してくれたわ。彼は家庭のことなど気にもとめず、その後、家族を捨てて私のもとに来てくれたの。私は馬鹿で分別のない女だったわ。でも、故郷で噂されていたほど「ひどい」女じゃなかったわ。その後、彼の酒癖で私は彼と口論になり、とうとう私たちは別れてしまったの。それ以来、私はありとあらゆることに手を出して、終いにはお酒にもおぼれて、何とか私のこの男遍歴の一ページを忘れようとしたけど、今でも忘れられないわ。彼と別れて以来、それまで思いつきもしなかったようなありとあらゆることに手を出したわ。ただ彼のことを忘れるためだけに。でも無駄だったわ。自分でも分かってるの。心の底ではまだ彼のことを愛していることを。他の男と結婚した今でも。

彼と別れた後、しばらくの間、私はウィンザーでぶらぶらしていたわ。でも彼のことを忘れることは出来なかったの。気づくと私は、町中のハイエナたちからエドの家庭を壊した女ということで非難を浴びていたわ。そんなこともあって、私はすぐに部屋を引き払ってその町を後にしたの。とにかくどこでもいいからエドのことをすべて忘れられる場所に行きたかったのよ。

とうとう私はマディソンでウェイトレスとして働き始めたの。そしてそのちょうど一週間後に、働いていたレストランでジョンと運命的な再会を果たしたの。前にウィンザーで付き合っていたあのオランダ人よ。その夜も、次の夜も彼とデートしたわ。私が彼と出来ないとわかると、彼は怒り出したわ。翌日は日曜日で、彼は私を連れ、ある夫婦の住むアパートを訪ねたの。その夫婦は私たちにどうぞごゆっくりと言って外出したわ。その晩、私は帰りたくて仕方なかったけど、ジョンがそうさせてはくれなかったの。そして私が逃げようと暴れた時、彼は私の手を刺したの。私に大声を上げられるのを恐れた彼は、私の首を絞めようとしたわ。私は彼に捕まり為す術もなかったわ。月曜日の朝、私はその家を逃げ出して、サウス・シカゴに向かったの。

自分が妊娠していることは次の仕事を見つける前からわかっていたわ。この時ほど自殺したいと思ったことはなかったわ。思い当たる節はあったの。ジョンよ。ジョンに仕返ししたいという気持ちでいっぱいだったわ。段ボール製造工場で働き始めたけど、自分がこれから何をすべきなのかわからずいつも不安だったわ。不安で夜も眠ることさえ出来なかった。そしてついに私は何でもいいから何かしなければ、と決心したの。でも馬鹿な私は、自殺未遂を起こして病院に行く羽目になったわけ……

もうわかると思うけど、この頃になると故郷では私の噂は悪いものばかりだったわ。本当は何も悪いことなんかしていないのに。私はただ楽しくやりたかっただけなのに。ダンスホールには楽しいことがいっぱいあって次々と新しい男たちにも会ったわ。周りの人たちが勝手な噂ばかり立てて、根も葉もないことで私は責められたわ。いつものことよ。どこにいてもいつも誰かが私のことを悪く言うの。インディアノーラではジョーが原因でとんでもない目に遭ったし、ウィンザーでは町中がエドの噂をしていたわ。というのも、彼はその町では名の知れた家の出身だったから……マディソンから逃げ出してすぐに、私は自分がしなければならないことを思い知ったわ。私は「流れて行かなければ」ならない人間なんだと。それからずっと「流れ流れ」てきたわけよ。どこかに行ってそこが飽きると、すぐにまた別のどこかへ「流れて」行ったわ。私はこのダンスホールの仕事を今までのどんな仕事よりも長くしてるのよ。たぶん、私はホーボーみたいなものなのよ。そう、そうだわ。私、女のホーボーなのよ。(40)

退院後、彼女は少しの間、レストランで働いたり、トイレ用品の販売員をしたり、万年筆をショーウィンドーに展示する仕事をしたり、絵画のモデルをしたりしながら、最終的にタクシーダンサーになった。どの仕事に就いても彼女はそれを続けて行くことに困難を感じていた。というのも、その時々において、彼女の同僚が彼女を「陥れたり」、雇用主が彼女にセックスを強要したり、彼女が病気をしたりしたためであった。かつて病気をした折りに、お金もなく行く場所もなかった彼女は、タクシーダンス・ホールで出会ったある男と結婚した。その男が好きだったからではなく、自分を養ってくれる人間であれば誰でも良かったのである。

これまでに見てきたすべての事例から、またとりわけ最後の事例から明らかになることは、家族が女の子たちのさまざまな欲求に応えることや、十分な職業指導を行うことに失敗したことである。個人的、文化的葛藤は、しばしば行き着くところまで行くと、女の子と家族との接触を断つばかりでなく、教会のような他の統制機関との接触も断ってしまう。性格がまだ安定していない時期では、女の子は自分を非慣習的な集団と同一化してしまう。そうした集団の一つがタクシーダンス・ホールなのかも知れない。女の子たちは自責の念から自分を守る人生観や合理化の体系を築き上げるようになる。

タクシーダンサーたちのすべてが上記のような家族背景と同じものを持っているわけではないが、彼女たちが何らかの点で十分な教育を行い得なかった家庭の出身であることは間違いない。しばしば女の子たちは一時的とはいえ家庭での生活が次第に面白くなくなる時がある。そうした時彼女たちは、タクシーダンス・ホールへと足を踏み入れ、そこで頽廃した種々の経験をすることになる。そうした経験が、彼女たちを早い時期から自立させたり、世慣れさせたりすることになる。

第四節　タクシーダンサーの供給メカニズム

ほとんどの女の子たちにとって、この世界に足を踏み入れるきっかけは偶然の所産である、と言って間違いない。彼女たちは、しばしばレストランなど自分の職場でたまたま他の女の子たちと知り合い、その女の子たちが彼女たちに、この簡単でスリルに富んだお金の稼ぎ方を教えるのである。また次のような場合もある。すなわち、パブリック・ダンスホールかどこかでさまざまな男たちと知り合い、その男たちが、ダンスするためにわざわざお金を払わなくても、逆にダンスするだけでお金を稼ぐことが出来るという話を「彼女たちにそっと教える」のである。

私がタクシーダンス・ホールのことを初めて耳にしたのは、メリー・ガーデンで一緒に踊っていた男からその話を聞いた時だったわ。私は彼に、なかなか仕事が見つからず金欠寸前だって話したの。君はダンスがうまいから、ここみたいにわざわざダンスするためにお金を払わなくても、むしろダンスするだけでお金を稼げるホールがあるから、そこに行ってみたらどうだい、と彼は私に言ったわ。彼からここ［タクシーダンス・ホール］の住所をもらって、私はここにやって来たの。私はここが気に入って、それ以来ずっとここにいるってわけ。(41)

ルシール・スミスの場合、絵画のモデルをしていた時の仕事仲間が彼女にタクシーダンス・ホールを紹介した。

こういうダンス学校があることを耳にしたのは、私がモデルをしていた時だったわ。同僚の女の子の一人が、昼間はモデルの仕事をして、夜はこの手の場所で働いていたのよ。彼女が言うには、この二つの仕事で結構なお金が稼げるということだったわ。それを聞いて私は、ある晩、彼女と一緒にダンス学校に行って、どれほど簡単にお金が稼げるかを目の当たりにして、その日はそのまま帰ったわ。それから私は、日中はモデルの仕事をして、夜はダンス学校で踊るようになったの。もしモデルの仕事が定期的に入れば、おそらく週に四十ドルか五十ドルは稼げていたでしょうね。でも現実にはそういうことはなかったから、副収入を得る手段として、このダンスホールという場所に大きな魅力を感じたわ。(42)

また、ローレン姉妹のように、きわめて偶然にダンスホールと直接に接触を持つ場合もある。

ある晩、たまたまウェスト・マディソン・ストリートを歩いていると、ダンス曲が聞こえてきたの。すると姉のエレーヌが入場料はいくらか聞いてきてちょうだいって私に言ったの。私がそこの係員に尋ねると、ここは普通のダンスホールではなくてダンス学校みたいなところで、ここでは踊るだけでお金を稼げるよ、と私に説明したの。うまそうな話だわ、って私は思ったわ。フィリピン人と踊らなきゃいけないよ、と彼は私に言ったわ。フィリピン人がどういう人間がわからなかったけど、私は急いで姉のもとに戻って、この耳よりの話を伝えたわ……一週間ぐらいして、私はその「学校」で働き始めるようになって、その後まもなくしてエレーヌもやって来たわ。(43)

時折、女の子は経営者やその関係者などによる直接的な勧誘を通じてタクシーダンス・ホールと接触を持つことがある。アルマ・ハイスラーの場合がそうであった。

私はループのレストランで一ヶ月ほどウェイトレスをしていたわ。それまで私はこういうダンスホールで働いたことはなかったし、またそんなホールがあることも知らなかったわ。ある日この店の「店長」が、私が働いていたレストランに客として来たの。そして、彼が経営している「ダンス学校」ならここの倍は稼げるよって私に言ったの。ある夜、私は試しにそこに行ってみたわ。その後すぐにレストランの仕事を辞めたわ。とにかく私はいつも踊るのが好きだったから、ここは本当に楽しかったわ。(44)

おそらく頻度は低いが、新聞の広告を通じてタクシーダンス・ホールの存在を知り、ホールで働き始めるようになる女の子もいる。そうした数少ない事例の一つに、ジャン・バーカーの事例があり、この種の接触形態を明らかにしている。

私はニューオーリンズで二年間過ごし、その間、幼稚園のお遊戯を指導する仕事をしていたの。私はそこでもらっていた給料に満足できず、どこか他の場所に移りたいと強く思っていたわ。たまたまあるシカゴの地方紙を読んでいて、ダンス学校でダンスを教える女性を募集している広告を見つけたの。そこに応募したら来てほしいと返事が返ってきたわ。その「学校」がこういう場所だとその時はじめてわかったの。以来、私はずっとここで働いているの。尤も、今一緒に住んでいる女友達は、私がこの手の仕事をしていることを快く思っていないみたいだけど。[45]

第五節　タクシーダンサーの家族との調整

一度女の子がタクシーダンス・ホールと関わりを持つようになると、たいていの場合、彼女は自分の家族と何らかの調整をしなくてはならなくなる。その形態はさまざまで、ダンスホールの望ましい印象を与えることで家族の賛同を得ようとする場合もあれば、家族に知られないように内緒にしておこうとする場合もあれば、家族との間に激しい葛藤状態が生まれる場合もある。女の子たちの両親のほとんどが、当たり前ながら、自分の娘がタクシーダンス・ホールのような非慣習的な場所で働いていることに反対することになる。親たちがあまりに無関心で、または無知なために、タクシーダンス・ホールという場所で起こり得る種々の危険を想起することが出来ない場合を除けば、女の子たちは、自分が「ダンス学校」で「教えている」ということ以外のすべての事実を隠そうとさえする。

ソフィー・ゼリンスキーは一六歳で高校三年生である。大志を持ったポーランド人の彼女の両親は、彼女が大学に行くことを望んでいたが、ソフィーは全く違う価値観を持っていた。「学校というものに嫌気がさして」いた彼女は、もっと別の世界を見てみたいと思っていた。「もしダンスをしに行くんだったら、大きなダンスホールに行きなさいって母は私によく言うわ。でも私は母にこう言ってるの。私はただ踊っているわけではなく、今はダンスの先生をしているの。ダンス学校で個人レッスンをしているのってね。私は母にこう言ってるわ。『お母さんはいつもわたしに先生になって欲しいって言っていたじゃない。だから今、私は先生をして、たくさんお金を稼いでいるのよ』とね。今では母はもう何も言わないわ。「ダンスの先生」をしているのだったら全く問題ない、と母は思っているようね。驚いたことに、母は自分の友人に私の自慢話さえしているわ。私が勤めているところが本当はどういうところかわかったら、母はいったいどうするんでしょうね[46]」。

これが、女の子たちの何人かが、家族に対して自分たちがタクシーダンス・ホールでしていることを一切隠すために行っているやり方である。彼女たちは「二重生活」ないしは「二重の役割」を展開することになる。しばしば彼女たちは、電話交換手や映画館のチケット売りなどのような夜間勤務をともなう仕事をしていると嘘をつく。彼女たちのなかには、家族と同居し、しばらくの間こうした言い訳をすることで「何とかごまかそうとする」者もいる。実際彼女たちのなかには、家族との紐帯を保ったまま、仕事の都合で家から何マイルか離れたところに下宿する必要があると主張する者さえいる。「二重生活」の存続をさらに確かなものとするために、彼女たちは、ダンスホールの世界で偽名を使うことで、自分たちがそこで行っていることについて家族の耳に何らかの情報が入る可能性を最小限にしようとすることもある。

こうした二重生活は維持できたとしても不安定なものである。というのも、絶えず感知されてしまう危険性があるからである。女の子たちの親が、自分の娘がタクシーダンス・ホールの世界に足を踏み入れていることを知ってしまった場合、その結果として、ほとんど必然的に激しい葛藤が親子の間に生じることになる。こうした不安定な家庭環境は、次の四つの結果のうち、いずれかをもたらす。まず第一に、彼女たちがタクシーダンス・ホールを辞めて家族の世界に戻ることがあり得る。もし彼女がダンスホールを辞めることを拒んだ場合、〔第二の形態として〕両親が彼女を家から追い出し、勘当さえしてしまうことが考えられる。第三に、彼女がうわべは今まで通り暮らしながら、心理的には主導権を握り家族的紐帯から脱してしまう場合がある。こうした帰結は徐々にあらわれることもあれば、突然の決裂という形で生じることもある。女の子たちは、ますます自分の関心のすべてをタクシーダンス・ホールの世界に向けるようになる可能性がある。ダンスホールの世界を通じて新しい価値観や考え方を獲得する結果、彼女たちにとって家庭は食べて寝て荷物を置くだけの場所になってしまうこともある。〔また第四に〕彼女たちが心理的にも物理的にも家族的紐帯を断ってしまうことがあり得る。しかしながらここで注目すべきは次の点だろう。すなわち、どこか別の場所に住むことは、彼女たち親子の間にかつて存在したラポールを断つことほど重大なことではない。

もうこれ以上家にはいられないわ……何故って、わかるでしょう。家に帰るといつも誰かが私のやることなすことに大声で怒鳴るからよ。家族にしてみれば、私にここにいて欲しくないのよね。家族が私に望むのは、以前のように、毎日下着工場で働いて稼いだお金をすべて家に入れることなんだから……今じゃ私の口やかましい母親は、私が新しい服を着ていたり、新しいシルクのストッキングなんかを履いていたりすると、そりゃもういつもカンカンになって怒り出すわ。誰だってこういつもガミガミ言われたら耐えられないわ。

母親も最悪だったけど、ジャックも、あ、私の兄貴ね、あいつも勝るとも劣らず最悪だったわ。私が家に戻るや否や怒鳴りだして、男たちといつまでもいちゃいちゃしてないで、早く母さんと子どもたちの手伝いをしないかって口やかましく言うのよ。

一月前だったかしら。ある日曜日の午後に私は子どもたちの面倒を見に家に戻って来たわ。その前の晩は一晩中外出して、女友達の部屋［下宿屋］に泊まっていたの。私は子どもたちみんなにお小遣いをあげて、洗濯でもしようかと思ったの。すると兄と母が意味もなく怒鳴り始めたの。私が土曜の夜に家に帰ってこなかったこと、そして、二人が要求する母へのお小遣いを私が渡さなかったこと、これが原因のすべてだったのよ。

あまりに頭に来たから、洗濯用の水を彼らにぶっかけてやったわ。するとジャックが汚い言葉で私を罵ったから、気づいたら私はジャックの顎にアッパーカットをお見舞いしていたわ。ざまーみろ、ばっかじゃないのって私は思ったわ。正直言って、生きてその場から逃げられるかどうかわからなかったわ。最後は母が止めに入って、私はコートを羽織って家を出たわ。その日以来、家には戻っていないわ。でも毎週日曜日になると、子どもが私が泊めてもらってる女友達の部屋にやって来るから、これまでと同じようにお小遣いをあげているけどね。[47]

第四に、尊大な態度をとるという適応形態が挙げられる。すなわち、そこにおいて彼女がうまく家族を支配し、親の価値基準を自分の要求に従属させる、という強引な役割を彼女が遂行する場合がそれにあたる。このことはとりわけ、移民である親たちが、言語の壁やその他の文化的障害のために、事実上、自分たちの子どもに従属している場合に当てはまるように思われる。移民〔一世〕の母親たちは、家の外では自分の娘たちに対処する能力が自分にはないと感じるために、娘たちが外でどんな悪い行いをしようとも、見て見ぬふりをして、娘を家につなぎとめておこうとするのである。

アンナ・プラセンスキーがタクシーダンサーになったのは、彼女の父親が亡くなった後のことであった。その時彼女はまだ一五歳であった。が、一七歳でも十分通用した。彼女の母親は、家計がかなり苦しかったこともあり、アンナがタクシーダンス・ホールで働くことを許していた。その後、慈善団体からの手当に加えて母親の年金がおりて、家族の財政状態は多少なりとも楽になった。それに従い、アンナはダンスホールを辞めるように言われ、しばらくの間、彼女は止めていた。しかしながら、彼女が以前の生活で経験していた興奮や刺激は彼女を絶えず誘引し、彼女は何度か母親に内緒で、自分の以前の行きつけの場所を訪れるようになり、最後には、母親の言いつけを公然と無視してダンスホールに通うようになった。アンナが一六歳になった頃、母親の年金が減額された。時同じくして、アンナは以前にも増して着る服にお金を必要とするようになっていた。いつものやり方で解決手段が講じられた。つまり以前にも増して、タクシーダンス・ホールに通うようになったのである。母親は、アンナが「楽しい時」を過ごし「着飾って」いるのを、前々から心配していたと言われている。だが、母親のささやかな抵抗はいとも簡単に覆されてしまった。アンナは時折家に戻ってこなくなるようになった。しばしば母親に電話しては、「今夜は一晩中、女友達と一緒にいるから」と言った。母親がアンナを諌める手段は「笑ってごまかす」ことであった。さもなくば、アンナが全く家に戻ってこなくなるという脅威にさらされるからであった。

その後、アンナが十日間家に戻ってこなかったことがあった。その時彼女はある下宿屋に足繁く通っていた。そこで彼女と他の何人かの若いタクシーダンサーたちが、いつも東洋人や他の男たちの相手をしていたことがわかった。またアンナは妊娠しているのみならず病気に罹っていることもわかった。彼女は治療のため病院に送られた。後にアンナと母親は共同して、妊娠中絶を図っている。結局アンナは家に戻ったが、家庭における彼女の地位は落ちたというよりもむしろ上がったようである。母親はアンナがそれまでに経験してきたことについて故意に聞かないようにしていたが、報告によれば、アンナに対していっそう従属的な振る舞いをするようになったとのことであった。母親は、アンナが深夜に家で何度パーティーを開いても許していた。そのパーティーには、東洋人も白人男性も目立って参加していた。年少の子どもたちはそうしたパーティーの多くを目にしていたため、次第に姉のアンナを羨望の的と捉えるようになったと報告されている。

アンナはその後も自宅で過ごし続け、今では一家を支配するまでになっていると報告されている。年少の子どもたちがどういう服を着るべきか、子どもたちが何歳になったら学校を辞めて働きに出ても良いか、さらには家計の如何に至るまですべてを決定するのは彼女であった。二人の妹は既にアンナに倣ってダンスホールに勤めている。(48)

同様に、子どもに経済的に依存していることを親が自覚している場合、親たちが子どもたちから高い尊敬の念を抱かれていなかった場合、または親たちが早い時期に子どもをうまく躾けることが出来なかったことが判明してしまった場合、家族のなかの若年層は、家庭において強引な役割を遂行し家族を支配することが出来る。こうした場合、親たちは、その時々に生じる倫理的問題から目を背け、自分の子どもたちが行っている種々の活動に幻想を抱き続けることで、彼らが把握している子どもたちの進行中の活動を、自分が最も満足いくやり方で正当化する傾向にある。以下の事例では、母親が、種々の出来事を彼女自身で理想化し、それらを信仰生活における償いと捉えることで自らを慰めようとしている。

ある社会的機関に報告が届いた。その報告によると、アレクサンダーさんの二人の娘――彼女は事実上この二人の娘たちに扶養されている――が、彼女に反抗的で、家庭で娘たちに適切な躾を行うことが出来ていないために、二人の娘が非行に走るようになってしまったとのことであった。一二歳になる息子が、二人の娘たちやしばしば家にやって来るガールフレンドたちと親の監視ぬきで遊ぶことを許されている、ということも報告されている。二人の娘のうち姉のバーサは、夫と別れて暮らし、バーレスクショーの仕事をしている、と報告されている。申し立てによれば、バーサは自分の赤ん坊の面倒を一切見ていない。妹のハリエットは、母親では手に余り、市内のいくつかのタクシーダンス・ホールで働き、しばしばサウス・サイドの「ブラック・アンド・タン」という盛り場で夜中ずっと過ごしている、と報告されている。

タクシーダンス・ホールのことをよく知っているある調査員が、アレクサンダーさんの家に赴き、タクシーダンサーの娘とコーラスガールの母親の身元確認を行い、もし可能ならば、一二歳の息子を取り巻いている道徳的状況を究明するよう指示された。この調査員の報告の一部は以下の通りである。

アレクサンダーさん一家は、ロウア・ノース・コミュニティの下宿屋地区に住んでいる。家はレンガ造りでひどく傷んでいる。母親のアレクサンダーさんは中年の女性で、その服装と立ち振る舞いは「さもしい上流気取り」そのものであった。

「アレクサンダーさん、娘さんはどこで娘さんのご主人と知り合ったのですか」と私は尋ねた。「え？　あぁ、職場で知り合いましたけど」と彼女は答えた。「アレクサンダーさん、娘さんはどこで働いていたのですか」と私はなおもしつこく質問した。この場合もやはり、彼女はどこか気がかりな様子であった。「あぁ、劇場の仕事ですけど」と彼女は答えた。その口調には娘の仕事については知られたくないという意思が感じられた。私はさらにしつこく聞いた。「劇場の仕事ですって！　それは興味深い。娘さんはどんな仕事をなさっていたのですか」。彼女はごまかして次のように答えた。「う〜ん、よく知らないわ」。「通り沿いによくあるものですよね」と私はほのめかした。「違うわ。市内にある劇場のなかで働いていたのよ……駄目だわ、どんな名前だったか思い出せないわ。でも、どこかオフィス街の近くよ」。

アレクサンダーさんは話題を変えた。「娘のためにも離婚させようと思っているんです。あの男は虐待がひどかったので、娘はあの男をピース・ボンド〔DVや児童虐待などを行った加害者に対して適用される裁判所命令〕に従わせる必要があったんです……あの男は最近、娘が赤ん坊の面倒をちゃんと見ていない、と文句を言っていたわ」。「娘たちは夜遅くに家に戻ってきて、朝遅くまで寝ているわ。たいていは、午前中は私が赤ん坊の面倒を見て、午後は娘たちに託しているわ……だって、私もパートで働いているんですもの。午後はいつも働いているわ。不動産を売ってるの」。彼女はそれまでとは異なり、少々諦め気味にそう語った。

しばしの沈黙の後、彼女は再び語り始めた。「来年にはエドワードも高校に通い始めるわ。あの子は勉強熱心でとても良い子なの……ここが市内でもあまりいい場所じゃないことは私も知っているわ。でもこのアパートは家賃が安いの……それに私とエドは○○教会[49]の会員なの。だから教会の近くに住んでいるのよ」。

「娘さんたちも教会に通っているんですか」と私は尋ねた。「いいえ。だって、娘たちは土曜は夜遅くまで働かなくてはならないし、だから日曜日は朝遅くまで寝ていますから。それに、日曜も夜には出勤しなければならないから、〔そもそも〕教会に通う時間がないのです」。

まもなくして、私がダンスホールの「ペギー」ストーンとして知っていた女の子と、ホールの近辺で不道徳な人物として知られる別の女の子が家に入ってきた。後者の人物が、アレクサンダーさんの未婚の娘であるハリエットだということがわかった。同時に彼女がタクシーダンサーであることもわかった。二人は私のところに歩み寄り、丁重に挨拶をした。

アレクサンダーさんは、はじめは事態の展開に呆然としているようであった。「あら、この子たちのことをご存じですの」と声に出して口をつぐんだ。「でもそうよね、あなた方はダンスホールにも調査に行っているんですものね。この二人はダンスの先生をしているんです。二人とも優秀なダンサーで、他の仕事をするよりもこの仕事の方がより多くのお金を稼ぐことが出来るんです。二人を夜遅くまで働かせるのは本当は嫌だけど、こうするしかないんですよ。ハリエットはこの秋にはこの仕事を辞めて別の仕事に就く予定なんです。二人が夜遅くまで外出している時はとても心配です。二人が家に戻るまで一睡も出来ない時もあります。二人が勤めているダンス教室は夜かなり遅くまで営業していますし、その後、二人はいつも家に戻る前に喫茶店みたいなところに寄らなければならないですし。でも女の子たちから聞いていると思いますけど、私は毎晩こう言っているんです。『あなたたち、なるべく早く家に帰りなさい』って」。

アレクサンダーさんは話を続けた。「だって、要はお金ですからね。もっとチャンスがあれば、現状もかなり違っていたでしょうけど、人生は思うようにいかないものですし……その上、今時の若者は本当になってない。こんな若者たちのせいでしょうか、今の社会のあり方は気に入りません。かつては、老人が子どもの生きざまに心配を抱かずに済んだ時代もありました。若い世代に社会を任せて老人は安心して隠居できる時代もあったんです。でも今は違います……エドワードが父親のような男にならないことを心から望んでいますし、祈ってもいます。私はあの子を出来るかぎり教会や教会に通っている人たちに馴染ませようと努力しています。でも若者を堕落へと引きずり込む悪い影響があまりにたくさんあってなかなかうまく行きません」[50]。

アレクサンダー家に見られるほどに家庭環境を完全に支配できる立場にいるタクシーダンサーが、どの程度の頻度で見出され得るのかはわからない。とはいえ、タクシーダンサーの家族には、こうした依存と黙従の状態が当初考えられていた以上に頻繁に見出される、と仮定することは出来る。

要約するならば次のように言えるだろう。すなわち、シカゴのタクシーダンサーの大多数はシカゴの出身であり、一般的にシカゴのどこかに家がある。なかには小さな町や農村地域からシカゴにやって来た女の子たちもいる。移民としてやって来た女の子たちが〔アメリカ合衆国という〕新しい世界に経済的、社会的適応を行う手段を求めて、このシカゴにやって来る場合もある。それは、当初は親戚を頼って来米しこの国で住み始めた女の子たちが、その親戚と仲違いした場合にとりわけ顕著である。他の都市からやって来る女の子も何人かいる。シカゴ出身の女の子たちは、タクシーダンサーの集団のなかでその大半を占めているが、彼女たちは、とりわけ次のようなある特定の地区の出身である。まず第一に、国籍という観点から考えるならば、彼女たちは、とりわけポーランド人が支配的な地区の出身である。実際のところ、イタリア人コミュニティやユダヤ人地区（第一定住地）の出身者はほとんどいない。第二に、文化的に異質な地域が、十中八九、タクシーダンサーとなった女の子にとっての第二の故郷となっているように思われる。最後に、タクシーダンス・ホールに勤める「女性インストラクター」の住所を見ると、女の子たちが互いに隣人として知り合うことが滅多にないことがわかる。むしろタクシーダンサーたちは、ほとんどすべての事例において、自分が家にいる時でさえタクシーダンス・ホールの世界のなかで生きており、自分が暮らしている近隣社会から完全に切り離された世界のなかで生きているのである。

タクシーダンサーの集団は、本質的に若い人々の集団であり、一五歳から二八歳の年齢層から成っている。より注目に値するのは、彼女たちの多くが背負ってきた生活経験、すなわち、少なくともその五分の二が過去に結婚を経験しており、それが十中八九、不幸なものとなっていることである。おそらく、「普通の」家庭出身のダンサーは四分の一にも満たない。それに比べて、実に半数を超える女の子たちが欠損家庭の出身である。その理由として、親の他界、親の離婚、遺棄などが挙げられる。女の子たちは、一度この世界に入るやタクシーダンス・ホールの世界のなかで生き続けようとする。女の子たちの家族背景をさらに詳しく分析すると、その理由を経済的観点と心理的観点の双方から説明する非常に示唆的なヒントが与えられる。家族内の葛藤は、タクシーダンサーの家庭にきわめて普遍的に見られる現象で、時には修復不可能に近い状況もそのなかに含まれる。またそのことが女の子たちの地位と反応を求める根本的な欲望［の充足］を妨げているようである。とりわけ、女の子が自分の家庭に見られる生活とは異なった種類の生活を経験すると、まさに家庭生活に内在する種々の条件そのものがしばしば耐え難いものとなってしまう。女の子たちは、一度タクシーダンス・ホールの世界に入ってしまうと、自分の家庭に不足しているものを補う代替物をその世界に見出すことになる。

タクシーダンス・ホールは、広告を出すことがほとんどないタイプの施設であるため、女の子がこの施設に最初に接触する機会は、たいていの場合、偶然の所産である。しばしば、別の職場で同僚の女の子が媒介者となることもあれば、行き当たりばったりに会ううちに親しくなった男性がおそらくは媒介者となっていることもある。

ダンスホールの〔ダンサーとしての〕キャリアを歩み始めた女の子は、必然的に、自分が行っている活動に自分の家族をうまく適応させるという問題に直面することになる。しばしばタクシーダンサーたちは、自分が行っている活動が家族の者たちに全く知られないように努力する。こうした努力の結果、たいていの場合、彼女たちは「二重生活」を送ることになる。その結果彼女たちは、そうした生活にともなうあらゆる精神的緊張と不安を経験することになる。家族を偽ろうとするこうした努力は最終的に破綻し、自ずと彼女たちは家族との激しい葛藤に巻き込まれることになる。その結果、事態は次の三つのうちのいずれかに至ることになる。〔まず第一に〕彼女は自分が行っているダンスホールの仕事を断念する。〔第二に〕彼女は家族と半永久的に疎遠になる。〔第三に〕家族が彼女の仕事を黙認する。

彼女たちの多くは、慣習的なやり方で満足を得る術を教えてくれる家族的背景も持っていなければ、そのための社会的な訓練も職業的訓練も受けていない。家族との葛藤や移民家庭の解体を通じて、彼女たちは次第にあらゆる安定的集団の統制から離れ、自らの気まぐれな衝動に従い、お金や刺激、そして愛情といった彼女たちの欲望を手っ取り早く充足してくれそうなこの施設に身を置く方が、相対的に容易であることを知るようになる。

第五章　タクシーダンサーのライフサイクル

一世代前なら、家族や近隣社会と絶縁し一人冒険街道を歩み始めようとする若い女の子には、九分通りその直後から、売春の類に身を沈めること以外に選択肢はなかった。とはいえ今日では、数多くの合法的な手段が彼女たちに用意されており、仮に彼女たちが非慣習的な生活様式を選択したとしても、彼女たちが実際に売春を行うようになるまでには、数多くの中間段階が介在している。女の子のなかには、そうした中間段階の一つを通じて生活を営み、決して売春婦にはならない者もいるかも知れない。タクシーダンサーの生活とは、そうした中間段階の一つであり、それは売春と同様に、短期間しか出来ない生業である。タクシーダンサーのキャリアは二十代後半で終了する。それは思春期後半から結婚までの間だけの一時的な収入源である。多くの女性たちは、タクシーダンス・ホールをこのような形で利用している。なかには、離婚して再婚するまでの間に、自活するためにこの施設を利用する女性たちもいる。さらに既婚女性のなかには、副収入源として、また時に、単調な結婚生活の気晴らしとしてこの施設を利用する者たちもいる。

今日では、上記のことはすべて日常的な現実となっている。というのも、今日我々が直面している流動的な都市社会においては、かつてなかったほどに、若い女の子たちが、発覚する危険性がほとんどない状態で二重生活を送ることが可能になっているからである。そのため若い女性たちは、〔その気さえあれば〕旧来の社会統制がその効力を発揮し得ないほどに、あまりに容易にかつ素早く売春婦に「なったり」、売春婦を「やめたり」することが出来る。同様にタクシーダンサーもまた、その気さえあれば、以前に比べて、ダンサーの世界から「足を洗い」慣習的な社会に再適応する機会をより多く持つことが出来る。

とはいえ、女の子たちの多くが、慣習的な生活に自分自身をうまく再適応させることが出来ていない。その理由の一つとして、彼女たちが普通の人々と比べ情緒的により不安定で、先のことをあまり考えない人間であること、そのため当然ながら、自分が何らかの切迫した状況に置かれていたとしてもそこから抜け出すことが出来ない、ということが挙げられるだろう。私見では、さらに重要なのは次の事実である。すなわち、タクシーダンス・ホールというこの小さな隔離された世界においては、若い女性は、さほどの抵抗感もなく、彼女が否応なく関わらざるを得ないこの世界の生活基準と活動基準をすぐさま受け入れるようになってしまう、という事実である。数々の非人格的な是認（「皆がそうしているから」）は、きわめて効果的に、未成熟な若い女性がそれまで自分の家族から繰り返し教え込まれてきた自らの価値基準を、その根本から変えるよう促すようである。

続く事例では、メイ・ファーガソンという二四歳の若い女性のケースが紹介されている。彼女は、ロジャーズ・パークに住む親戚や友人たちとの関係をすべて断ち、しばらくの間、ひたすらタクシーダンス・ホールを中心とした生活を送っていた。東洋人と「デート」して結婚するという重大な問題に対する彼女の受け止め方は、〔タクシーダンス・ホールという〕この社会的世界が、如何に効果的に、アメリカ社会の中流階級に属していたある若い女性の活動形態と価値基準を完全に変え得てしまったか、その様子をよくあらわしている。

不思議なことに、異なった人種と付き合うことに対する私の態度が驚くほど変わってしまったかと思えば、その後一年ちょっともするとまたすぐに元に戻ってしまうのよ。二年前なら、中国人やフィリピン人とダンスするって考えただけでゾッとしていたわ。「黒人」とほとんど同じくらい彼らが嫌いだったわ。しばらくして、ディックが浮気していたことを知ったの。それからはもう、あらゆる人間関係を断ってすべてのことから逃げ出したい気持ちになったわ。何が起きても私の知ったことじゃない、と思える時期がしばらくあったわ。

はじめてウェスト・サイドのダンスホールで働き始めた頃は、すべてが刺激的でスリル満点だったわ。唯一の悩みの種はフィリピン人や中国人たちとダンスしなければならないということだけだったわ。彼らの一人とはじめてダンスした時はもう気分が悪くなりそうだったわ。でもそこで踊り続けて二ヶ月もすると、次第に私はフィリピン人とデートしてもかまわないとさえ思うようになったわ。だって、他のみんなもそうしていたし、それに何も問題なかったみたいだから。でも私にはそういう機会はなかったから、代わりに中国人とよくデートしていたけど。

実のところ、マリアーノと出会うまでフィリピン人と結婚するなんてことは考えたこともなかったわ。彼はどこか特別だったの。彼が学校に通っているのは事実だと思っていたわ。彼は、私に接する時はいつも非の打ち所のない紳士だったし、私にとっても彼は他のフィリピン人とは違う特別な存在だったの。しばらくの間、私は彼との結婚について真面目に考えるようにしていたけど、フィリピン人とは決して結婚できない、と心の奥底ではわかっていたわ。一つだけどうしても解決できない問題があったの。子どもの問題よ。産まれてくる子どもたちはフィリピン人なの、それともアメリカ人なの。おそらくどちらでもないわ。

それからまもなくして、私とマリアーノは別れ、私が他のフィリピン人と本気で付き合うようなことは二度となかったわ……その後私はダンスホールを辞め、前の生活に戻るためノース・サイドに帰ってきたの。

ウェスト・サイドを離れて一年ぐらい経ったある日のことよ。二、三週間ぐらい前のことだったわ。私が友人の何人かとおしゃべりしていた時のことよ。友人たちは白人女性と結婚したあるチャプスイ店経営者について話していたわ。それを聞いた私はどういうわけか腹が立って、「チンク」と結婚するような女を私がどう思っているか、得々と自説を語り始めたの。まもなくして、私は急に話すのをやめ唇を噛みしめたわ……すぐに私は気づいたの。ほんの一年前まで私はフィリピン人と結婚するかどうか真剣に考えていたのよ。中国人よりも色黒のフィリピン人との結婚をよ。そして今、あれからまだ数ヶ月しか経っていないのに、かつてはウェスト・サイドでデートもしていた彼らに、私はこの上ない嫌悪感を抱いているのよ。[51]

第一節　基本的に退行傾向のタクシーダンサーのライフサイクル

ダンスホールの生活からまだ「抜け出して」おらず、しかもホールではまだ比較的に新人で通る若い女性たちには、最終的には何らかの売春行為へと至る幾分明確で定まったいくつかの退行的な段階が用意されているようである。女の子が到達した段階が「低い」ものであればあるほど、彼女が慣習的な社会に復帰することはなおいっそう困難になる、ということもまた特筆に値するだろう。詳しく分析してみると、彼女たちのライフサイクルにおけるこうしたいくつかの段階は、タクシーダンサーの仕事に固執する女性たちにとってかなり規則的でほとんど不可避的なものとなっていることがわかる。そのため、このライフサイクルは、彼女たちの先行きを理論化するうえで重要な手がかりになると考えられる。

ここで我々の仮説を提示しよう。無論、さらなる検証が必要な仮説である。すなわち、自らの家庭状況への不満を引き金に、タクシーダンサーは退行的な性質を持った一連のサイクルを経験する傾向がある。すなわち、各サイクルの後半は所与の集団における地位の継続的喪失をともない、それに続くサイクルの出発部分は、新しいがたいていは前にいた集団より低位の集団における地位の回復を示す。タクシーダンサーの一生に関するこうした周期的変動の理論は、タクシーダンス・ホールに見られるような類の社会的世界において、何年にもわたって〔一定の〕地位を維持することの難しさを簡潔に示している。

この仮説において非常に重要な点は、各サイクルの出発部分においてその都度女の子たちが属する集団が彼女たちに与えるより高い地位にある。ある社会的世界において自らの人気に陰りが出てきたことがわかると、タクシーダンサーは彼女の生活スタイルの当然の帰結として、かねてより最も必死に自分を引き抜こうとしていた別の集団へと「流れて行く」[52]。こうした過程は、多分に、あるタクシーダンス・ホールから別のホールへの移動という形であらわれ、移動先のホールは、おそらくはそれ以前のものと比べて低位のものとなる。また一方でこのことは、その後半段階において、しばしばタクシーダンス・ホールの世界を唯一の出発点として他の社会的世界へと〔彼女たちが〕向かう傾向を意味すると言って良い。新たに所属した集団の「新人」として、彼女は満足いく地位を与えられ、新たな状況のなかで新たな刺激を見出すことになる。こうして彼女の生活における新たなサイクルが始まることになる。とはいえ、しばらくすると、彼女はもはやそこでも「新人」として通用しなくなり、より若いダンサーやより若い新人に人気を取られ、自らの地位の喪失を自覚することになる。どの社会的世界においてであれ、ある特定の社会的世界における彼女の地位の喪失は、その女の子個人のパーソナリティや創意工夫そして性格次第で、速くもなれば遅くもなるだろう。とはいえ、いずれにせよ、どのダンスホールにおいても地位の漸進的な低下はまず避けられないようである。

あまねくどの女の子もやがては比較的安定した地点に到達することになる。非情な選別過程が継続的に進行して行くなかで、タクシーダンサーたちは間違いなく自分に相応の「地位」を見出し、その地位において、彼女たちは各々自分たちのやり方で、自分が既に持っていて利用可能なパーソナリティやテクニックを駆使して、――その気さえあれば――少なくとも二、三年の間はかなり安定した状況を維持することが出来る。場合によっては、しばらくの間こうした地点に到達することなく、初期の諸段階を一気に駆け抜け、最終的に「低位の」段階において〔ようやく〕均衡点に達する女の子たちもいる一方で、比較的「高位の」段階でうまく適応を達成できる女の子たちもいる。

当初、タクシーダンス・ホールにおいて「新人」という地位をあてがわれ、その後、後半期になってその地位をなんとか維持しようともがく女の子のケースが、続くワンダの事例に示されている。彼女はポーランド人の親を持つ若い女の子で、その後、彼女はダンスホールで出会ったフィリピン人の若者と結婚している。この事例は同時に、タクシーダンス・ホールの世界に身を置く期間が少しの間であっても、女の子の生活観が一変してしまうことがあり得ることを明らかにしている。

ワンダは、ポーランド人の両親を持つアメリカ生まれの一五歳の女の子で、学業成績も非常に優秀だった。しかし突然彼女は、両親の同意のもとにタバコ工場で働き始めた。彼女は雇い主には自分が一八歳だと言っていた。その後まもなくして彼女は家出し、四ヶ月の間、彼女は消息を絶った。そして彼女の居所がわかった時、彼女はあるフィリピン人の若者と結婚していた。妻からは一九歳だと聞いていたし、それを疑う理由などどこにもなかった、と彼は語った。ワンダと彼が出会ったのは、彼女が以前に雇われていたタクシーダンス・ホールにおいてであった。知り合って一ヶ月しか経たないうちに彼らは結婚した。

ワンダの話によれば、単調な仕事に耐えられずタバコ工場を辞めたとのことだった。一日中朝から晩までタバコの紙巻きを行う。一ヶ月でそうした仕事にもう耐えられなくなったとのことだった。工場で働いていたある友達を通じて、「男性専用のダンス学校」という美名のもとに営業していたダンスホールの職を得たとのことだった……当初ワンダは、多くの見慣れない男性たちと女の子たちがダンスしているのを見て、幾分当惑していたとのことだったが、その初日の終わり頃には、いつの間にか彼女もすっかりダンスを楽しんでいたとのことだった。またそのお店で他の女の子たち以上にチケットを獲得していたという。彼女は次第にダンスホールの夜を心待ちにするようになり始めた。彼女にとって多くの見知らぬ男たちと出会うことは「ワクワクすること」だったのだ。

彼女の人気は数日間続き、その結果、他のダンサーたちの苛立ちが増大した。しかしある晩、彼女の固定客の一人が彼女に「馴れ馴れしく」しようとしてきた。ワンダは彼をフロアの中央に一人残してその場を去った。その彼が経営者に文句を言い、その夜ワンダは経営者から「特大の大目玉」を食らった。ダンサーたちはお客さんをもてなすために雇われているのであって、客に失礼を働くなど以ての外である、ということを彼女は思い知らされた。もしそれが嫌であれば店を辞めなければならないが、彼女は辞めたくなかった。彼女は既にこの店で楽しい思いをしすぎていた。そのため、彼女は以前にも増していっそう従順になるという条件を呑んだ。

しかし彼女の顧客は次第に彼女から遠のき始めた。他の女の子たちの何人かが彼女の成功を妬み、彼女は淑女ぶっているだけで本当は「蜘蛛のような女」だと噂して回っている、ということを彼女は知った。こうした状況に対する打開策としてワンダは、彼女たちの策略を逆に利用するという手段に出た。口紅の色を濃くし、アイシャドウの色も濃くし、スカートの丈も短くした。再び彼女の人気が上がり、同時に他のダンサーたちの彼女に対する態度もより寛大なものになった。

ある夜、彼女はルイスというフィリピン人とダンスをした。彼の独特の訛りに惹かれたワンダは、彼からの夕食の誘いを受けることにした。二人の仲は親密なものになった。彼は生まれ故郷での自分の子ども時代のことを彼女に話した。ワンダは自分のなかでダンスホールに対する嫌悪感が日に日に増大してきていることを彼に打ち明けた。二人はすすんで「身を固める」ことを決意した。そうしてワンダはある夜、「勤めを辞め」、彼の車でインディアナ州に行き、そこで二人は結婚した(53)。

タクシーダンサーが歩む傾向にあるサイクルにはピンからキリまであるが、そのなかで少なくとも〔以下の〕四つのサイクルが提示するに値する。まず第一のサイクル。ここで女の子たちは、家庭や近隣社会を取り巻く生活に不満を抱く。このサイクルは大部分、次のようなプロセスを通じて生じるだろう。すなわち、家族の経済力の無さに対する意識の増大を通じて、また、彼女たちの男性との接触を求める類の願望を家庭や近隣社会がうまく抑えることに失敗することを通じて、さらには、彼女たちが家庭や近隣社会における自分の地位を不当なものだと感じたり、既存の道徳律に反した行いを犯してしまったとされたために、自らの地位を喪失してしまったりすることなどを通じて。以上のようなプロセスを通じて生じる可能性がある。いずれの場合においても、彼女たちは遅かれ早かれタクシーダンス・ホールに辿り着くことになり、そこで彼女たちは、以前は満たされなかった種々の願望を満たすことになる。

ここで彼女は当初、自分に与えられた高い地位に気づく。たとえそれが、彼女の家族や近隣社会から見てより低位なものと判断される世界から与えられたものであったとしてもである。こうして彼女たちの第二のサイクルが始まることになる。タクシーダンス・ホールの新人として、はじめのうち彼女は「突っ走り」、自らに寄せられる絶大な人気に興奮し充実した時を過ごす。とはいえしばらくすると、彼女は新人ではなくなり、自分の〔既存の〕地位を維持するために入念に努力をしなくてはならなくなる。もしそうした努力をうまく行うことが出来ず、もはや白人集団からだけでは十分な顧客を確保することが出来なくなってしまうようになると、彼女は最終的にフィリピン人や他の東洋人たちから寄せられる情熱的なまなざしを受け入れることになる。

こうして彼女たちの第三のサイクルが始まる。このサイクルにおいて彼女たちはまずはじめに、東洋人集団から与えられる新しい地位を経験することになる。ここで再び彼女たちは、この集団と付き合うことで引き続き「うまくやって行く」ことが出来るかも知れない。そうして彼女は、少なくとも自分にとっては満足行くレベルの地位を一貫してこの集団から与えられるのである。とはいえまさにこのことが、この社会的世界において彼女が地位を維持することにとって大きな落とし穴となる。すなわち、もし彼女があまりに多くの東洋人たちからの誘いに応じるならば、彼女は彼らから「月並み」と捉えられてしまうようになり、その結果として再び地位を喪失することになる。

東洋人たちの世界に上手に適応することが出来なかった場合、彼女たちは第四のサイクルへと進む可能性がある。彼女たちが自らの主たる関心をシカゴで言うところの「ブラック・アンド・タン」キャバレーに属する社会的世界に向けた時、このサイクルが始まる。たいていの場合、彼女たちは東洋人との付き合いを通じてこの世界と接触を持つようになる。有色人種と付き合うことで、彼女は一時的に新人としての地位を再度獲得することになる。とはいえ、ここでも彼女は地位を喪失する運命にある。その結果彼女は、まず間違いなく、黒人居住区で売春婦をすることになるようである。

これまで述べてきたように、この退行的〔ライフ〕サイクルの理論を裏付ける証拠は決定的なものではない。そのため、この理論は今後のさらなる研究のために提示された仮説にすぎない。とはいえ現在手元にある資料は〔十分〕示唆的なものと思われる。まずはじめにフローレンス・クレプカの事例(54)を考察してみよう。彼女はシカゴ生まれ、シカゴ育ちで、オランダ人家系の母親と継父を持つ女の子だった。この事例は、それが女の子の家庭における生育環境の如何を明らかにしているという点で、価値の高いものである。〔しかしながら〕この事例は「完璧なものである」とは言えない。というのも、すべての場合において、女の子がより低位に位置付けられている集団に自然と引き寄せられているわけではないからである。とはいえ、女の子がより高位の社会集団に向かう傾向という事例は皆無であり、彼女たちはその生涯にわたって低位な地位へと向かう傾向を間違いなく示している。これは同様に、彼女たちが自らの個人的、社会的問題を解決しようとする際に、新しい集団や社会的世界へと「渡り歩いて行く」という手段を取る傾向があることを示唆している。

この事例では、家庭に対する不満はきわめて初期の頃に明らかである。一三歳の時には既に、彼女は家出する習慣を身につけており、同時に母親はその習慣を変えさせることが出来なかったようである。これは疑いの余地なく、女の子がいずれにせよ満足していない環境から逃げ出すための一つのやり方に他ならない。彼女が常習的に行うようになる嘘をつくという行為もまた、〔彼女にとって〕不愉快な状況に対応するための手段の一つにすぎない。彼女が家庭の外で経験する接触は、十中八九、彼女が家庭の状況を恥ずかしく思うようになるという結果を招き、彼女は、男友達にも女友達にも自分の家庭状況を知られないようにしたいと考えるようになった。こうした状況が後押しする形で、彼女は家族と縁を切るようになる。この事例のように、自分を支えてくれようとしている両親がいる場合ですら、事態は同様であった。そうしてその後彼女は、サウス・ステート・ストリートの「男性専用」ショーにおける彼女の仕事との関連において、種々の経験からなる一つのサイクルを経ることになる。その後彼女は、もう一つのサイクルへと進むことになる。それはノース・クラーク・ストリートの「暗黒街リアルト」を舞台に展開する。最終的に彼女は、タクシーダンス・ホールの世界に足を踏み入れ、その結果として彼女は、また別のサイクルを経験し始めることになった。こうした三つのサイクルは互いにきわめて独自な性格を持つものであり、どの事例においても同様にそれぞれ異なった社会的世界が各サイクルに内包されている。そのため、どれが相対的に高位なものでどれが低位なものであるかは筆者には断定できない。とはいえ、そのどれもが退行的な性格を有しており、そこにおいて彼女が自分のプライドが許すかぎりにおいて「低位なところ」まで落ちて行き、引き続き前段階を脱出してはまた別の集団に焦点を当て自らの活動を展開することになる、と言うことは出来る。以下の事例はさらに、彼女が退行的に経験していく「白人サイクル」と「フィリピン人サイクル」をきわめて明瞭に描き出している。

フローレンス・クレプカは[55]、一九歳の時、ループにある安ホテルにボークという名前で部屋を借りて住んでいた、との報告がある婦警よりあった。また［そこを住まいにして］サウス・ステート・ストリートの「男性専用」のバーレスクショーで働いていたことも報告されている。報告によれば、彼女は街角を一晩中水兵や徴兵官たちとうろつき、夜中の二時半から三時の間には、あちこちのレストランにいるところを見かけられている。母親は、彼女に家に戻り良くない人たちと付き合うのをやめることを望んでいた。

一九二〇年から二四年にかけて、彼女がサウス・ステート・ストリートに足繁く通っていたこと、そしてしばらくの間そこで出会ったある男性と一緒に暮らしていたことがわかっている。その男性との間には子どもが一人いた。取締官からサウス・ステート・ストリートやサウス・ウォバシュ・アベニューのバーやキャバレーで何度か強制捜査を受けたことがあった、とフローレンスは主張している。

後に彼女は、活動の拠点をサウス・ステート・ストリートの「メイン・ステム」からノース・クラーク・ストリートの「暗黒街リアルト」へと移した。ここで彼女は、通り沿いでキャバレー暮らしを始めることになった。彼女は評判の悪いホテルや付近の下宿屋を転々とし、たびたび密かに売春を行ったり、何度か不安定な交際を行ったりして生計を立てていた、と報告されている。

一九二五年の冬の間に、彼女はあるタクシーダンス・ホールで働き始め、そこでイタリア人の若者とギリシャ人の若者数人と知り合い、しばらくの間彼らと付き合っていた。その後、彼女の暮らしぶりが知れ渡ってしまい、彼女は経営者からクビにされてしまった。

一九二五年の秋に、彼女は活動の拠点をニア・ウェスト・サイドに移し、そこでまた別のタクシーダンス・ホールでダンサーを続けていた。ここでも彼女は本質的に他の場所にいた時と同じ経過を辿った。はじめのうちは、彼女はこの上なく良い印象を周りに与えるのだが、後になると彼女の広範囲にわたる軽率な乱交が原因で、次第に彼女の評判は非常に悪くなっていった。最後には、彼女の評判があまりに悪くなったために、客たちは彼女と一緒に踊っているところを見られたくないと思うまでになり、彼女はまたもクビになった。

彼女は活動の拠点をロウア・ノース・サイドのタクシーダンス・ホールに戻し、そこではフィリピン人と彼らと付き合いのある女の子たちとのみ付き合った。一九二六年には、彼女は事実上、タクシーダンス・ホールの仕事で生計を立てていくことを完全に断念した。彼女は白人集団のなかでのみならず、フィリピン人集団のなかでも「月並み」になってしまった。それから彼女は、活動の拠点をフィリピン人のクラブハウスへと移し、そこで彼女は多くの男性たちと知り合い、彼らとさまざまな関係を持った。ここにきて彼女はとうとう「尻軽な女」として知られるようになってしまう。彼女は、フィリピン人たちの住む下宿屋を訪れては、部屋から部屋へと売春をして回っていた、という報告も時折あった。[56]

続く事例では、女の子はありとあらゆる経験を経た後に、〔最終的に〕売春という最低レベルにまで到達している。事実この事例は、一定数の女の子たちがかなり速いスピードで黒人居住区において売春を行うようになる際に辿る、その諸段階を示していると言っても良いだろう。

タイニーはポーランド人の女の子で、彼女の両親はノース・ウェスト・サイドに住んでいた。一六歳になった頃、彼女は同じ近隣に住んでいた若い男性と結婚した。後に彼女は生活費を要求することなく彼と別れ、タクシーダンス・ホールの世界に入った。そこで彼女はしばらくの間は非常に人気があった。最初のうち彼女は、可能なかぎりフィリピン人と踊ろうとはしなかった。とはいえ、そのうちしばらくすると、彼女は彼らを儲かる収入源と捉えるようになり、何人かのフィリピン人に多大な関心を寄せるようになった。彼らはしばしば彼女を「ブラック・アンド・タン」キャバレーに連れて行った。このようにして彼女は、黒人の若者たちと接触を持つようになった。

フィリピン人たちは、この国における自らの特異な人種的地位に対して非常に敏感であるため、誰であれ、自分たちが付き合っている女の子がそうした行動を取ることを絶対に許すことはない。彼らは即刻彼女を見限り、そのキャバレーに彼女を置き去りにして去った。このようにして彼女は、サウス・サイドの黒人居住区で活動し始めるようになった。その後彼女は、この場所で主に黒人や中国人を相手に商売をするフリーの売春婦として知られるようになった。時折彼女は、タクシーダンス・ホールに戻りまた別のフィリピン人を相手にダンスをしようと試みることがあったが、その度にいつも彼女のことを覚えている客がいて、そのフィリピン人にこう忠告するのである。彼女は既に「黒人とできてしまっている」、と。(57)

この退行的ライフサイクルの理論は、まだほんの仮説にすぎないが、おそらくは、こうした世界に足を踏み入れる以前と以後にタクシーダンサーたちが体験する典型的な経験に言及しようとする際に、その有効性が最も発揮され得ると思われる。彼女たちのこうした種々の経験はきわめて高い頻度で共通要素を内包しており、また十中八九、上記に見られるように、典型的な経験があらわれる順序が規則的である。このことを考えるならば、これらの経験は「連鎖行動」として把握することが出来る。いずれにせよ、こうした種々の経験を分類し時系列的に配列することで、より洗練されたパースペクティブを得ることが出来ることは明らかである。タクシーダンサーに生じる特徴的な経験のいくつか――幸福なものもあれば不幸なものもある――は次節以降で明らかにされる。

第二節　タクシーダンス・ホール就業以前の混乱経験

前章「タクシーダンサーの家族とその社会的背景」の議論と数多くの生活史からの引用の双方からも明らかなように、典型的なタクシーダンサーは、たとえ年齢という点では若くても、経験が浅いわけではない。タクシーダンサーたちのほとんどは、職業経験という点においても、また異性関係という点においてもさまざまな経験を既に経ている。彼女たちは数々の職業に従事してきた経験を持っており、その職種はたいてい非熟練のものである。例えば、ウェイトレス、工場作業員、売り子などがそれにあたる。また彼女たちは、しばしば最低一度は結婚した経験を持っており、たいていの場合、それは失敗に終わっている。その結婚生活は双方による少なからぬ不貞に特徴づけられ、〔最終的に〕別居か離婚という結果に終わっている。加えて、ほとんどの場合において家族との激しい葛藤が彼女たちの背景にあるようである。

タクシーダンス・ホール〔の世界〕に足を踏み入れた時には既に、女の子はたいていの場合、種々の安定的なコミュニティ集団――例えば家族や教会など――とのつながりを断ち切っている。また彼女たちは、たいていの場合、慣習的なやり方である一定の主たる関心――例えば、友情や愛情を求める欲求、地位を求める欲求、刺激を求める欲求など――を満足させる術を持ってはいない。彼女たちは明確な行動基準を持ってもいなければ、そのために彼女たちが努力するであろう人生の目標も持ってはいない。タクシーダンサーたちがこの種の仕事を始める時には、既に彼女たちは幾分混乱ないしは個人解体した状態にあり、またしばしば、自分が慣習的な社会とは相容れない存在であるという感覚を既に持っている。

第三節　不安と嫌悪の初期

タクシーダンサーたちが初期段階に経験する内容は非常に類似している。そのため、彼女たちがこの種の施設やその従業員と関わりを持つようになるプロセスのなかに、基本的な要素の連なりとその順序を認めることが出来る。ほとんど例外なく、彼女たちをこの施設に惹きつける主要因は、それ以外のやり方で行うよりもより容易にお金を稼ぐことが出来る可能性である。年若いタクシーダンサーたちは、何らの訓練も受けることなく週に三五から四十ドルものお金を稼ぐことが出来る。とはいえ、こうした経済的な関心のみならず、ダンスホールの「スリル」と興奮もまた〔彼女たちを惹きつける要因として〕並行してあらわれる。しかしながら、不慣れなために不安をかき立てるこの状況は、自分以外のタクシーダンサーたちの振る舞いに対する反発心ないしは嫌悪感と相まって、多くの新人ダンサーたちが前からいたダンサーたちに素っ気ない態度をとり続ける原因となることがある。また彼女たちはしばしば〔過去に〕自分たちが生まれ育った近隣社会や家族集団との一切の関わりを断ち切ったという経験もあり[58]、ダンスホールで出会った他の女の子たちと打ち解けるまでに非常に長い時間がかかる。おそらく、信頼している女友達との関係を除けば、ダンスホールに来た新人たちは、しばらくの間は孤立しており、他のダンサーたちとも何となくという程度でしか関わることはない。

タクシーダンス・ホールにおいてキャリアを積み重ねて行こうと試みる若い女の子たちは、最初の数週間でその多くが辞めてしまう[59]。その理由は、十分な顧客を確保することが出来なかったためという場合もあれば、ホールで目にする種々の振る舞いに嫌気がさした、という場合もある。その上、多くのタクシーダンサーたちにとってダンスホールの仕事とは、純粋に部分的な活動であり、主として、会社の事務職やデパートの店員、軽工業やクリーニング店の仕事などで得ている収入の不十分さを補うために行われているものである。

第四節　早期成功のスリル——情熱期——

しかしながら、タクシーダンサーたちのなかでも成功する新人たちは、すぐさま既存のどんなためらいも克服するようになり、ホールを中心に展開する生活に身も心も打ち込むようになる。激しく求愛され、また慣習的な世界では滅多に経験することのないやり方でちやほやされるうちに、「新顔」たちはこうしたこれまでにないスリルと満足感を大いに楽しむようになる。彼女たちがはじめて出会う男たちの多くは魅力的な男性であるが、なかには風変わりではあるが不思議と人の心を惹きつけて離さないような男性もおり、〔必死に〕自己呈示を試み、彼女たちの気を惹こうと努力する。彼女たちは高級ナイトクラブにエスコートされ、そこで、彼女たちの目には社会的に選ばれし者にのみふさわしい扱いと映るもてなしを受ける。

こうした経験をするなかで、彼女たちはかなり短期間のうちに自己像を高めるようになる。「裏長屋」のポーランド娘が「ダンス教師」へと変身し、しばしばそこにおける新しい身分に見合う新しい名前を獲得するようになる。一一四頁の一覧表は、仮名ではあるものの、(60)何人かのシカゴのタクシーダンサーたちについて、各々正確に、実名と「源氏名」の特徴を区別して示している。これら種々の新しい名前は、女の子たちが新しく獲得した自己像を明確に示しており、それを核として彼女たちの生活が組み立てられている種々の理想と野心を示している。

こうした新しい自己像をともなって、彼女たちは一連の情熱的な恋愛経験に参与することになる。そこでは、あらゆる理性は際限なく沸き起こる恋愛衝動の前に脆くも崩れ去る。

ダンスホールの何が私にそうさせたのか未だにわからないけど、後にも先にもこんな短い間に、あれほど数多くの重い「ビョーキ」に罹ったのは、ウェスト・サイドにいた数ヶ月間だけだったわ。私はいつもいろいろな男たちに激しく恋していたわ。フィリピン人に恋した時もあれば、ルックスの良いイタリア人の若者に恋した時もあったし、ギリシャ人にお熱を上げた時さえあったわ。当時何が自分にそうさせていたのか未だに理解できないわ。いつも誰かに激しく恋していたのよ。(61)

まだ「新顔」で通用する時には、成功しているタクシーダンサーは、顧客数の確保という問題を考慮する必要は全くない。彼女は依然として「新顔」――しばしば若く魅力的ではあるが認識の甘い存在――なのであり、多くの客から求愛されるからである。

第五節　「客を取る」――ベテランタクシーダンサーの問題――

タクシーダンサーがダンスホールのれっきとした従業員の一員として認められるようになり、そこにおいて無意識にある一定の役割を取得するようになると、「客を取る」という問題はより差し迫ったものとなる。たとえ彼女が、ある一定の固定客の間では未だ人気を維持していたとしても、それ以外の多くの男たちが彼女から、よりいっそう興

実　名	「源氏名」
クリスティーナ・ストランスキー…………	デロリス・グレン
アグネス・グレタン…………………………	ロリーヌ・ボイル
メアリー・ボリス……………………………	ビリー・ハート
フローレンス・クレプカ……………………	アニータ・コステロ
ルイーズ・ローレンツ………………………	ボビー・ルマン
ソフィー・ゼリンスキー……………………	グウェンドリン・ルウェリン
アルマ・ハイスラー…………………………	エレーヌ・ド・バール
パール・バブコック…………………………	メルバ・ドメイ
エレノア・ヘドマン…………………………	グロリア・ガーデン
アンナ・プラセンスキー……………………	アルセア・ルマール
メアリー・ブロノウィスキー………………	ラベル・シェリー
ガートルード・プレスリー…………………	ベティ・ルクリース
アリス・ボーデン……………………………	ワンダ・ワング
メアリー・マラノウスキー…………………	ジャン・ジュエット

味をそそる別の新人ダンサーに鞍替えしてしまっている可能性がある。獲得するチケットの枚数が少なくなるにつれて、彼女はダンスの相手を惹きつけるためにある一定のテクニックを意図的に使い始めるようになる。と同時に、彼女はそれまで以上に同僚との関係における自分の立ち位置を意識するようになってしまっている。他方、彼女の同僚たちは彼女にある一定水準の腕前を求める。そうした同僚たちから寄せられる嘲り、ヤジ、嘲笑に応えるなかで、彼女は同僚たちの種々の期待に応じて、服装や振る舞い方、そして考え方を変えていき、徐々に、タクシーダンス・ホールの世界の流儀を定めている女性たちからなる小集団に認められるようになっていく。こうした接触を通じて、修練期間にある新人は、次第にやり手のタクシーダンサーであり続けるための種々のテクニックを身につけていく。

第六節　タクシーダンサーのテクニックの習得

彼女たちのテクニックは、しばしば非常に単純な性格のものである。第一要件の一つに、どのような服を着るのか、そしてどのような「化粧」をするのかという問題がある。ダンスホールにおいて最も効果の顕著な要素である。

「ねぇ、金髪にしてみたら。知ってるでしょ、フィリピン人はみんな金髪を選ぶのよ」とリーラが私に話しかけてきた。「このままじゃあんたが小者で終わるんじゃないかって、私心配なのよ。あんた物静かすぎるし、着飾り方も足りないわ。それにそのイヤリングは何！　何でそんなの付けてるの。もし付けるなら、そんな小さなやつじゃダメよ。安物雑貨店で買ってきたようなものを付けちゃダメよ」。

「あんた化粧をなんだと思ってるの。この業界のことがまるでわかっちゃいないわ。明日私の家へおいでよ。出勤する前に私があんたを改造してあげるわ。パラクサイド〔髪を漂白する過酸化水素水〕が一本あれば十分よ。いずれにしてもあんたの髪はそう黒くないわね。後はそうね、縁飾りを付けて服をもっときつく絞ってピチピチにするといいわ。あんた、ルックスも悪くないわね。プロポーションだって悪くないわ。でもその見せ方を知らないわね」[62]。

同様に、客たちの興味を引くためのもう一つの工夫は、「速く快活にダンス」することと、ダンスを待っている間は「快活に振る舞う」ことである。

相手にくっついて速く踊ると儲かるのよ。そして元気いっぱいって感じに見せるの。それだけでいいの。ダンスを待っている時も茶目っ気いっぱいって感じに見せながら脇を歩くのよ。実際、気分はその正反対って時もあるわよ。でもそんな気持ちを見せちゃったらお客がとれないもの。(63)

また、女の子が用いる戦略には次のようなものもある。すなわち、あるお客がまだ自分の顔を覚えていないと感じた時に、女の子はその客に自分を新人として売り込み、その結果としてより多くのダンスの指名をその客から得ようと目論むのである。また、閉店後の深夜のデートに付き合うからと嘘をつくこともまた、客たちの指名をつなぎとめるために使われるやり方である。こうして、客は最後までお金を使い続けようという気持ちに仕向けられる。とはいえ、その夜の最後のダンス曲が終わろうとする時に、女の子は客に「他の約束」を既に取りつけてしまったから、と伝えるのである。

幾分さらに複雑なテクニックには次のようなものもある。それは客たちがお互いに対して抱いている人種的偏見を利用することである。抜け目のないタクシーダンサーならば、フィリピン人集団と人種意識の高いアメリカの白人集団というような、とりわけ互いに相容れない集団同士に狙いをつけ、自分の利益のために双方の集団が抱いている人種的態度を利用する作戦を案出するだろう。

私は中肉中背の幾分魅力的な若い女性に目を留めた。彼女はあるフィリピン人男性のそばでホール内を傍観していた。私が彼女に注目していることに気づくと、彼女は彼を斜めにちょっと見下ろした。その仕草は、少なくとも彼女がその幾分浅黒い肌の若者を軽蔑していることを示唆しているようであった。つい先ほどまで彼女が談笑していた相手である。これまで見たことのない面白い性向に思えた。彼女がそのフィリピン人のもとから離れると、私は彼女に近づき会話を試みた。

「見たところキミは、あの日焼けしたような肌の彼氏のことがあまり好きじゃないみたいだね」と私は彼女に質問をぶつけてみた。「ええと、そうね」と彼女はためらいがちに答えた。「彼ってフィリピン人でしょう」〔と彼女は言った〕。「でもフリップ［フィリピン人］たちは女の子の扱いもうまいし、それに他の男たちに比べて気前も良いじゃないか。その辺のところをよく考えなきゃ」と私は切り返した。しばらくの間、彼女は口ごもり、その後嘲ってこう言った。「だって、彼は白人じゃないもん！」。

夕方遅くに、私が何人かのフィリピン人たちと親しげに話している様子を見ていた彼女は、その後私に近寄ってきて、彼女自身の振る舞いについて次のような釈明をし始めた。

「知っているかどうかわからないけど、さっきあなたが見ていた時に私が話してかけていたあのフィリピン人と私、結婚の約束をしているのよ。彼にあんな態度をとっていたのも、彼のことをあんなふうにあなたに言ったのも、あなたからダンスを獲るためよ。あなたが私たちを〔じっと〕見ていることに気づいた時に私決めたの。彼のことを嫌っているふりをしなきゃって。そうしたらあなたが私のことを何度か指名してくれると思ったの……白人たちのほとんどが、私がいつもフリップたちとデートしてるってわかると、私と踊ってくれなくなるわ。だから白人と一緒にいる時は、フリップの悪口を言うようにしているの。そうするだけでもっと多くの指名を彼らから受けられるから……」。

「確かにフィリピン人たちとデートしているわよ。でも彼らとばかり踊っていても儲からないわ。フィリピン人たちとばかり踊っていると、いろんなフィリピン人を何人も相手しなきゃならなくなるから。でもここではあまりフィリピン人とばかり踊っていると、周りから月並みって思われちゃうから。そうなるともう白人たちは顧客になろうとはしてくれないわ……だからたまにはルックスのいい白人たちとも何度か踊る必要があるの。するとフィリピン人たちは私を指名し続けるのよ」(64)。

他にも、タクシーダンサーが閉店後に客とデートに出かけ、そこでその客を食い物にする際に使われるテクニックがいくつかある。ここで再び「セックス・ゲーム」[65]が登場する。その手法はきわめて単純な場合もあれば、かなり手の込んだものである場合もある。

私はダンスホールの仕事を始めてまだ一ヶ月しか経ってないけど、どうやったら成功するかは既にわかっているわ。私はホールで週に三十ドル稼いでいるけど、副収入もいくらかあてにしているわ。やり手の「ゴールド・ディガー」であるための第一条。それは相手の男を選ぶにあたって人選を誤らないことよ。男の年齢はどうでもいいけど、賢い奴を選んではダメね。新客を選ぶのがベストなんだけど、たまには常連でも問題ないわ。バカな「カモ」もいるじゃない。〔次に重要なのは〕私は苦境にあえぐうぶな女の子です、という第一印象を相手に与えることよ。それからもし相手の男がデートに誘ってきた時には、自分がものすごくお金に困っていて、デートに行きたいのは山々なんだけどホールの仕事を休む余裕がないのって相手に言うわけ。

そこで私は彼に話を持ちかけるわけ。もしダンスホールで稼いでいる額と同じだけのお金をくれるならデートしてもいいわよってね。相手がその額を尋ねてきたら、私は実際に稼いでいる以上の額をその相手に言うわけよ……私はいつもお金はデートの前に先払いで要求しているわ。まず第一に、私をカフェに連れて行ってくれる男を確保することね。カフェで彼に食事をたっぷりおごってもらったら、今度はどうにかしてそこから逃げる方法を考えるわけ。一つのやり方としては、彼に一言断ったうえで、電話をかけに行くふりをするか、またはトイレに行くふりをして席を立ち、そのうえで彼の目を盗んでドアからこっそり抜け出す、というのがあるわ。

でももしその店にドアが一つしかなくて、相手の目を盗んで抜け出すことが出来ない場合には、公衆電話から電話をかけて私と同じところに住んでいる年輩の女性を呼ぶわけ。自分が今どこにいるかを伝えたうえで私を迎えに来てもらうわけ。そこで彼女が偶然を装ってお店に登場。私の面倒を見ているおばとして登場してもらうの。自分の姪に売春をさせようとしている男がいると警察に通報して逮捕してもらいますよ、って彼女が彼を脅すわけ。そうすると男は喜んで私を解放してくれるわ……こんな感じで彼女が私を助けに来てくれた時には、私はいつも彼女にタクシー代を渡して、分け前として取り分を彼女と山分けすることにしているの。
もちろんこんな手はそう何度も使えないけど、「引っかかりそうな奴は次から次に出てくる」し、そんな男たちの多くがこうしたホールにやって来るわ。彼らって格好の「カモ」だから、もし〔ホール周辺で〕長時間うろついていたら、誰かに捕まえられてお金を騙し取られると思うわ。とにかく私は他のダンサーよりお金が要るの。だから彼らを「カモ」にしてお金を稼ぐぐらいかまわないでしょ[66]！

第七節　儲かるダンスホール・パーソナリティの発見――タクシーダンサーの諸類型――

タクシーダンサーたちにおける営利をめぐる対立関係から、ある一定の幾分はっきりと捉えられる種々の「役割」が発展する。さまざまな女の子たちは、自分個人の魅力を、その役割を使うことで最も効果的に商品化し得ることを発見するに至る。こうした種々の役割は、各々、それ特有の活動や行動様式、個々のテクニックや判断基準、そしてそれ特有の生活観をともなっている。

こうした種々のダンスホールの役割のなかで最高の類型ないしタイプにあたるのが、いわゆる「ナイス・ガール」である。「ナイス・ガール」とは、申し分のない魅力と身体的な魅力を兼ね備えた、活気に溢れた人間類型で、彼女たちは礼節に関する慣習的な基準を逸脱することなく顧客を獲得していく。彼女たちは決して客とデートの約束をすることもなければ、フィリピン人や他の東洋人たちと踊ることが当然とされているホールに足繁く通うことさえないだろう。彼女たちは完璧なまでに高潔な女性という役割を演じるのである。

自称グウェンドリン・コステロ。彼女はループに数あるタクシーダンス・ホールの一つに所属している。彼女はそのホールにおいて「美人」としての位置を有している。彼女はそこで三年以上踊っている。彼女は活気のある女性でその仕草はコケティッシュでほとんど小悪魔的なところがある。彼女は優美なダンサーであり、どんな種類のダンスにもうまくついていくことが出来る。加えて彼女はいわゆる「良いスタイル」の持ち主である。彼女は一八歳でも通用するぐらいの女性であるが、おそらく二四歳は超えているだろう。彼女は客たちに大変人気があり、とりわけ二五歳から四十歳までの年齢層で人気が高い。ホールが忙しい夜などは、自ら望まないかぎり彼女に休む暇など全くない。男たちのほとんどは――新客も常連客も――彼女のことが好きなようである。とはいえ、彼女はホールの客とは決して誰ともデートをしないことで知られている。彼女を指名する男たちのほとんどにとって、〔彼女とのホールでの〕一年の付き合いを終えてもなお、彼女がはじめてこのホールに来た夜と同じように、今も彼女は多分に神秘的な存在であり続けている。(67)

異性を食い物にしようとする動機は「ナイス・ガール」の事例においても見出されるかも知れないが、そうした動機がより顕著にあらわれるのが「スマート・ガール」の事例である。このタイプの女の子は、異性を食い物にすることを最重要課題と捉えており、ありとあらゆる物的利益を追求するために、あからさまに自らの魅力を活用しようと試みる。「カモること」と「セックス・ゲーム」という行為は、こうした女の子たちにとっては生計を立てるための当たり前の手段となる。彼女たちの威信は、如何に多くの利益を、如何に賢く追求し得るか、その程度に応じて高くなる。

上記の二つのタイプのダンサーよりも身持ちの良くないダンサーとして、第三のタイプを選り出すことが出来る。「ネバーミス〔チャンスを逃さない〕・ガール」がそれである。このタイプは、比較的ホール経験の浅い新客たちの間ではとても愛情豊かな人間と捉えられている。このタイプのダンサーは、時折、他のダンサーの前では自分が客をうまく「カモにしている」ように見せることもあるが、馴染み客に対しては彼女は全く異なった人物像を見せる。このタイプの女の子は、時折、何人かの男たちを従えていることもあり、彼らは彼女の日常生活においてそれぞれ特別な「役割」ないしは機能を有している。彼女はそれぞれの男たちに対してある一定の恋愛感情を抱いている。そうは言うものの、時折そうした感情のなかに冷静な目的志向の感覚が独特な形で加味されていることがある。

男はみんなずるい生き物だってことは私も知ってるわ。でも彼らなしでは生きていけないの。以前なら、男は一度に一人いれば十分だったけど、私も今は結婚してるから、常時複数必要なのよ……さて、目下付き合ってるのは、「フレンチ」でしょ、「ハードボイルド」でしょ、後はジミーとバディーに、それとアルね。さて、まず「フレンチ」だけど、彼はハンサムで小柄なフランス人で、セックスの仕方をちゃんと心得ているわ。私が落ち込んでいる時に誰かに励まして欲しいって思った時には、受話器を手に取って彼に電話をかけるの。彼と一時間過ごすだけで「天にも昇る気持ち」になれるの。でも彼のメリットはそれだけね。彼の最悪なところ、それは、その一時間を除いて彼が私に本気じゃないってこと。ちゃんとわかってるんだから。

次に「ハードボイルド」についてだけど。私は彼のことをそう呼んでるの。彼はサウス・シカゴ出身の男よ。彼は不良でやりたいことはほとんど何でもするところがあるわ。でも多分彼のそんなところに惹かれているんだと思うわ。「ハードボイルド」は、時々私のところにやって来てデートに連れ出してくれるわ。でも一晩だけだけどね。そしてジミー。彼は私の夫のいとこで、時々彼のことが気になることがあるの。何故だかわからないけど。今はもう彼とは「別れた」けどね。彼の私に対する接し方が原因でね。でも彼、私にお金をいくらか貸してくれるって約束してたけど、まだ貸してくれてないわね。

私がちょっと困ったことになった時に相談しに行く相手がバディーなの。助けが欲しい時に訪ねる友達が彼ね。でも彼の役目はそれだけね。そして最後にアル。彼は背が高く細身の男でしかもハンサム。二八歳ぐらいだったと思うわ。彼は旧家の馬と同じぐらい安全な男よ……彼は大きな車を持っていて、私が行きたいところならどこにでも連れて行ってくれるわ。(68)

絶えざる不安から逃れるために、彼女は次第に悪評の高い存在になっていく。またその結果として顧客を確保することがもはや出来なくなる。とはいえ、「楽しい時を過ごす」道を選択するならば、このタイプのダンサーは、収入の低下にともなう社会的地位の問題と悪評高い存在になってしまうというさらに大きく危険な問題という、二重のジレンマのなかで苦しむことになる。その結果、タクシーダンス・ホールにおける正規のダンサーとして雇用条件に合わない存在となってしまう。

その性格に問題のある若い女性、または何らかの理由により他のタイプになるための諸要件を満たすことが出来ない女性にも、まだもう一つだけ、タクシーダンス・ホールで生き残るチャンスが残されている。第四のタイプのタクシーダンサーになるつもりさえあれば、このチャンスをものにすることが出来る。その第四のタイプとは、官能的なダンサー、である。比較的年輩で相対的に世慣れした女性や、比較的に器量の悪い女の子、そして、美しさやダンスの能力という点で取り立てて優れているというわけではない女性、そして何らかの理由により客とデートすることを望まない女性などがこの第四の類型を成している。

「世渡り」の方法としてこのやり方をとる女の子にとって、財政的危機という問題はかなりの程度解決される。他のタイプのやり方では、このタイプの女の子は精神的に不安にさらされ、ダンスホールにおける自分の人気の浮き沈みに絶えずさらされてしまうことになる。彼女の収入は絶えず不確かなものとなってしまう。とはいえ、官能的ないしは淫らな踊り方を採用するならば、すぐさま彼女の収入はより安定した確実なものとなる。ホールの外で得る私財の増減の如何に関わりなく、毎週彼女は確実な収入を得ることが出来るのである。また顧客を確保するために媚びたりおべっかを使ったりすることも必要なくなる。

以前は客が取れるかどうかっていつも心配していたわ。稼げた時もあれば、そんなに稼げなかった時もあったわ。でも大家から要求される家賃はいつも同じ……でもわかったの。うまくやればここに長時間いるだけでかなりのお金を稼ぐことが出来る。以前は一晩中、客を探して回って無駄な時間を過ごしていたけど。

しかもすごく簡単なことなのよ。以前は四六時中男たちに「冗談話」をしてなきゃならなかったけど、今はそんな心配は無用よ。冗談話をして楽しませなくても男たちの方からやって来るから。この数ヶ月、指名待ちで長時間過ごしたことはないわ。(69)

官能的なダンスを実践するタクシーダンサーと客たちとの関係は、必ずと言って良いほど非人格的で功利主義的なものである。性欲に基づいて接触する客と女の子との間には、恋愛感情は——他のタイプのダンサーたちの間に見受けられるような類のものさえ——滅多に生み出されることはない。売春におけるそれと同一の冷たく非人格的な取引上の関心が、こうした彼らの結び付きを特徴づけている。ダンスホールにおいては、このタイプのタクシーダンサーは、顧客にとっても有用な存在として機能している。

上記の四つの役割は、その時々で幾分その違いを強めるが、その一方で新顔たちの到来はもとよりダンサー間の競争も要因となって、ダンサーたちの間で断続的な再適応が促進される。ダンスホールにおいて以前は「美人のなかの美人」としての地位にいたタクシーダンサーでさえ、自らの王冠を守るためにますますの努力を余儀なくされることもあれば、相対的に望ましくない方法——すなわち、彼女がこれまで受け入れたことのないより低位の役割——を選択せざるを得ないこともある。

第八節　「渡り歩く」——タクシーダンスを通して見たアメリカ——

ある都市におけるタクシーダンス・ホールを通じた生活や活動がタクシーダンサーにとって退屈なものになり始めると、彼女は同様の職に就くことが出来るような別の都市へと旅立つことがある。大都市であればほとんどどこにおいてもタクシーダンス・ホールは存在しており、(70)そのすべてが本質的に似通っている。いったんこの世界に馴染むと、彼女たちはどのタクシーダンス・ホールにおいてもうまく仕事をして行くことが出来るようになる。彼女たちを都市から都市へと渡り歩かせる刺激がもう一つある。それは、習慣的に頻繁に住所を転々としている人々との不断の交流である。彼女はそうした人々に感化され、自分も「全国を見て回りたい」と思うようになる。ベテランのタクシーダンサーたちの間では、太平洋岸と大西洋岸の双方に行った経験があり、種々のタクシーダンス・ホールで得た稼ぎで国中を旅して回っている女の子たちを見かけることなど珍しいことではない。以下に見られるような話などよくあることである。

私はホールがあるおかげで全国どこにでも行ったことがあるわ。私の家はシカゴだけど、ニューヨーク、ニューオーリンズ、カンザスシティ、シアトル、それからロス、みんな行ったことがあるわ。いま言った街にはさ、ここみたいなダンスホールがあるの。時にはちょっと勝手の違うところもあるけど。でもどこも基本的に同じようなところだわ。でもさぁ、どこに行っても他のところで見た顔に会うわね。ニューヨークでは、シカゴで見かけたフリップ［フィリピン人］たちに会ったわ。ロスにいた時にはウェスト・サイドにいた女の子にも会ったし。この間なんか、シアトルで見かけたフィリピン人に会ったわ。狭い世界なのよ、結局。(71)

今日、中西部のタクシーダンサーたちには、ニューヨークに向かって東へと移動する傾向がある。この移動の行程には、しばしば、カンザスシティ、セントルイス、次にシカゴ、そして最後にニューヨークが含まれている。あるシカゴの調査員がニューヨークのタクシーダンス・ホールを訪れた折り、彼は、以前にシカゴのタクシーダンス・ホールで見かけたダンサーたちを一晩で一二人も見かけている。

この新手のタイプの女性移住者がこの先どのような傾向を見せるかは不透明である。この若いタクシーダンサーたちは、稼ぎも良く、どの都市に行っても相対的にたやすくすぐさま、その都市のタクシーダンス・ホールで職を得ることが出来るため、新種の流動層となりつつある。彼女たちは、渡り歩く自由とすぐに使える収入源を獲得した女の子たちであり、以前のどの世代の女の子たちとも際だって異なるタイプを提示している。

注

（1）ある調査員がはじめてタクシーダンス・ホールを訪れた際に抱いた印象。
（2）Case No. 11.
（3）Case No. 10.
（4）『不適応少女』の第一章におけるW・I・トーマスの「四つの願望」に関する説明を参照。
（5）あるベテランタクシーダンサーが調査員に話した内容。
（6）Case No. 12.
（7）調査員の記録。
（8）Case No. 12.
（9）Case No. 13.
（10）ある客と調査員との会話。
（11）Jane Logan, *Chicago Daily Times*, January 31, 1930.
（12）調査員の報告。
（13）Logan, *op. cit.*, January 30, 1930.
（14）あるポーランド人少年が調査員に話した内容。
（15）Case No. 10.
（16）調査員の報告。
（17）Case No. 19.
（18）Case No. 20.
（19）次を参照。Frances Donovan, *The Woman Who Waits* (Gorham Press, 1920), pp. 211-20.
（20）*Ibid.*, p. 213.
（21）Case No. 15.
（22）Case No. 27.
（23）ある経営者の話。

(24)　Case No. 21.
(25)　Case No. 19.
(26)　Case No. 12.
(27)　本書においては、タクシーダンサー、その家族、客、経営者の名前は、本人特定を避けるためすべて仮名にしてきた。
(28)　地図一、二を参照。〔これらを見ると〕貸部屋地域に住んでいる何人かの女の子たちを除いて、タクシーダンサーの自宅住所が住宅地区にあることがわかると思われる。
(29)　ソーシャルワーカーから提供された情報を要約。
(30)　青少年保護協会の記録をもとに筆者作成。
(31)　シカゴ市裁判所の一つから提供された報告をもとに筆者作成。
(32)　調査員の記録。
(33)　青少年保護協会の記録をもとに筆者作成。
(34)　青少年保護協会の記録をもとに筆者作成。
(35)　青少年保護協会の記録をもとに筆者作成。
(36)　筆者は、ローマカトリック教会による統制システムの一部に対して反感を抱く、ある女の子の事例を以下に引用しているが、その理由は言うまでもなく、この事例に登場する女の子のさまざまな主張が、タクシーダンス・ホールの世界に参入するために自分自身の行為を正当化し心理武装を行う彼女の態度や合理化を明らかにしており、筆者の関心もそうした主張に対してのみ向けられているからである。
(37)　Case No. 17.
(38)　この女の子たちやその家族のことをよく知っている人々から提供された情報をもとに作成。この家族の状況を簡潔に示すため、収集した資料からの通常のやり方での引用は避けた。
(39)　青少年保護協会の事例記録をもとに筆者作成。
(40)　Case No. 10.
(41)　Case No. 12.
(42)　Case No. 10.
(43)　Case No. 19.
(44)　Case No. 15.
(45)　Case No. 16.

(46) 調査員の記録。
(47) Case No. 8.
(48) 青少年保護協会の記録および調査員の報告をもとに筆者作成。この家族の状況を簡潔に示すため、ケースワーカーや調査員の報告からの通常のやり方での引用は避けた。
(49) ノース・サイドにある上流階級の人々が通う教会のことを言っている。
(50) 少年のケースワーカーから青少年保護協会に送られてきた特別報告をもとに筆者作成。
(51) Case No. 11.
(52) 本書、八五-八六頁に引用した資料の最後の段落で述べられていた、この種の個人的適応に関する説明を参照。
(53) あるシカゴのソーシャルワーカーによる報告。
(54) 本書、七五-七六頁に掲載の資料を参照。
(55) 彼女の家族に関する詳細については本書、七五-七六頁を参照。
(56) 青少年保護協会の事例記録と、相異なる三つの社会的世界における彼女の行動を知る三人の男性から提供された情報をもとに筆者作成。
(57) 彼女を良く知る二人の人物の話をもとに筆者作成。
(58) 本書、六八-七一頁を参照。
(59) 推定では、タクシーダンス・ホールの仕事で生計を立てて行こうとする女の子たちの半数以上が最初の数週間で辞めてしまっている。
(60) 以下に提示する実名と、「源氏名」は、すべて慎重に修正を施したものである。
(61) Case No. 11.
(62) Logan, *op. cit.*, February 1, 1930.
(63) Case No. 15.
(64) 調査員の報告。
(65) 本書第三章第九節を参照。
(66) Case No. 15.
(67) 調査員の記録。
(68) Case No. 10.
(69) Case No. 9.
(70) 外観の如何はさまざまであれ、今日、タクシーダンス・ホールは、五十万人以上の人口を擁する都市であれば、ほとんどの都市にも存在している。これはソーシャルワーカーたちの間では共通認識となっている。

(71)　Case No. 6.

第三部　客とその問題

第六章　客——その実態と来訪目的——

第一節　客のタイプ

タクシーダンス・ホールの客は、多数の言語が混じり合う群衆である。中国人、シチリア人、ハワイ人、スカンジナビア人、メキシコ人、ロシア人、フィリピン人、ルーマニア人、ユダヤ人、ポーランド人、ギリシャ人、北米インディアン、インド人、アングロサクソン系北欧人など、あらゆる人々が混じり合っているのだ。その上、年齢や文化、体格もさまざまである。六十歳以上の経験の豊かな人が、まだ「十代〔一三歳から一九歳までの若者を指す。〕」の若者の横に場所をとる。すべすべとして身綺麗な都会の男が、粗末な身なりで、手がごつごつと硬い、不格好な足取りをした田舎者と、ひじをぶつけながら踊る。普通の体格の男が、サイズやつりあいが人並みでない者や、身体に障がいをもつ男、言語にハンデのある者の傍らで、社交的冒険を求めて並ぶのである。

この雑多な集団や、彼らの問題、ダンスホールに惹きつけられる動機を慎重に検討すると、少なくとも彼らには九つのタイプがあることがわかる。第一に、忌々しい人種的特徴のために他では社会的に受け入れられていない男性の集団がある。黒人は、どこにおいても排除されているが、シカゴのタクシーダンス・ホールの客の少なくとも四分の一は、皮膚の色のために他では排斥されている東洋人である。こうした東洋人のうち、十分の九はフィリピン人たちであり(1)、残りのほとんどが中国人である。この二つの人種集団は、全く異なる文化的遺産を持っているが、アメリカでは同じ人種的偏見の障壁に直面し、まさに同じ動機からタクシーダンス・ホールに惹きつけられている。双方の集団にとって、タクシーダンス・ホールは、アメリカ人女性と自由で気楽で制約のない社会的接触が許される、ほぼ唯一の機会なのである。

第二のタイプは、たいていはヨーロッパ出身の、コーカサス系の移民である。(2) 彼らは、シカゴの常連の五分の一以上を占め、多くの国籍から構成される。イタリア人、ポーランド人、ギリシャ人、ユダヤ人が優勢であるように思われる。彼らがアメリカで抱える問題は、根深い人種的特徴によるハンデを負っていない、ということを除くと、東洋人のそれとまさに同じ点にある。それは、異質な文化と言語に関する同化の問題である。移民の若者の多くは、自分のナショナリティ外での社会的接触について、その最初の冒険をタクシーダンス・ホールを通じて行う。自分の生活や活動に何らかの理由で満足できない時、タクシーダンス・ホールに惹きつけられるようである。「アメリカ的なもの」と彼らがみなす特色——つまり自分自身の文化とは異質なもの——をうぶな性的解釈で捉える移民にとっては、タクシーダンス・ホールへ通うことは、不道徳な逸脱という性質を帯びる。他方で、タクシーダンス・ホールを、社会的接触を得る手段や、アメリカの慣習、基準、言葉に関する望ましい知識を獲得する手段と考える者もいるようだ。いずれにせよ、良くも悪くもタクシーダンス・ホールは、アメリカ化の過程のある特定の段階に位置する多くの移民に、非常に強く訴えかける存在なのである。

これらすべての点が、次の三一歳のイタリア系移民の事例にはっきりとあらわれている。彼は、充分な収入を得る職業的な能力が不足し、結婚を通じて問題を解決することが出来なかった。彼は、「素敵な」イタリア人女性、すなわち「あまり外出しない本当に家庭的な人」と結婚したかった。しかし、独身状態を続けながら、自国籍の社交の輪にとどまり続けることは不可能だ。周りは彼に結婚することを望む。彼にとってタクシーダンス・ホールは、自分の人生から一時的に逃避するための〔現実逃避的な〕冒険〔の場〕となる。しかし、イタリア的ではないタクシーダンス・ホールの状況のなかでは、言語的、文化的なハンデのために、彼はいつでも不安感や劣等感を経験することになる。

ここに来るようになって長いが、いつも、二度と来るものか、と私は口にする。だが、ちぇ、やめられない。男には楽しみが必要だから……今晩こそ、しゃれたダンスに出かけようと思っていた。ひげをすっかり剃って、新しい靴をはいたが、どうしたものか、ここに来てしまった。あまり英語がうまくないから、一人でしゃれた場所に行く気がしないんだ。

先週までに二度、おしゃれなダンスに行った。一つはクラブダンスで、一晩中踊ったが、たった五十セントしかからなかったし、とても楽しめた。先週は素敵な結婚式に出て、見栄えのいい、とびきりの「女の子」〔skirt〕に会った。とても気に入ったんだが、若すぎた。彼女は一七歳で、自分は三一歳。結婚はしたいが、面倒なことになるとも思う。だが、この女の子は、本当に家庭的な女の子で、外出ばかりするような子ではない……

ちぇ。これが「いかさま」の場所だ！　お金がどんどん飛んでいく。もっとダンスしたいが、既に二・五ドルも使った。三ドルしかないからもうダンスは出来ないし、「女の子」を連れ出すことも出来ない。何か食べるとだいたい一・五ドルはかかるし、その後はたぶんタクシー代。チャンスはあり得ない。待たなければ。二時まで待った。長い間座ってばかりだ！

見えるかい。向こうに僕の「女の子」がいる！　背の高い金髪の子だよ！　素敵だろう？　痩せた感じだけど、楽しく過ごせそうだ。二度彼女を連れ出したことがあるが、どちらも邪魔が入った……今夜ここに彼女を叱りに来たんだが、もっと僕を大切にすると約束したよ。だが、ちぇ！　彼女をどこに連れて行ったらいいかわからないし、車もないよ。おかしなことばかりだ。彼女とデートして以来、他の男とダンスするところは見たくない。彼女と結婚したいわけじゃなくて、男なら自分の彼女が他の奴と一緒にいるのは見たくないものだ……もし僕が他の娘と踊っているところを見たら、彼女だって嫉妬するだろう……

実は、ここの女の子を大して好きなわけじゃない。近所に見栄えのいい女の子はいるけど、彼女たちは結婚を期待する。僕も三一歳だし、それもいいかと思うんだけど、まだお金が十分じゃない。だからここまで来るのさ。(3)

アメリカ化の過程が現在より長く続いていた頃、タクシーダンス・ホールに通う移民は、たいてい個人化〔本書一六三頁参照）の過程を経験した。彼は、自分の遺産の多くを捨て、我が国の矛盾する基準や習わしのなかから、彼自身の当面の欲求や個人的願望に適合すると思われるものを選別してきた。これは通常、自分自身のナショナリティからの自発的な離脱を意味し、ほぼすべての場合、自分が捨てた「母国のやり方」と区別しながら、自分の頭で「アメリカ的なもの」とみなす生活観を選好することを意味する。

私は四二年前にワルシャワの北にある小さな村に生まれた。父は子どもの頃に亡くなった。私はワルシャワに行きたかったので、祖父と大げんかした後、永久に家を出た。ドイツ、フランス、デンマークと移動した。最も長く滞在したのはドイツだった。そこには四年いた……私以外の家族は、皆ポーランドに滞在したがった。そこには二人の兄弟と三人の姉妹がいるが、今では私のことをすっかり忘れてしまっている。彼らから便りはなく、この十年間私も実家に手紙を書いてはいない。母が生きているのかどうかすら知らないのだ。生きているとは思うけれど……戻るかって？いや、誰が戻りたいなんて思うものか。

ポーランド人とは一緒に暮らしたくない。まっぴらだ。一二年間、彼らとは暮らしていない。彼らが厄介なのは、お節介が過ぎることだ。他国の人々のように、いらぬお節介をしない、ということが出来ないのだ。ポーランド人にとっては、他人の問題はすべて自分の問題だ。私が何をしようと皆の知ったことか……とにかく嫌なんだ。ポーランド人がいるダンスホールには行きたくないんだ。そこは老人が多すぎる。楽しめないよ。彼らのダンスの仕方も気に入らない。こうしたホールでは彼らは随分とうまくダンスをするんだ。

ここに頻繁には来られない。お金がかかりすぎるから。もう二・六ドル使った。だが、こうした大きなホールでダンスをするのはかなり大変だ。ノース・サイドのホールに行ったが、一晩中いて三回踊っただけだ。ある女の子に踊ろうと誘ったら、私を一目見て鼻を突き出して、歩き去って行った。時には彼女は頭すら動かさず、「いいえ、結構よ」とも言わない。そこに一時間半いて、家に帰った。街中のダンスホールに行ったが、どこでも同じようなものだ。ダンスをするのに最も良い場所は、上流の人々が行く場所だが、ここ［タクシーダンス・ホール］のようには、知り合うことは出来ないよ。

ポーランド人の集まりには行かない。一つだけ所属していて、そこで得るものは私の保険だけだ……だが、ここにやって来るのはうれしい。もしポーランドにいたら、どこにいられようか。ここではお金も自動車もあるし、多くのことを知る。アメリカ人であるのがうれしいのだ。

結婚はしていない。結婚はしたいが、好みの女の子に出会う機会がない。こうしたダンスホールの女の子には気をつけないと。大丈夫なのもいるが、よく知ってからでないと、決して話さないよ。男は年をとるにつれ、女の子の家族に細心の注意を払うようになる。五歳か十歳以上の年齢差は好ましくない。私がシカゴで知る良家の娘は、酒場の主人の娘二人ぐらいだ。彼女たちはアメリカ人で、本当に素敵だ。三十歳ぐらいで、結婚歴はない。家庭着を着て家の近くに居るだけで、どこにも出かけない。一人は、着飾ればすごく素敵だろうけど、あまりに無精なんだろう。(4)

移民は、かつて密接に結び付いていた自国の集団から感情や友人関係の面で離れてしまうと、自国の女の子ではなくて、「アメリカ人の女の子」との結婚に関心を持つようになる。そのような状況から、彼が頭のなかで「アメリカ人」とみなすタクシーダンサーに恋心を抱くようになるかもしれない。移民と地元出身者の間に存在する文化的障壁を乗り越えることはかなり難しいが、孤立した移民にとって、タクシーダンサーは最も近づきやすい対象に見える。

私は兄弟と五年前にベニスからやって来た……シカゴに来た最初の頃は、ベニス人地域に住んだがもう十分だ。グランド・アベニューから外れるのは好ましくない。殺人やギャングの抗争が多すぎるし、何が起こるかわからないから。イタリア人と一緒というのも良くない。彼らは正しく振る舞わないから。もちろん彼らは大丈夫なんだけど、旧い国の仲間のところには行きたくないから。次の土曜日にグランド・アベニューでイタリア人のダンスがあって、僕に来て欲しいという。でも僕は行かない。アメリカ人のダンスに行きたいんだ。僕はアメリカ人で、イタリア人ではないし、旧い国のやり方で振る舞うようなところには行きたくないから。次の春には、市民権の証明書を獲得するつもりだ……きっとアメリカ人と結婚するよ。イタリア人とは結婚したくないよね。(5)

客の第三のタイプは、移民や東洋人と同様に人目を引く五十歳ぐらいの年配男で、女の子に誘いをかける若者のライバルになろうとする。こうした中年の常連は、寡男か、離婚者か、世捨て人である。彼らは大都市のなかで、孤独な生活を送っているが、タクシーダンサーの熱心で真剣な誘いによって、都市の孤独からの逃げ道が与えられるのであり、そうしたダンサーは、年配男が接近できる唯一の年頃の女性なのである。彼らに十分な稼ぎがある場合には、お気に入りのダンサーに惜しみなく贈り物をするかもしれない。女の子からの反応は、彼にとって、容易に心からの共感と愛情の証しとして映るものかもしれない。以下の五四歳のドイツ生まれの大工・家具職人の事例では、彼の虚栄心を最も満足させる仕方で、ガールフレンドたちの行動が解釈されている。この例では、男は明らかに常軌を逸しているが、ダンスホールの世界における数多くの年配男たちの活動を動機づけるような、強い願望や生活観、そして自己概念を鮮やかに示している。

シカゴに二年しかいないが、自分が知るなかで一番友好的でない街だ。セントルイスでは、どんなダンスホールにも行くことが出来るし、デートが出来てその約束を破ったりしない素敵で親しみやすい女の子と知り合いになれる。フラッパー〔flapper：一九二〇年代に、型にはまらない振る舞いや服装を誇示していた若い女性を指すスラング〕になるには少々年をとりすぎているぐらいがいいのだ。彼女たちは、仕事や事業に恵まれ、預金があったり、財産のある年配の男と知り合うのを喜ぶのだ。

私は二度結婚したが、二度目の妻が死んでからは、だいたい家政婦を雇った。だが、シカゴでは雇ったことがなく、私の世話をしたり、靴下を繕ってくれたり、食事の用意をしてくれるような人はいなかった。娘の一人は結婚して、ここシカゴに住んでいる。通りの向こうに住んでいるよ。だが彼女は、雇った家政婦のようには面倒を見てくれない。ここに住むようになってから、いっそう孤独になったんだ。

シカゴに来て間もないある晩、この通りを歩いている時に、看板が目に入り、そこから音楽が流れていた。私はどんなものなのか見に来て、すぐに四人の女の子と「親しく」なった。彼女たちははじめから私を気に入った。後で、彼女たちを連れ出して、楽しく過ごしたこともある。その後、よくここに戻るようになった。私が住んでいるところから便利だった。他の何人かとも非常に親しくなった。ユダヤ人の女の子を特に気に入って、しばらくの間、彼女との結婚も考えていた。しかしある晩、一緒に彼女の家に行くと、部屋中にウイスキーの瓶が転がっていたので、彼女とは別れた……

そんな頃、別のホールに行くようになった。私がそこに顔を出すことを彼女たちが知り、六人の女の子が元のホールからそこに移って来た。どこに行こうとも、女の子たちは僕に「夢中に」なった。ウェスト・サイドで出会った女の子は、すぐに気に入った。彼女を見てすぐにドイツ人だとわかった。彼女にそのことを話した。彼女は喜んで、母方がドイツ人だと話してくれた。彼女が小さな町から出てきたばかりの子だったので、好きになったのだと思う。しばらく前から、田舎の女の子の方が都会の浪費的なやり方に馴染まないのでいいと思うようになった。

すぐに、彼女がお金目当てではないと気づいた。彼女とダンスするようになって間もない晩、三回無料で踊ってくれた。私はチケットを買おうとしたが、彼女は、私のことが好きだからあまりお金を使わせたくないと言った。彼女はいつもそんな感じだった。この夏、私は、ダンスホールで彼女と踊るのに約八ドル使った。私はたいてい、一晩で四ドルか五ドルしか使わない。だが彼女とダンスする時にはそれ以上使う。彼女がお金を必要としているのはわかっているし、とにかく彼女のダンスの仕方が好きなのだ。それから次の晩、彼女は、私がホールに来て使うお金の一部を彼女に与えて、その分何か別のことをしようと言った。そこで、彼女に五ドル――彼女が一晩にここで稼ぐのとだいたい同じ額――を与え、代わりに映画に行った。それから次の日の午後、我々は公園に散歩に出かけ、夜にはボートに乗った……もちろん、彼女が〔私と付き合っていることで〕随分と経済的に犠牲を払っていることは知っていたので、よくホールに行って一晩中彼女と踊ったり、時にはホールで、余分の二、三ドルを現金で渡したりした。だが、彼女は受け取らないこともよくあり、私にそれをとっておいて何か買ってくれるように頼んだ。彼女には素敵なドレスや宝石なども買ってあげた。

知り合ってすぐに、家政婦を必要としている話をした……その後、ますますその気持ちが強くなり、彼女と結婚したいと考えるようになった。そこで私はプロポーズし、最近になって彼女は受け入れてくれた。彼女には私の最も大切な指輪を与えるつもりだ。彼女こそ、シカゴで唯一、その指輪をあげたい気持ちになった女の子だ……結婚式の時期はまだ決まっていないが、彼女には、仕事に疲れたらいつでも私に知らせてくれ、結婚しよう、と言った。彼女が私のところに来て、扁桃腺をとらなければならないと言ったのは、そんなに前ではない。彼女がお金を出してくれるかどうか尋ねたので、次の春に結婚すると約束するならあげようと言った。彼女は、「もちろん、するわ」と言った。

結婚したら、息子が欲しいと思っている。男の子が欲しい理由は、私の道具を託す人間が欲しいからだ。私は四百ドル以上の価値がある大工道具を持っているし、それを捨ててしまいたくないのだ……親戚は、彼女は私をからかっているだけで、金目当てだと言っている。彼らは、結婚相手を紹介すると言うが、嫌なのだ。自分で選びたいのだ。(6)

他の事例では、年配男は、若い女の子から異性として注目を受けることで満足したり、そうしたへつらいを受けること以外に、タクシーダンサーには関心がない。

ある秋の晩、たまたまニュー・アメリカンに行った時、とてもかわいい二人の小柄な女の子に出会った。最初は、ダンスの種類から、まずいことになったと思ったが、すぐにこの二人に好感を抱いた。彼女たちを家に連れて行くことはない。数ヶ月前から知っているにしても、彼女たちがそうさせないだろう。彼女たちが拒んでいるためではない。そうしても大丈夫だと、私のことを十分にわかっている。でも、彼女たちは、他の人の誘いが断りにくくなるからそれはよくない、と言っている。

だが毎週日曜の午後はそこに行き、彼女たちとダンスをした後で、広東飯店あたりに夕食に連れ出し、ダンスホールに戻らせる……時々、彼女たちは平日の早い時間に繁華街に来て、私の仕事がないときには、夕食に連れて行く。

何故彼女たちを気に入るのか、不思議だ。ダンスをして食事に連れて行くこと以外に、彼女たちに対して関心はない。最終的には、女性と関わり合いを持たない方が良いだろう。彼女たちに「引っかけ」られるからね。私はただかわいい少女たちの周りで、ダンスしたいだけだ……「もしダンスがしたいのなら、何故、ロンサムクラブに行くか、大きなホールに行かないのか」と言う人もいる。しかし、そうした場所に、かわいい女の子たちはいないのだ。それに誰が年配女性とダンスしたいだろうか。

年配女性には、始める前から疲れさせられるものがある。私が住む場所の人々は、良くしてくれるし、いつもパーティーに誘ってくれる。しかし、彼らはいつも、私に年配女性を引き合わせようとする。嫌なのは、一晩中そうした女性と過ごさなければならないことだ。ちょうど昨夜、彼らはパーティーを催し、私を招待してくれた。だが年配女性がいたので、抜け出してパークに行った。そこには素敵な少女たちがいたよ。(7)

第四のタイプは、孤独な年配男〔のタイプ〕と密接な関連性があるが、にもかかわらず、それとは区別される既婚者で、若者も中年もいるが、夫婦関係がひどい形で終わっている人々だ。なかでも、彼の不幸な結婚の原因が、彼の理解や統制を超えるように思われる時、もしくは、妻が不和をもたらす攻撃者とみなされる場合、夫の動転や〔個人〕解体は、深刻な問題になるかもしれない。そうした男性は、自分の力では、望むような家庭生活をつくることはもはや出来ない。だが、彼の感情的な性質は概して、あまりに旧態依然としているために、新しいパーソナリティや関心を中心に、ただちに生活を合理的に再構築することも出来ない。こうした感情としばしば関連するのは、無力感と劣等感という痛みをともなう感覚である。彼は、自分への期待に適応できないことを苦々しく感じる。そしてこの自己の格下げという混乱に直面して、ある種の乱行的な行動に慰めを求める。そのような個人がタクシーダンス・ホールに流れ着く時、彼の関心がこうした経験によって非常に明確に形づけられることがかなりある。

私は教訓を得た。今や、美は単なる「うわべだけのもの」であることを知っている。三年前、この上なくかわいい女の子と結婚していた。しかし厄介なのは、彼女が私に満足せず、私にはそれをどうすることも出来なかったことだ。なぜ自分と結婚していたのかもわからない……一年ほど前、彼女は大きくて背の高い男に惹かれ、彼のことを忘れようとしなかった。

彼は、お金と自動車を持ち、私よりも大きな男で、もちろん私はそうした競争では太刀打ちできなかった。そして最終的に、私はただ引き下がるしかなかった。そのような場合に男は、頭を撃って自殺する以外に道はほとんどない。私にはそのような技量がなかった。

別れてから二ヶ月経つが、それ以来そばに女性がいたことがない。二度と他者と交わるまいと誓った。別れてから週末は毎週飲みに出かけたが、それがいいことのようには思えなかった。結局、女性を見つけなければと思っている……向こうにいる小柄な金髪の女を見てごらん。彼女は私の妻に似ているし――妻は金髪だったんだよ――、同じ背格好で、同じような髪型で、同じようにかわいい……彼女と知り合いになれないものか。[8]

次の事例は、結婚の状況については同じタイプだが、高度な教育を受けた専門職に就いている、という教養水準の高い男性によるものだ。しかしながら、この例では、彼の不幸な結婚をその教養が部分的に補うという生活観の発展が見られる。それは、タクシーダンス・ホールを通して時折見られるような、そのような男性が行うことのできる適応のいくつかを示している。

妻は、最初の子どもが誕生するまでは私を非常に愛していたように思う……彼女は、居住条件に不平を言い始め――結婚当時よりも良くなったのだが――、もっと良い家を用意したがらないのは私のわがままだと非難した。

それは、いつも私たちが喧嘩する理由になった。ついに彼女は、私が彼女を愛していないし、幸福にしようとしないし、粗暴で身勝手で、その他あれやこれやと、私を批判した。しばらくの間は、彼女が神経質になっていると考え、彼女を満足させようと最善を尽くした。

とうとう私は、妻のこの態度が一時的なものではないようだと気付いた。彼女のかつての愛を再び目覚めさせるために、次々と、出来ることは何でもやった。彼女は赤ん坊を欲しがらず、子どものことで私を責めた。私が何をしても、彼女を喜ばせられないようだった。すべてに対して彼女は誤った解釈をした。

彼女を喜ばせるために、条件の良い家に移り住み、借金して家具を求めた。そのとき、費用の足しになるように、間借り人をとった。だが、それがあらゆる不幸の最悪の第一歩となった。というのも、彼は後に私の家庭を壊した奴だからだ。

それから、私たちは別の町に移り、私はさらに良い仕事を確保し、さらに稼ぎを得るようになり、今度こそ彼女が幸せになるだろうと思った。私たちは、町中で最高の場所にある丘の中腹に、かわいい小さな家を借りた。それまで暮らしたなかで一番素晴らしい家だった。だが、ほどなくして彼女はイライラし不機嫌になった。そこに二番目の赤ん坊が生まれた。

彼女が、大学の課程を修了し特別な訓練を受けるために、学校に行くと言い始めるまでに、長くはかからなかった。私は、その必要はないと考えたが、彼女は心を決めており、この町に引っ越してから二年経った時、彼女はシカゴに行くためにここを離れ、私は〔住んでいるところから〕千マイル離れたところで新たな職に就き、さらに一生懸命働き続けた。私は、シカゴにいる彼女と二人の子どもを支えることになり、彼女は学校に行くようになった。

しばらくの間、彼女からの手紙は規則的にあった。話題の豊富な手紙で、受け取るのが嬉しかった。しかし、それらは徐々に届かなくなり、半年かそこら経つ頃には、彼女が学校で何をやっているのかほとんどわからなくなった。その頃ほとんど手紙も来なくなった！　シカゴを訪ねることを計画したものの、金銭的な余裕がないからといって、彼女は私を思いとどまらせた。

心配になった私は、とにかくシカゴにやって来た。彼女は、私に教えていた住所には住んでいなかった。だが、その住所で私から彼女に宛てた郵便物を受け取るための手はずは整えられていたのだ。郵便局の人間は彼女の住んでいるところを知らなかった。私は探偵を雇い、ついにノース・サイドのアパートを突きとめたが、そこで彼女は数年前に間借りをしていた、あの若くハンサムな男と暮らしていた。私のお金で彼を養っていたのだ！……

五年間、私は堅実に働き続け、女性とほとんど関わりを持たずにきた。しかし、友人の一人を通じて、結婚している間には知らなかった多くのことを彼から学んだ。最近シカゴに移り住んで、私と彼はダンスホールに通い始めた。彼は見栄えが良く、車を持っていて、コツも心得ていた。(9)

客の第五のタイプは、孤独で一人暮らしの地方出身者である。たいてい小さな都市か地方の田舎町からやって来て、大都市のやり方に馴染みがない若者だ。彼は、大都市において若い女性と接触する方法に関して知識が欠けている。そして、いずれにせよ、都会育ちのフラッパーにアプローチすることに、気後れと躊躇を感じている。にもかかわらず、完全な孤独に駆り立てられて、彼はタクシーダンス・ホールへの道を見つけるかも知れず、そこで少なくとも心からのもてなし――たとえそれがお金で買ったものであったとしても――を得られるだろう。

シカゴに来て二ヶ月以上経つが、知り合いは誰もいない。私はイリノイ州の南部からやって来た。私と父は炭鉱夫だった。私は五年前の一六歳の時に、炭鉱に入った。しかし、炭鉱が不振な時で、父はテキサスの石油の産地に行った。私はそこには行きたくなかったので、シカゴにやって来た。今は溶接工をしている。

大都市は好きではないので、炭鉱を求めて小さな町に行くだろう。大都市は知り合う場所がない。今も一緒に働く奴らとこの場の女の子を除いて、誰も知り合いはいない。

シカゴにはじめてやって来た時、こうした大きなダンスホールに行った。だが、簡単に知り合いをつくることは出来なかった。私と踊った女の子たちは、みすぼらしいダンサーばかりで、見栄えのいい女の子たちと踊る機会はなかった……でも、この場所では、確実に良いダンサーを見つけられる。同じ女の子たちがいつもいて、親しくなることが出来る。金がかかりすぎるのを除けば気に入っている。

男は一度通い始めるとやめるのは難しい。女の子たちと知り合ってからは、ずっと楽しい時間を過ごせるので、通い続けることになる。金がかかりすぎることはわかっているが、大きなホールに入っていくには遅すぎるのだ。(10)

タクシーダンス・ホールの客の五分の一以上は、シカゴの貸部屋地域で孤独な生活を送る、魅力のない男性と分類でき、彼らは、タクシーダンサーにお金を払って得られるもてなしに、大いなる喜びを見出す。

第六のタイプは、都市の孤独なよそ者〔＝第五のタイプ〕に関連するが、それとは区別されるべきもので、気ままな世界旅行者である。都市の孤独なよそ者と区別される気ままな世界旅行者は、高い流動性と匿名的接触にきわめて適応しているように思われる。事実、彼の生活観は、そのような一時的な結び付きにのみ基づいて組織化されている。変化し続けるパノラマは、彼にとっては人生の主たる刺激である。

私はオーストラリアで生まれ、メルボルンで育った。いわゆる気ままな世界旅行者だ。メルボルンで「十代」の少年だった頃から、ずっと転々としてきた。七年にわたる世界巡りから戻って来たばかりだ。私は一九一九年に合衆国を離れ、イギリスに向かう船に乗った。一年ほどして、大陸〔＝ヨーロッパ大陸〕に行き、南フランスのマルセイユで短期間過ごした。その後、船でイタリアに向かった。

一つ後悔するのは、この旅でパリを見物しなかったことだ。私はさらに東に行きたいと思っていた。いつか大陸に戻ってパリで過ごしてみたいと思っている。知るにはいい都市だ。

フランスを出て以後、ローマに短期間滞在し、エジプトとスエズ運河行きの船に乗った。多くの場所に立ち寄ったが、最終的にシドニーに到着した。日本と上海を経由して戻って来たが、東洋を少し見ることが出来た。

現在、広告業に携わっている。メルボルンの少年時代にコピーライターの仕事を習い、それ以来その仕事をしている。私は、その仕事の収入で世界中を旅しているんだ。

移動がはやいので、立ち止まって結婚することはなかった。だが、ふさわしい女の子がいるなら、その準備は出来ている。一方で、落ち着く前に、大陸でもう一年暮らさなければ、と考えている。未だにパリとドイツを見ていないから。

このダンスホールに来たのは、今回でまだ二度目だ。西海岸のダンスホールに行っていた。それらは皆同じようだ。二、三度ダンスするために一度ちょっと寄ってみた。しかし、女の子を連れ出すことはない。彼女たちは私の年齢の男には関心を持っていないし、もし女が欲しければ、彼女たちよりももっと確実な方法がある。(11)

こうした一時滞在者の多くは、理容や鋳型工、型鋼工、レンガ積みのような、一定の技能を持つ者たちである。彼らは、どんな都市でも稼ぎの良い職をすぐに確保できる。こうして、彼らは「仕事をしながら」都市から都市へと移動して「〔さまざまな〕国を見てまわる」ことが出来る。こうした若者には、若い女性との社会的な接触に関する特別の問題がある。もし彼らが女性との社交を楽しむつもりならば、「親しくなる」ための通常のプロセスは、時折スピードアップされる。タクシーダンス・ホールは、若い女性との急速な接触の成立を促進する一つの場所である。

私は一四歳から放浪してきた。西部中を渡り歩き、アラスカにもいた。家を出るずっと前に、新聞販売の仕事をしていた。それから、電報を配達する仕事で事務所をぶらつくうちに、電信について学んだ。私は電報配達人として働き、ついに電信技手になった。

それから、ノースダコタとミネソタで収穫に従事した。また、西部のはずれのいくつかの炭鉱で働き、アラスカでは金の採掘もやった。金儲けできると思ったが、すべてを失った。それから、サケ漁をやり、それで稼ぎを得た。だが向こうは寒すぎるので、三年後にアメリカに戻ってきた。しばらくシアトルで働いた後、東部に来た。ミネアポリスでも少し働いたし、それからミルウォーキーにもいた。そしてシカゴに来た。ここに滞在しようと思っている。今は型鋼工をしている。

私と「相棒」は、今晩ここで一組のかわいい女の子を探している。彼は見栄えはそれほどでもないが、どこでも女の子と知り合う方法を心得ている。私は見知らぬ町であいつを見たが、到着後三十分間に六人の女の子を意のままに操った。どうすれば、そんなことが出来るのか。彼は非常に素早くて、彼を行かせて、デートを取りつけてもらった。移動ばかりしている時には、あのような「相棒」を持つととても便利だ。はじめての町に行って「立ち去る」準備がない時には、女の子と知り合う方が面白いからね。[12]

第七の客のタイプは、「スラム探訪家」である。彼は、多岐にわたる社会集団に属しており、様々な理由からあらわれる。いくつかの例では、単なる経験の新奇さに惹きつけられている。ただ「もう片方（＝スラム）の住人たちがどのように暮らすのかを見た」がっているだけだ。しかし、事例の大半においては、「スラム探訪家」が私的な冒険のために悪名高いタクシーダンス・ホールを探すのは、非慣習的なことを経験したいという願望のためである。「ショックを受ける」ことを期待してやって来るこうした若者の多くは、その経験に嫌悪の情を抱くので、戻ってくることはない。

友人がこの場所を教えてくれたので、どのようなところなのか一度来たいと思った。だが、これはひどい。うんざりする！……「不作法なダンスお断り」というサインを見るのは滑稽だ。ここは私の場所ではない。何があってもこんなひどいところはうろつかないよ……一度で十分だ。[13]

時折、「スラム探訪家」は、年配の人間であったり、高い文化的達成や社会的地位にある人物であったりする。根拠のない好奇心のためか、あるいは社会的に役立つことを願いながら、ダンスホールを訪ねるのかもしれない。彼らの最初の反応は、常に望ましいものではなく、通常、二度と戻ってこない。

ダンスフロアの一角に、身なりや身のこなしからしてダンスホールの群集には属さない中年の男が立っていた。彼は、アイオワの小さな都市からやってきた銀行家で、二、三日シカゴで過ごすと見られた。彼のホテルは、ダンスホールから歩ける範囲にあり、夕方ぶらついている間に、たまたまこの場所に出くわしたのだ。

「ここは若い人にはひどい場所だ」と彼は激烈に言った。「ここで若い女の子たちは、中国人や日本人、フィリピン人や、白人種でもずっと程度の低い者たちにさらされている。女の子のなかには、もうかなりひどいのもいる。他方、今私が踊ったばかりの小柄な女の子は、可愛らしく幼い者に見える。彼女はここに来て日が浅く、ここを気に入っていないと言った。だが、彼女がここに居続ければ、どんな運命をたどるか疑う余地はない。ここはひどい場所だ……娘がいて、その成長を家庭で見守ってきたことがなければこの種のことがどう感じられるかわからないと思う……こんな場所で娘を見るくらいなら、死んだ娘を見る方がましだ」。

彼は、入場した時に受け取ったチケットをすべて使うことなく去って行き、二度とあらわれなかった。[14]

だが、タクシーダンス・ホールの経験を不快に思わない「スラム探訪家」もいる。タクシーダンス・ホールの匿名性に乗じて、彼は都市の非慣習的な生活のスリルと魅惑を経験することを求めているのかも知れない。一定の既婚者は、この場所を、妻や家族との継続的なつながりから、ある程度外れることを秘密裏に楽しむ機会とみなす。独身男性は、新しい刺激的な経験を得る機会を求めて、いっそうタクシーダンス・ホールに惹きつけられている。

私と他の三人は、先日の土曜の晩にタクシーダンス・ホールを「見物に」行った。仲間の一人は、週末だけシカゴにいるので、我々に街を案内させたかったのだ。彼は既婚者で、あまり深みにはまりたがらないが、それでも楽しいひとときを求めていた。

我々はまず一クオートのウイスキーと二ガロンのワインを飲んだ。深夜までには、気分が盛り上がり、誰かがタクシーダンス・ホールに行こうと提案した。行ったことがあるのは一人だけだったが、彼が道を知っていたので我々を連れて行った。

興奮する夜だった。そこに到着すると喧嘩が始まっていた。日本人かフィリピン人が白人を刺した後だった。彼の腕はひどく切れていた。警備員は日本人を連れて行った。警備員が至る所にいたし、確かに必要だった。刺した五分後には、ダンスが再び始まり、まるで何事もなかったかのようだった。他にも喧嘩が始まったが、深刻な被害が出る前に警備員がやめさせた。彼らは、喧嘩している奴らを選んで――しばしば小柄なイタリア人だったが――、コートの背部をつかみ、正面玄関まで引っ張って行った。

女の子は皆いいダンサーで、男たちに楽しい時間を与える方法を知っていた。ダンスは短かった。我々は午前三時半の閉店時間まで踊った。仲間の一人がある女の子に夢中になり、一二ドル以上を使った。残りの連中はそれぞれ平均九ドルぐらいだった。非常に高くつく場所だが、その価値はある……

私自身、喧嘩になりそうだった。その女の子に関心を持った友人が、終わり頃にチケットを切らし、彼女は他のダンサーに彼を任せ始めた。私は近寄って彼女をつかみ、この新しい男から引き離し、その男は感情を害したが、私に「腕で突く」ふりをしただけだった。私は彼女に自分の連れと一緒にいるよう話し、そうでなければ別の喧嘩が起こるだろうと言った。彼女は何も言わなかったが、我々にかかりきりだった。最後にはただでダンスをし始めた。

おそらく何度かデートできただろうが、気にかけなかった。その場が終わった後で、午前五時までキャバレーで過ごし家に帰った。楽しい晩だった。

そこで楽しいひとときを過ごしたので、いつかまた行かなければと決めていた。しかし、まだ行かない。シカゴにはまだ見たことのない場所がある。まだカポネの場所には行っていないし、ディル・ピックル・クラブとボヘミア地区にあるいくつかの場所を見に行きたい……

二、三度、そのダンスホールに「スリル」をおぼえたと思う。その後、飽きた。行き続けていたら、何人かの女の子に関心を持っただろう。そうしたくないのだ。しばらく女の子とは関係を絶っている。彼女たちの望みは結婚だけのようだから。[15]

客の残りの二つのタイプは、数の点からはあまり重要ではない。だが、彼らは個人的な問題や関心を抱いた、独自のタイプである。八番目のタイプは、身体的な異常や障がいを持っている者である。彼は、身体的にばかりでなく、社会的にも適合せず、社交的な活動を求めてタクシーダンス・ホールに目が向く。そこで彼は、友人や親戚の善意に頼って来たとか、彼の異常やハンデが原因で、望まれていない諸集団に自分自身を置かざるを得ないなどと感じることなく、若い女性との接触を確保することが出来る。並外れて背が低かったり高かったり、ひどく太っていたり痩せていたり、あばたがあったり障がいがあったりしたとしても、タクシーダンス・ホールは、苦しみを負った人々に親切すぎない世界を求める人たちの安心できる避難所である。多くにとって、そこは若い女性とのインフォーマルで親密な結び付きを得る唯一の機会である。以下は、異常に背が高く、それを補う長所を持たない若い男の事例である。

ジャックは、七フィート一・五インチ〔約二一七センチ〕の高さから世界を見る二四歳の若者だった。痩せた角張った男で、明らかに身長を除いてこれといった特徴を持たなかった。しばらくの間、サーカスの余興で雇われていたが、「世界で最も背の高い男」という誇大宣伝をされていた。彼は、巡業中に撮影された自分の写真を持っていた。その後、ウエスト・マディソン・ストリートでちょっとしたゆすり、たかりをやっていたと報告されている。

ジャックは、タクシーダンス・ホールの常連客である。ここで彼は、決まっていつも最も若くて最も背の低い女の子を選び、無器用なシャッフルで踊る。ホールの他の者たちの娯楽になってしまい、ダンスパートナーに驚愕されるため、フロアを一周した後は、引っ込んで隠れていることが多い。

しかしジャックの周りに頻繁に集まる、取り巻きの少年たちの小集団からジャックを離すと、彼は全く違う人物になる。反省するような雰囲気で、彼はこのような仕方で独り言を言う。「この場では、小さな女の子が好きだ。彼女たちはかわいい小さな子どもだ。でも、彼女たちは僕を好きでないらしい」。彼は残念そうに付け加える。「おそらく背が高すぎるからだろう」。そして、そう言うと、彼は肩を落とし、別のタクシーダンサーを借り切る仕事に移る。[16]

小人サイズの男は、非常に背の高い人よりも大きな問題を抱えている。小さな背丈でしばしば連想されるのは、臆病な感覚と劣等感である。そのような個人にとって、タクシーダンス・ホールは決定的な魅力を持つ。

彼は身長五フィート〔約一五〇センチ〕もないような、意気地のない小男であるように見え、皆のやり方には加わらないことで頭がいっぱいであるようだった。彼はいつも、近くにいる人から数フィート離れて、一人でぽつんと立っている。顔色は悪く、病的な色で、高い鼻柱の鷲鼻に、重い眼鏡をつけていた。面識を得るや、彼は以下のように話し始めた。

「実はダンスがそれほど好きではないが、夜を過ごし、女の子と楽しむには、好ましい方法だ……大きなホールには出かけたことがない。行こうとはよく思うのだが、人に会うことにはとても臆病で――これまでいつもそうだったが――、自分自身楽しめないだろう。そうした大きなホールではダンスするのは難しいと聞いている。とにかく、女の子は私のような小さな男を好まない。そして女の子の選択権は常に若い奴らが持っている」。

「もし違った気質だったら、たとえチビでも、もっと多くのものを得ていたのかもしれない。私は生まれながらの音楽家で、決して商売には向かない。私の健康は、歯科の治療のせいで衰え、目は白内障を患っているが、妻は私に、ほとんどお金にならない音楽の道には入って欲しくない、〔何でもいいから〕ただお金を稼ぎ続けて欲しい、と思っていた。離婚後、私はジャズバンドの仕事を得た……」。

「こうしたホールで、簡単に女の子と知り合えることがわかってから、いくらか定期的に来るようになった。ここが気に入っている。女の子は少なくともダンスを断ることは出来ない。向こうの青い服を着た背の低い女の子ともう一度ダンスをしたら、家に帰ろうと思っている」。[17]

最後の客のタイプは、司法からの逃亡者、もしくは自分の行いに対する地域の非難から逃れている者である。客が密造酒造者やギャングだった事例もある。(18) しかし、それほどの違反者ではないことのほうが多い。そのような人物にとって、タクシーダンス・ホールは、一定の魅力を提供する。その匿名性の保護的な覆いを通じて、自分の身元を明かすことなく、社交を楽しむことが出来る。

ハリーは、三十歳ぐらいの大きな男で、時間の大半を踊っていた。彼は多くの客のなかでも比較的上手な英語を使った。彼は有名な聖職者の息子で、インディアナ市でソーシャルワーカーをやっているが、それ以前に故郷の都市で若い女と関わりを持つようになり、急いで街を離れたのだと言った。彼は、単科大学の卒業生だが、建設ギャングの日雇い労働者として雇用され、シカゴの摩天楼で働き、ループにある安ホテルで偽名を使って生活している。

「その女の子は、かわいい小さな金髪の子だが、家族が良くなかった。彼女の母親は亡くなっており、父親は飲んだくれだった。兄弟の一人は夜盗で、もう一人はゆすりだ」。

「この一人が我々のことを知って、私からお金を脅し取ろうとした。彼は新聞に一部始終を話し、マン法で告訴すると脅した。私の父は地域社会でも有名な人間だったので、私に出来ることはその子と結婚することだけだと決意した」。

「結婚後、彼女が自分の年齢を偽っていたことがわかった。彼女はかつて自分に一八歳だと言っていたが、本当は一六歳だった。そのために彼女と婚約できなくなったのであって、私のせいではない。彼女はまた結婚できるが、私は出来ない。私は二週間前のちょうどシカゴにやって来る前に、離婚の手続きを開始した」。「私には、家に戻れば決まった女の子がいて、大学教授の娘だった。彼女は学校の教師で、既に銀行口座にかなりの預金がある。スキャンダルは新聞沙汰にならなかったが、彼女の父親はそれを知って、『カンカンに怒った』。父親は私を許してくれないが、彼女はまだ私を愛している」。

「私は二週間前に家を飛び出し、シカゴで夏を過ごす決意をし、すべてが立ち消えるのを待つ。その後、戻って彼女と結婚したい。すべてが残念で、特に彼女と母に申し訳なく思う。もちろん今、噂が駆け回っている」。(19)

このタイプの他の例には、ゆすり屋やギャンブラー、軽微な犯罪者が含まれるだろう。しかしこのタイプの客は、数としては少なく、百件のうち三件にも満たない。

第二節　客の関心

これら客の九タイプと、タクシーダンス・ホールが彼らに与える魅力についての研究は、タクシーダンス・ホールに対する客の関心が、実利的なものか恋愛的なものかのいずれかであることを示している。実利的な関心を示す事例では、客の動機は、ダンスの指導を受けることとか、運動か、他の社交的な集まりに付随するような個人的責任をともなわないダンスを通じた身体的な爽快感や、性的なものを求めてのものかもしれない。タクシーダンス・ホールは、そうした客にとっては、いくつかの目的のどれか一つのためにでも、タクシーダンサーを利用できる商業的な場所である。他方、恋愛的な関心に傾いた客の多くは、愛情と女性とのつきあいを切望しているため、タクシーダンス・ホールで提供される恋愛の幻想を快く受け入れる。

初期の関心が恋愛的なものである客は、ほぼ決まって、人種的偏見、言語や文化的ハンデ、年齢の違い、身体的障がい、もしくは大都市におけるよそ者であるが故の孤立のために、他の場所では難しいか越えられない社会的障害に直面している人々である。タクシーダンス・ホールは、そのような男性に、他のすべての者たちと平等な社会的受容を与える、遠慮のいらない施設である。彼はそれをすすんで受け入れ、頻繁に赴き、彼の新しい自由を活用しようとする。しかし同時に、彼は社会的限界を意識している。彼は、社会的階梯をさらに上昇しようと願っているが、劣等感と挫かれるような無力感に苛まれる。彼は努力するとしても、なお不愉快な経験をすることが多く、タクシーダンス・ホールというより快適な環境に戻ってくる。

いくつか大きなホールに行ってみたが、この場所を一番気に入っている。ここはより友好的で、誰もが楽しく過ごせる。少し前に大きなホールに行くつもりだったが、そこはインテリが行くところだ。自分には土木技師の友人がいる。我々は女の子に会うためにそこに出かけた。私が車を持っているし、女の子をつかまえるのは彼なのだ。

だが、彼は上流の「娘たち」と親しくなり、彼女たちを車で連れ出した時に、自分は舌足らずになってしまった。一晩中何も言えなかった……私には裕福な男と結婚したいとこがいる。彼らは「贅沢な」ノース・サイドのホテルで暮らしている。ある晩、そこに夕食に出かけた。そこは上流の場だ。しかし、食べ終わる前に一六種類のナイフやフォーク、スプーンを使うことになっていた。私にはすべて何のためのものかわからなかったし、テーブルから立ち上がる時には、着席した時と同じぐらい空腹だった。自分は単なる労働者で、そのような上流の代物は趣味ではないのだ。[20]

個人的な無力感は、こうしたハンデを克服しようとする試みにつながるかもしれない。しかし、これらの企ては時々失敗し、男は再びタクシーダンス・ホールに流れ戻っていく。

私の年齢の男には、こうした大きなダンスホールで女の子と知り合うのは大変なことだ。女の子は、私を知るようになると、好きになってくれる。だが、面倒なのは最初のダンスの獲得だ。もし若い奴がこうした大きなホールに一緒に行ってくれれば割り込める。というのも、彼が女の子と知り合いになって僕に紹介できるからだ。ある晩、大通りの北にあるダンスホールに行き、旧知の若者に会った。彼が女友達の何人かを紹介してくれたので、本当に素晴らしいひとときだった。だが彼は、その後一緒に行こうとしなかったので、すぐに女の子たちと連絡がつかなくなった……こうした場所では、一人でもうまくやれる機会がある。女の子たちは、すべての人間と踊らなければならないし、だから知り合うことも出来るのだ。[21]

最初から恋愛的なものを求めてタクシーダンス・ホールに向かう客は、他の道が閉ざされていることに気づいているのが一般的である。他方で、社会的な制限を経験する客が、タクシーダンサーに対していつも恋愛的な感情を抱いているということはない。ごく頻繁に、年配男は「これらの女の子は、自分の年齢の男には関心がない」と率直に認める。気ままな世界旅行者は、彼女たちには「悩まされない」と主張するかもしれない。人種的偏見の対象になる人々だけでなく、一部の移民たちでさえ、ダンスやアメリカの習慣に関する教示や性的刺激を求めて、タクシーダンサーを利用する可能性がある。にもかかわらず、こうした同じ個人が、多くの場合、目の前に機会があると確信する時には、恋愛的な関心を抱くであろうことも事実である。このように、タクシーダンス・ホールにおいて恋愛的な動機は、矛盾する衝動や願望の複雑な模様をつくり出すような、客の多様な実利的関心と織り合わさっている。

明らかに実利的な関心を具現化している最初のタイプの客は、文字どおり、ダンスの教示を受けることを素朴に期待してやって来る人々である。シカゴでは、こうした場所は、公式な名称としては決まって「ダンス学院」と称しているので、時折、本当にダンスの教習を求める男性も何人か引きつけている。

　ダンスが出来なければ、男性は知り合うことが出来なくなりつつある。私はコロラド州から来たのだが、そこでは皆、こことは違うダンスを踊る。彼らは、古いスクエアダンスなどを踊る。シカゴ周辺に二週間いるが、誰とも知り合いになっていない。それで、新しいステップを習うためにこの場にやってきた。今日仕事からの帰り道に看板を見て、来ることに決めたのだ。

　だが、もうここではダンスを習わないだろう。スローな音楽を習いたいのに、ここでは速くて、ジャズのようなものだ。本当は何も教えたくないかのようだ。私が最後に踊った女の子は、私がうまく踊れないので感情を害したかのような振る舞いだ。でも私はここに習いに来たのだ。それから別の女の子はあまりにも近づきすぎる。私の邪魔をするのだ。本気で教えようという女の子から個人的なレッスンを受けられる場所を知らないかい。(22)

都市の貸部屋地域に住む男性の大半は、シカゴに十分に馴染み、そのような場所と本物のダンス学校とを区別する、タクシーダンス・ホールのシステムを良く知っている。いずれにせよ、その区別をつけるのには、一度の訪問で十分である。

他方で、客のなかには、タクシーダンス・ホールに、ダンス教習の初歩的な段階を終えた後で、〔さらに〕ダンスの練習をする機会を見出す者もいる。

去年の一二月までダンスをしたことがなかった。私は、ダンサーをしている仲間たちと出歩くつもりだった。彼らは私にダンスに挑戦させたがったが、私は出来なかった。つまりそれは、私とペアになった女の子がダンスに加われずに、彼女にダンスの機会を与えるためには他の男たちに頼らなければならないことを意味した。最終的に、習うことが最善だと決意した。

私はノース・クラーク・ストリートにある本物のダンス学校に行き、教えを受けるために一時間あたり一・五ドルを払った。そのような場所が、本当に男性にダンスを教えてくれる場所である。そこに行けば、スタッフが「先生」になるべき女の子を選んでくれる。彼女が上手なダンサーで教えることが出来るからこそ、選ばれるのだ。

私がはじめてここを訪れた時のインストラクターは、見栄えは良くないが、いい先生だった……だが、ステップを習った後、そこへは戻らずに、ここに来るようになった。いっそう費用がかかるが、女性を選ぶことが出来る。ここの女の子たちは、何も教えてくれるわけではなく、大半は教えるほどに十分な知性もないが、ただダンスの助けとなるのだ。今ではどんな女性ともダンスすることが出来る。(23)

実利的関心の第二のタイプは、ダンスホールが運動を楽しむ機会を与えることに魅力を感じる客である。このタイプの客は数的には少ないけれども、にもかかわらず、タクシーダンス・ホールの利用方法の多様性を示唆している。

私は来月で五九歳になる。私の場合、体重を除けば年相応ではない。六ヶ月前にダンスを始めた時、体重は二百ポンド〔約九〇キロ〕以上だった。現在一八五ポンド〔約八四キロ〕以下であるが、前より気分が良い。医者は、ダンスを減量のための快適な方法として示唆した。それでこの間の春に習う決意をした。私はダンス学院に行ってレッスンを受けた。

しばらくの間、それは退屈だったが、彼女たちは良い先生で最終的にものにした。今ではダンスは私の主なスポーツだ。現在一日に一度しか食事をとらず、ウエストをさらに絞る予定だ。夜によく眠れない時もあった。現在はここで晩を過ごして帰宅すると、すっかり疲れてよく眠ることが出来る。

個人的には、女の子には関心がない。彼女たちは、私が思う限り、この場所ではとても素晴らしい仲間のように見える。彼女たちを連れ出すことには関心がない。もうそんなことをするほど若くはない。私には既に孫がいる。妻はここに来るように言う。彼女は、いくら費用がかかるのか知らないけれども、健康を保つ助けになるだろうと考えている。妻が言うには、彼女自身はダンスを楽しむには年をとりすぎているのだ[24]。

時折見られる、非人格的な第三の関心のタイプは、ダンスを自己表現の芸術の一形態とみなす客である。彼は主に、ダンスのリズミカルな実践に関心を持っており、タクシーダンサーを、自らの芸術に対する単なる付属物とみなしている。パートナーを選ぶ際の主な関心は、彼の芸術をきちんと解釈し得る能力にある。

彼は、フロア中を優雅にダンスするので、目立つ存在である。痩せていて身長は平均的で、三五歳ぐらいに見えるその男性は、髪の毛がとても長く、巨匠のやり方をまねて頻繁にバックに髪をとかした。彼の黒味がかった髪の毛と瞳、短くカットしたひげ、ブルネットの肌色、清潔な衣服、そしてほとんど男らしくない物腰は、ダンスホールのなかで彼を傑出した人物にした。

彼がダンスしようとするのは、二人か三人の女の子だけであった。彼は女の子たちと会話する様子はなく、ダンス中は、その芸術的な実践に完全に没頭しているようだった。最後には、彼自身を目立たせて、パートナーを突然に置き去りにした。

何度か私は彼と会話をしようとした。だがたいてい、二、三あたりさわりのない話の後で、引っ込んでしまう。だが、愛想の良い時があった。彼のダンスに対する慎重だが率直な賞賛に応えて、彼は次のように熱心に返答した。「ダンスは一つの偉大で普遍的な芸術だ。愛、幸福、悲しみ、憎しみ、すべてを表現することが出来る。だがここでは品位が落とされている。ここでは一つの意味しかない……愛は万事ＯＫ。だが彼女らはダンスに可能なそれ以外のことをすべて忘れている……ここの女の子たちときたら。彼女たちが知っているのは、音楽に合わせることか、揺れ動くことばかりだ。彼女たちは音楽を知らない。ダンスは音楽を解釈する芸術だ。彼女たちがそれを理解できないなら、どうしてそれを解釈できようか。[25]

あまり奇抜ではない他の人々についても述べよう。というのも、ダンスに対する愛好を主な理由として、またどんなやり方のダンスにも適応できる若い女性のパートナーを得られるという理由で、タクシーダンス・ホールに通う男性が少なくとも二、三人はいるからである。

しかし、さらに共通して見られる実利的な関心の形態は、ダンスと若い女性との刺激的な結び付きに多くの満足を見出す——美学的な表現の一形態としてのダンスに特に関心を持つわけではないけれども——客に見られる。このタイプの客は、老いも若きも、個人主義的で、非常に自己本位的な生活観を持っている。タクシーダンス・ホールは、より普通の社交的な生活の満足の多くを、責任をともなわない形で与えるため、彼らを惹きつける。次の事例は、タクシーダンス・ホールにおける年配男の問題を生き生きとあらわしており、個人主義的な生活観を示している。

私はかなり頻繁に街を出入りしている。たいてい一ヶ月のうち約二週間はシカゴで過ごし、その間はよくここにやって来る。このホールは、シカゴのなかで最高の女の子を抱えている。彼女たちの多くは、とてもいい少女たちで、明らかに美しい子もいる。

ロンサムクラブで楽しめないのは確実だ。そこには、魅力的な若い女の子は全くいない。ダンスにおける私の楽しみの多くは、動きが優雅でダンスのうまい、若くて美しい少女のそばにいられることにある。私は、若い人々のなかにいることを本当に楽しんでいるし、これらの人々こそ〔若い人たちに〕私が出会い、知り合う機会を持つほとんど唯一の人々である。この子たちとの付き合いは、私の若さを保つ手助けとなる。単に週に二、三時間こうした希望にあふれた熱狂的な若者と付き合うことは、どんな強壮剤よりも優れている……いや、女の子とのデートを確保しようとしているのではない。彼女たちは私の年齢の男には関心がない。だがそのことは、ここで彼女たちと楽しむことの妨げにはならない。

ダンスそれ自体、とても有益だ。私はここに十時頃来るのだが、その前に、その日の大半を読書と勉強をして過ごし、息抜きと運動の準備が整うのだ。ダンスのうまい女の子を選んで、何度か彼女と踊り、二、三分休んで、その後また踊る。ここで数時間過ごした後、まっすぐホテルに帰り、蒸し風呂に入り、ベットに入る……

ここが特に場違いには感じない。実は、重要な社交の場に出ている時以上にダンスを楽しんでいる。ニューヨークで衣服工場を経営し、妻が生きている時には、社交の場によく出かけたものだった。だが、常にいくつかの制約があった。社交なのだから、一定の女性たちとダンスしなければならなかったが、それは彼女たちがダンスがうまいとか魅力的だからではなく、友人の妻であるか有力者の妻であるからだった。だがここでは、自分にとって魅力のない女の子とは踊る必要はないし、望めばいつでもダンスをやめられるし、他に何の義務もない。ここでは男は完全に自由だからね。大きなホールには決して行かない。まず、女の子がいない。その類のことをするには私は年をとりすぎているが、そうであるにしても、一晩中ダンスホールに女の子を連れて行きたいとは思わない。非常に卓越したダンサーを見つけて、夜が終わるまで相手を交換したくないと思うようなことは滅多にない。その上、精神的に興味深くて、一晩中一緒に過ごしたいと思うような女の子もほとんどいない。

女の子をパブリック・ダンスホールにエスコートする責任を自分が望んでいるのか、よくわからない。自分が誰か他の人とダンスできる以前に、彼女が他のダンスを踊るかどうかを確かめなければならないし、見知らぬ集団のなかでそのことを確かめることは不可能だろう。ダンスパーティーにいくつかのカップルが一緒に行くのでなければ無理である。この都市のなかで、そうした関心を持つ者を誰も知らない。シカゴの私の友人の大半は、何年も前にダンスを諦めた年配の人々である。私がそれを手配できるにしても、私がそうしたいのかどうかわからない。私が望んでいない種々の社会的責任をともなうだろうから。(26)

一定の社会的責任の不在と結びついているのは、タクシーダンス・ホールの客が振る舞いの上で感じる個人的自由の感覚である。自分が知られておらず、(ダンス後のデートを望まないのであれば）彼に対するタクシーダンサーの評価をあまり気にしない社会的状況においては、他の社交的な集まりには見出し得ない、制約からの自由の感覚を経験する。

何故だかわからないが、ここに来るといつも安らぐんだ。この集団は、私が人生の大半をともに過ごした人々のようではない。彼らと一緒にいると、常に威厳を持たなければならないと感じる。常に出来るかぎり最高の印象を与えようと試みているので、いつも持続的な緊張感がある。

だがこうしたダンスホールでは違う。ここでは、女の子たちを喜ばせることが出来る。もし体を近づけて踊りたければ、それもよし。他のやり方で踊りたければ、それもよし。そんなことはこの女の子たちには重要でないのだ。何も借りはないし、私をどう思っているか気にすることは実際のところほとんどない……彼女たちと交わりたいからではない。こうした場から女の子を連れ出したことはないし、期待もしない。彼女たちがどのようなものであるか知っている。にもかかわらず、他の人々とでは感じられない刺激を常にダンスから得ているのだ。(27)

一定の社会的責任と制約の欠如についての同様の満足は、法学生である次のユダヤ人の若者にも見られ、彼はこうした感情を、彼自身のコミュニティの訛り言葉を使いながら、極めて効果的にあらわしている。

昨晩僕が酒に酔ったと思うかい。いいや〔Naw〕！　ただ馬鹿なふり〔actin'〕をしていただけだ。他の奴は、僕に腹を立て始め、家に帰るようにガミガミ〔naggin'〕言った。そんな物静かな男なんだ、彼は！　……僕はここに来て、解放される……日中の僕を知らないだろう。全く違った男なんだ。僕は法律事務所で素晴らしい仕事をしている……素敵な弁護士たちのために働いているのだ……

お祭り騒ぎをするためにこの酒場に来る。ガールフレンドと不和になって以来、ここに通い続けている。彼女に首ったけだった。そう、彼女はとても素晴らしい！　だが彼女の親父さんは、僕がユダヤ人だから彼女との付き合いを認めないし、僕の家族もそれを気に入らなかった。

結婚相手として期待されることなく〔without bein' figured on〕ユダヤ人の女の子と付き合うことが出来ず、他の女の子たちも付き合おうとしないなら、男はどうすることが出来るのかい〔What's a fellow goin' to do〕。僕はこのユダヤ人でない女の子を忘れたいが、出来ない……この場所に来て、とにかく思うままに時間を過ごす。父親には、ユダヤ人少女と結婚しなければならないのは嫌だと言ったので、それで今は僕にしたい放題させている。(28)

社会的責任から巧みに逃れようとする願望と密接に結びついているのは、五番目の、そして最後の実利的考慮であり、ダンスホールの内外で、性的な刺激を求めるというものである。タクシーダンス・ホールは、個人的に知られずに、非日常的な機会が許される諸集団のなかで客が密接に交わることを可能にする施設の一つである。もし店側とタクシーダンサーが許せば、フロアで官能的なダンスを踊ることもあるかもしれない。そうした場所を一度訪ねてみると、この活動にかなりの性的な満足を見出す者もいることが明白になる。これを堕落として軽蔑する者もいれば、そこに是認されない関係を確立するための機会を見出す者もいる。いずれにせよ、こうした男性は売春宿に対するのと同じ関心で、タクシーダンス・ホールを訪ねる。

ダンスそれ自体に付随する直接的な性的充足のあり方が増大する。これがタクシーダンス・ホールにおける独特の発展の一つである。隔離的な地区が廃止されるような社会改良の時代に、売春は直接的な接近が困難になりつつあり、売春宿に密かに通うこともひんしゅくを買うなかで、男性のなかにはタクシーダンス・ホールをその代替物として見出す者も出てきた。一定の客は、こうした行動が習慣づいてしまったので、それが彼らの生活のなかで日常的に〔そうした〕機能を担うものになり、男性参与者の間では、一定の社会生活と楽しみがそれを中心に発展していくこととなった。

私と二人の友人は、毎週木曜と日曜の晩に、ホールを訪ねることを決まりとしている。我々は皆、印刷工で、ループにある互いに近い場所で働いている。木曜の晩には、ダウンタウンのレストランで一緒に食事をし、それから我々が呼ぶところの「オペラ座」［バーレスクショー］に行く。たいていショーの後で、軽い食事のためにレストランに立ち寄り、それから夜の仕上げにここに来るのさ。(29)

客の五分の一弱によって行われるこうした行動は、やはり、規則的にそれらに関わっている人々の生活には大きな重要性を持つ。ほんの二、三の場所でしか黙認されていないとはいえ、こうした活動は、監視のゆるいタクシーダンス・ホールで実利的な関心から採用される、〔彼らの〕手段を極端にあらわす。だが、性的な刺激を望む多くの客は、〔上記のような手段をとる〕代わりに、タクシーダンサーとの深夜の〔デートの〕約束を求める。それは「ナンパ」〔picking up〕と呼ばれているが、実のところ、一定の客の主要な関心なのである。

彼は、背が低く、体格のいい男で、時折煙草の吸いさしをふかしながら、長い間一人で座っていた。誰ともほとんど話さず、ただ座っているだけで、タクシーダンサーを見ている。彼は決して踊らない。私はこれをきっかけに、彼に近づき、「今晩は踊らないのかい」と尋ねた。

彼はこちらを向いて、ちょっと私を見たが、依然として顔に表情がなかった。「いいや！」と彼はゆっくり話した。「あまり踊らない。『ナンパ』するんだ」。彼はまた黙りこくった。数分間さらに話をすることなく、私は彼の近くに座った。またしばらくして話しかけてみた。「女はまだかい？」と尋ねた。再び彼は自分自身を奮い立たせて、ゆっくり話し始め、拙い英語で、「いいや、まだだ！　時間はまだまだあるさ。俺の連れが踊りながら、二人の『スケ』を物色している。彼が『スケ』を見つける、俺が車を出す」と言って話が終わった。

しばらくの沈黙の後、私はまた話し始めた。「俺はまだ女の子を見つけていない。おまえはどこに連れて行くんだい？」。今回は、彼の顔からわずかな笑みがこぼれた。「十マイルかそこら離れた田舎さ」と彼は答えた。そしてそれから、皮肉な笑いをしてこう続けた。「歩きたければ歩いて帰ってもいいと言うのさ。そこから歩いて帰るのは無理だけどね」と、彼自身のジョークに無味乾燥に笑いながら締めくくった。(30)

さらに高いレベルでは、より永く続く関係を求めて女の子を釣ろうとする客もいる。

しかし、ダンスホールは、客の願望にとって都合が良い状況ばかりの場ではない。売り込みの実践を仕込まれているので、ベテランのタクシーダンサーは、男たちが彼女から得ようとする利益を賭けて「セックス・ゲーム」のテクニックを使う。客は、タクシーダンサーが何度も、彼の特別な関心を利用し、彼が購入する多くのチケットを求めて、彼を「騙して」きたことを知っている。そして、ひとたび自分が騙されやすいとわかると、彼は彼女へ言い寄るのをやめる。次の事例は、長期にわたって「成功していない」客に特徴的な態度と行動を示している。

私は既に三・五ドルを使い、夜の大半を座って過ごした。ここには男が多すぎる。「女の子」は独立心が強すぎる。私には苦痛だ。私はいつでも一人の女の子と踊ってきた。彼女は私に家に連れていってもいいと言う。だが、たぶん彼女は、チケットのために私を騙しているだけだ。

通常のダンスホールなら、お金を使わずに済むだろう。七五セントか一ドルで一晩中踊ることができ、このいかがわしい場所と同じぐらい、デートの機会がある。一晩中ここでぶらついて、現金すべてを費やして、どんなチャンスがあるのか。

一六時間ぶっ通しで働いてきたばかりだ。私はダウンタウンでエレベーターを動かしている。今日は他の人の代わりに働いた。こんなに長く働いたのはそのためだ。明日は一日中寝るつもりだが、今晩はデートしたい。僕の女性を探して、まだ待っていることをわからせるつもりだ……よし、もう一ドルだ。

［その後、時間が経過して……］ええと、私はもう、この「いかがわしい場所」から離れるよ。最初、彼女は二時に一緒に出ると言ったが、今度は三時まで待って欲しいと言う。彼女はごまかしているのさ。じゃあな。(31)

「セックス・ゲーム」は、女性だけでなく、男性によっても演じられるだろう。経験から戦略上の規則を発展させた客が数名いる。盲目的に飛び込む代わりに彼らは計画を立てる。彼らの戦略上の規則は様々に変わるが、たいていデートをものにするための確実なテクニックが用いられる。

古参の女とよりも、ホールにいる若い女の子と知り合う方がずっと簡単だ。古参の女は、すべてに関して現実的だ。だが、新顔の女の子は、若く、多くを知らず、男に「より強く惚れ」がちだ。

だが、土曜や日曜の晩には、こういう女の子をものにするつもりはない。十分なチャンスがないと思う。ループでレストランを経営している友人がいて、こう言っている。男はみんな土曜に給料をもらうと出歩いて浮かれ騒ぎ、手持ちの現金を持っていく。しかし、月曜までには、週の給料の大半を使ってしまい、次の土曜まで「軽め」にせざるを得ない。それから、次の愉快な時間に備えるのだ。

土曜日の晩は、フロアには女の子一人に十人は男がいる。喜んで手持ちの現金すべてを捨てるのでなければ、チャンスはない。だが、火曜か水曜になると、彼女たちにつく奴も減って、目当ての女の子とのデートがいっそう簡単だ。[32]

こうした戦略上の規則はまた、タクシーダンサーへの求愛の成功法に関していくつかの判断を含んでいる。

彼女たちの関心を引きつけようとする時に、主として覚えておかなければならないのは、彼女たちはただ現実的な売春婦ではないことだ。彼女たちはそのようにはお金を稼ぎたがらない。むしろ、彼女たちはプレゼントを好み、たいてい……注目されることを好む。

それがだいたい見せかけであるとわかっている時でも、彼女たちはまだ男性の求愛を期待する。彼女たちは、男性がダンスフロアで多くの注目を示し、褒めて、プレゼントを与えることを期待する。

彼女たちは大いにプレゼントを欲しがる。だがすぐに、高価でないプレゼントも高価なものと同様の効き目があることがわかった。彼女たちが関心を持っているのは、その情緒的な価値である。彼女たちはプレゼントを欲しがるが、それは金銭的な価値ではなく、いい時間と男友達を思い起こさせる記念品である。[33]

広告コピーライター ……………… 1
自動車整備工 …………………… 1
パン屋手伝い……………………… 1
理容師……………………………… 3
ベルボーイ………………………… 4
簿記係……………………………… 1
密造酒造者………………………… 2
ウェイター助手…………………… 2
菓子販売・菓子製造……………… 3
大工・家具職人…………………… 4
事務員・事務手伝い……………… 2
洋服小売商（退職）……………… 1
集金人……………………………… 1
歯科医（退職）…………………… 1
エレベーター技師………………… 4
工場労働者………………………10
　ラジオ製造工場……………… 3
　家畜収容所…………………… 2
　その他………………………… 5
貨物運搬人………………………… 1
果物店経営………………………… 1
家具卸売業者……………………… 1
訪問勧誘員………………………… 1
氷屋………………………………… 1
発明家……………………………… 1
鉄工（建造）……………………… 2
鉄工（鋳造）……………………… 2
肉体労働者（非熟練）…………… 4
造園業 …………………………… 1
法律事務所アシスタント ……… 1
機関車技師 ……………………… 1
機関車火夫 ……………………… 3
機械製作工 ……………………… 2
ミュージシャン ………………… 1
アイディア商品店店主・店員 … 3
（会社の）雑用係………………… 1
左官 ……………………………… 1
配管工アシスタント …………… 1
郵便局員 ………………………… 2
取締機関職員 …………………… 1
ケチなゆすり屋 ………………… 2
海軍・陸軍兵士 ………………… 3
セールスマン（地方販売）……… 2
靴の販売員 ……………………… 1
スポット溶接工 ………………… 1
蒸気管取り付け工 ……………… 1
貯蔵室事務 ……………………… 1
高校生・大学生 ………………… 5
測量士 …………………………… 1
タクシー運転手 ………………… 2
テラコッタ労働者 ……………… 1
トラック運転手 ………………… 1
ウェイター ……………………… 3

結論として、客に関して一定程度の一般化が可能である。第一に、彼らは、熟練ないしは半熟練の職人か、さほど特別な訓練や技能を身につけていない販売員たちである。ごくたまに、専門職や経営幹部がこうしたところで見られる。客は主に、「中下層」の大多数を代表している。百人のサンプル集団の個体数調査は、付随する職業分類を明らかにしている[34]〔前頁の表参照〕。

ここで再び述べるに値する第二の一般化は、客は、他のところで深刻な性質のある種の社会的障害や制限を経験している人々である傾向がある、ということだ。第三の結論は、気ままな世界旅行者とスラム探訪家を例外にすれば、客になる人たちは、深刻な障害に直面した時に、そうした状況への対応に必要なことへの痛烈な劣等感と無力感を経験している人物である。こうして、出来るかぎりそうした諸問題に向き合う代わりに、彼らは一時的に平等の感覚あるいは優越感さえ得ることが出来るタクシーダンス・ホールを求めることになる。

こうした社会的制限や障害、それらを満足行くように克服できないことは、客の第四の特徴、すなわち、その社会的、心理的不適応を、当然のごとくいっそう悪化させる。彼は、既存の諸条件のもとで、基本的な必要性や利害関心を満足させるために知的に努力を傾けることが出来ないとわかる。客の不適応は、たいてい、反応と愛情を求める根本的願望、仲間の見地における望ましい地位と認知を求める欲求をめぐるものである[35]。彼は、自分への愛情を切望する人々から満足な反応を獲得できないと感じ、彼が必要とみなすようになっている人々の見地において、地位を獲得できないとも感じる。彼は、不安になるか、行動が変になるか、精神病にさえなる。事実、これは特徴的な結果であるため、客の不安と矛盾した行動は、彼の基本的な心理的不適応の症状とみなされるかもしれない。同様に、客に見られるこの不安の普遍性は、彼ら自身の生活について彼ら自身が根本的に不満足であるとみなす程度を反映していることは疑いない。

第五に、標準的な客は、ほとんど例外なく、全く自己中心的である。自分が社会的に締め出されている社会において、反応と威信を求める基本的願望を満たすことが出来ずに、彼は自分自身を頼りにし、ますます自己中心的になる。

彼にとって、世界は、たいてい彼自身や、自分の願望、自分の好み、大望、自分のものの捉え方を中心に回る。この特色は、客に普遍的に見られる特徴であるので、タクシーダンサーたちも、独自の方法でそれを捉える。客が「皆うぬぼれ強く」、「いつでも自分自身のことばかり話したがる」ように見えるというのが、ダンサーたちの共通の不満である。

最後に、標準的な客は、その生活観について、はっきりと非慣習的で個人化されている。他者と頻繁に対立し、慣習的社会の諸基準と矛盾することが多く、典型的な客は、少なくとも一時的に満足できるような、はずみの適応や妥協を採用している。こうした個人化された生活観は、同一のものではない。だが、それらはすべて、さまざまな個人が社会生活で経験する種々の困難への適応である。さらに、これらの適応はいつも、集団的な努力の産物であるというよりも、個人的な実験の結果である。この関連で、標準的な客がギャングの一員でない、という点は重要である。ギャングの街シカゴでは、成人のギャングはタクシーダンス・ホールには来ないという点で目立っている。来るにしても、ギャングないしギャングに加わっているコーカサス系の若者が、タクシーダンス・ホールの顧客の一時的な部分を構成するにすぎない。代わりに、この施設は主として、心を取り乱した者、個人主義的な者、自己中心的な者たちに供するものとなっている。

第七章　フィリピン人とタクシーダンス・ホール

シカゴのタクシーダンス・ホールの顧客全体の少なくとも五分の一は、フィリピン人集団である。これらの若い男性は、半分がアメリカに入国する時に二五歳以下で[36]、既婚者はごくわずかであり[37]、すぐにこうしたホールに引き寄せられる。外国の土地で独り、慣れ親しんだきわめて単純な家族とコミュニティ生活から離れ、合衆国では同じ人種の女性はわずかしかいないなかで[38]、多くの者がこうした盛り場に惹きつけられるのは驚くにあたらない。また、人種的偏見というきわめて重要な要因は、見落とされるべきではない。フィリピン人は、自分たちが、職業的、専門職的機会が限定されるだけでなく、若い女性との通常の社会的接触をも否定されている、という人種的に敵対的な社会にいることを自覚する。

その状況は、彼らが合衆国で非常に新しい人種的要素であるという事実から生じる面倒な事態によって、いっそう複雑になる。一九二〇年には、合衆国全体で五六〇三人のフィリピン人しかいなかった。たった一一年後の一九三一年には、その数が約五万六千人にまで増大していた[39]。この目を見張る成長は、ほとんど減少することなく続き[40]、この大陸へのフィリピン人の移住に何らの法的制限もないので、流入は継続すると予想される。

同時に、合衆国におけるフィリピン人の法的、社会的地位は非常に曖昧である。彼は合衆国の国民ではあるが、白人でも「アフリカ系〔＝黒人〕」でもないので市民になることは出来ない[41]。市民にあらざるものとして、多くの州で、彼らは一定の職業的機会を否定され、なかでも弁護士になることが出来ない[42]。そして、投票者ではないしそうなることもあり得ないので、政治家たちは、合衆国におけるより良い機会と生活条件を求める彼らの訴えに耳を傾けることはない。他の公共心のあるアメリカ人は、彼らをこの国での一時的滞在者としてしか見なさないので、その法的、社会的立場を確立する必要性を見出さないのである。

この国に来たフィリピン人でさえ、自分たちを一時的滞在者とみなす。こうして、彼らはこの国でのフィリピン人集団の究極的な福祉に関心を持つことなく、従来通りにここにとどまろうとしている。多くの絆が彼らをフィリピンにつなぎとめる。密接な結び付きの家族生活、親や年上の親戚の願望への献身、祖国に戻るまで埋まることのない商売や専門職業上の経歴、合衆国で勉強したことがある、あるいは合衆国に滞在したことがある、ということがフィリピンでは威信になること、祖国では人口圧力や経済的逼迫がないこと、これらすべてが最終的には彼らにフィリピン諸島に戻ることを計画させる。合衆国におけるフィリピン人は、五年か十年の滞在でさえ、単なる一時的滞在者という、この共通の前提によって、ハンデを背負わされることとなる。

合衆国におけるフィリピン人は、結婚の自由に関する制限と、人種的分類に関する曖昧さによっても当惑させられる。「モンゴル系」とみなされる時、フィリピン人は、カリフォルニア州、アリゾナ州、アイダホ州、ネバダ州、オレゴン州においては白人女性と結婚する権利を剥奪される。[43] 他方で、こうした州においても、役人が人種的制限を無視するところが存在する。その点について、ブルーノ・ラスカーは以下のように述べている。

……モンゴル系と白人間の結婚に制限を設ける諸州において、フィリピン人の「公式の」人種に関しては、曖昧さが多く見られる。フィリピン人と白人女性の結婚は頻繁にある。そして申請者の人種的地位に関する決定を行うのは、明らかに、権利を与える際の郡書記の自己裁量に託されていた。時々カリフォルニア州のある郡におけるフィリピン人の地位は、人類学的な思想が前任者とは異なる新しい書記が任用されると一晩で変わった……役人の大多数は、科学を全く頼みにすることなく、フィリピン人を、無差別に、白人あるいは日本人や中国人の女性と結婚させてきたようである……ロサンゼルスの［最近の］事例では、フィリピン人の人種は……一八世紀のリンネ〔＝カール・フォン・リンネ〕やキュヴィエ〔＝ジョルジュ・キュヴィエ〕から、今日評価されているテキストの著者に至るまで、人類学的文献の全体の範囲にまたがっていた。[44]

多くのフィリピン人とその家族の人種的、婚姻的地位は、未だに落ち着いていない。国内の他の場所においても、人種的曖昧さについてのこの同様の感情は、その結果として起こる婚姻の不安定とともに、これらの西側の州で見られるような法的な問題に直接的な基盤がない場合も、しばしば観察される。

第一節　フィリピン人の文化的遺産

おそらく、フィリピン人に関する最も驚くべき重要な事実は、文化的に彼らが西洋的であるという点である。地理的な観点や、外見的な容貌においては東洋的であるけれども、フィリピン人の現在の文化の多くは、西洋世界にさかのぼることが出来る。彼らの文化的特色の他のものは、よく西洋的とも東洋的ともみなされないが、至る所で、隔離された、安定した植民地社会の特徴を持っている。なるほど、年配者への尊敬、子の義務の感覚、親戚すべて——大家族集団あるいは一族——に対する経済的義務の受容、丁寧さと礼儀正しさに置かれる強調はすべて、東洋を示唆している。

他方で、スペインの征服とカトリックの伝道の努力を通じて、フィリピン人は四百年にわたって西洋文化にさらされてきた。東洋人の大半が西洋の「野蛮人」とは接することがなかった時、フィリピン人は既に「キリスト教化」されていた。彼らの単純で原始的な文化は、スペイン人によって押し付けられた、いっそう複雑な文化に素早く圧倒されてしまった。キリスト教化とともにやって来たのは、ラテン・ヨーロッパ的な慣習や制度、ラテン系のモーレス、洗練と文化の言語としてのスペイン語の受容であった。[45]今日、現地のフィリピン人の西洋音楽に対する愛好——東洋のものではなく、西洋のダンス、村の祝祭、恋人の役割に関する恋愛的な考え方、若い女性に慣習的に与えられた厳しい監視――はすべて、フィリピン人がその文化的特色の多くを西洋的起源から獲得したという事実の証明となる。

近年のアメリカもまた、フィリピン人の生活に重要な貢献をもたらしてきた。義務教育の公立学校、フィリピン諸島全体の若い人々によるほとんど普遍的な英語の知識は、最も重要なものの二つである。これらの新しい手段を通じて、アメリカの思想や理念は、若い人々とともに急速に前進してきた。そして、こうした増加する接触とフィリピン諸島における合衆国の現在の政治的威信のために[46]、現代の若いフィリピン人はこの上なく熱心にアメリカ的方法を獲得したがっている。同化することが難しいどころか、一部の人々の観点からすると、この国の若いフィリピン人はあまりに簡単にアメリカ化されがちである。太平洋沿岸の白人が他の東洋系集団に抱いた以前の不平――中国人と日本人はすぐに同化しなかった――に比べると、フィリピン人に関して多くの人々が見出す短所は、彼らが皆あまりにも急速に同化したことである。

合衆国について多くの知識を得るにつれ、一定の誤解がフィリピン人の間に流布するようになった。ある者は、アメリカでは容易に成功することが可能であると論じ、自分一人の力で教育を受けることが出来ると論じる。とりわけ大学の間は部分的に自分自身を支えなければならないが、フィリピンでは肉体労働に「自分の身を貶める」ことなど考えられないような、伝統的な「上流階級」の若者にとって、アメリカの大学で提供される自助努力の機会は、非常に魅力的なものと考えられてきた。これまで、アメリカにおける成功への障害は、しばしば、最初に考えられた以上にずっと大きなものであると見られてきた。アメリカ映画や大衆雑誌は、主に合衆国の人々のために企画されるが、フィリピン諸島で拡大的に流通するので、アメリカ生活に関する無邪気な誤解の基盤となってきた。ある信頼のおけるフィリピン人の言葉では、「合衆国のご夫人は誰もが洋服ダンスに愛人を隠していると一時期思っていた」。

求婚期間の厳しい監視に慣れている若いフィリピン人は、合衆国で若い男女が付き合う自由を、最も魅力的なものと考える。夫婦間でさえも見られるような愛情の表現は、洗練されたフィリピン人家庭では、はしたないことであるとみなされ、付き添いのないデートは大きな都市以外では不可能である。

フィリピン人男性の大部分は、この国に来るまでデートをしたことがない。彼らは女性と二人きりになることを許されていない。マニラを除いて、そのようなことはあり得ない。女性と出会うことが出来るのは、彼女たちが自分の兄弟か父親に付き添われたダンスの場や、時々放課後に女の子の集団が街角の店に向かって歩く時に、男たちが話しかけることが出来る場合があるが、それだけだ。合衆国に来る前に一度だけデートをしたことがある。以前から知り合いの女の子とマニラでデートした。彼女はそれをとても大胆なことと思っていた。(47)

恋人にキスされたり抱擁されたりするのは、フィリピン人の女の子にとっては美徳や清らかさ、少女であることを失うことを意味する。実のところ、結婚する気がない男を彼氏にしていた女の子は、同じ街の若い男性と結婚する機会を失うのだ。恋愛で何も起こらない場合でも。彼女はたいてい「安い」とか「並み以下」とみなされ、ふさわしい夫を見つけるためには故郷を離れなければならないのである。(48)

フィリピン諸島の若いフィリピン人が合衆国から戻ってきた者から聞いた話を通じて、彼はアメリカ人の女の子に対しては、かなりはっきりとした態度をとる。彼はアメリカ人女性を、美しくて魅力的ではあるが、フィリピン人の概念上では、明らかに謙虚でなく淑女ではない人とみなす。アメリカ人女性は、せいぜい「度胸のある」、「進歩的」な女と思われるところだが、最悪の場合、明らかに道徳的でない人間だとみなされる。しかし、いずれにせよ、多くの若いフィリピン人にとっては、アメリカ人女性は神秘的で、魅力的で、魅惑的であるようだ。

フィリピン人が合衆国に到着した後は、「デート」が達成されるべき目標になる。彼は帰郷した他のフィリピン人からアメリカ人の女の子との胸躍る体験談を聞いており、きわめて自然に自分自身もそのような経験を切望するようになる。お目付役のいないデートの目新しさが彼を惹きつけるだけでなく、アメリカ人の女の子と付き合うことで仲間内での彼の立場が強まるとも感じているのだ。少数のフィリピン人だけが恋人を確保できるという社会的状況において、仲間に定期的に彼女たちを見せびらかしたり、彼女たちについて親しい様子で話すことが出来る人々は、集団の他の多くの目から見てのみならず、自分自身の目にも満足のいく地位を楽しむ。

クラブハウスのダンスでは、女の子に興味がないにしても、行くことで常に大きな「刺激」を得る。女の子よりも三から四倍多くのフィリピン人がいて、どの男も一人か二人の好意を得ようと懸命に戦っている……こうした男の子はとても興味が強いので、一人の女の子をめぐって親友とでもやり合うだろう。

僕が好むのは、しばらく立っていて、目当ての女の子を見つけ、男から彼女を連れ去ることだ。そのようなことが出来るのは、自分のパーソナリティのためだ。自分は他の奴ほど格好良くはないが、狙った女の子はどのフィリピン人からも勝ち取っている。そういう理由で、僕は「危険な男」であり、皆僕を尊敬している。(49)

アメリカ生活と密接に結び付くようになったフィリピン人は、追求する女性に関していっそう慎重に見分けるようになるが、同様の地位の感覚や強い対抗意識が見出される。

第二節　シカゴにおけるフィリピン人の居住地区

合衆国へのフィリピン人移民は、その初期においては、〔自分の通う〕単科大学や総合大学の近くに住み、たいてい何らかの経済的援助を受けている学生がほとんどであった。より最近では、この国へのフィリピン人の移住の数が増加するにつれて、本物の〔すなわち、勉学を目的とした〕学生の割合は減少した。また、勉強しようと計画してやってくる多くは、自活するために精魂のすべてを向けなければならないことを知っている。結果としてシカゴでは、大学の近くから、賃貸料の安いニア・ウェスト・サイドやロウア・ノース・サイド、ニア・サウス・サイドへの漂流が存在する。こうした地域の多言語の下宿屋住民においては、フィリピン人に対する差別も他より少ない。ウェスト・サイドのコロニーには、多くの若者の社交生活の中心になっているクラブハウスがある。ノース・サイドのコロニーでは、フィリピン人はレストランや玉突き、ビリヤードの店、散髪屋を開いており、体育協会も組織している。フィリピン人自身の側のこうした努力の他に、タクシーダンス・ホールが社交生活の大部分を与えている。ホールは簡単に利用可能である。というのも、フィリピン人を最も簡単に許容する解体したコミュニティというものはいずれも、タクシーダンス・ホールを保護するものでもあるからである。

第三節　タクシーダンス・ホールの魅力

上記のような背景と、フィリピン人に特徴的な態度によって、タクシーダンス・ホールは、アメリカ生活への彼らの適応に関して明白な機能を持っている。それは彼らに若いアメリカ人女性との社会的接触の最初の機会を与える。まだ自分自身に自信がなく、また自分自身が定まっていないと感じているとしても、彼はチケットによって、若い女性から成る集団への文句を言われることのない要求と、短時間の注目を購入することになるだろう。それは、ある意味で、白人アメリカ人のなかで、自信とある程度の社会的安楽を獲得する「学校」である。さらにそれは、彼が期待するスリルや新奇さのすべてを与える。そして――不思議なことに――タクシーダンス・ホールで雇われている女の子は、他の場所で会う子よりも、アメリカ人少女についての彼自身のかなり無邪気な道徳的概念に一致しがちである。

フィリピン人は、既にタクシーダンス・ホールに慣れ親しんでいるので、いっそう簡単にそれに自然に引き寄せられる。「キャバレー」という名で、今やタクシーダンス・ホールはフィリピンの大きな都市でも見られるようになっている。それらは、アメリカのタクシーダンス・ホールとまさに同じ方式で経営されている。(50) こうしてタクシーダンス・ホールは、見知らぬ種類のパブリック・ダンス施設ではなく、フィリピン人が最も親しんでいる種類の施設になっていると言えるだろう。

アメリカのタクシーダンス・ホールにはじめて足を踏み入れる若いフィリピン人は、主にこうした新しい経験の刺激とスリルに関心を抱く。彼は、「良家」のフィリピン人がフィリピンで**バイラリーナ**（フィリピンのタクシーダンサー）との結婚を考えないのと同様に、最初はタクシーダンサーと結婚することを真剣に考えないかもしれない。しかし彼は、白人少女との新しい刺激的な接触に興奮する。そして恋愛的なものに無関心を装うにもかかわらず、とはいっても彼女たちに熱心に言い寄り、気前よく贈り物を与える。最初は、彼は主に状況の新奇さと人種的状況における彼自身の自己概念によって動機づけられているように見える。

アメリカ人の女の子とデートすること、またはタクシーで彼女と二人っきりになったり、ひょっとしたらキスをしたりということだけで、しばらくの間は大半のフィリピン人にとっては十分なのである。私はいつもアメリカ人少女との最初のデートを思い出す。彼女はダンスホール嬢だが、素晴らしい女性だと思った。私たちはタクシーで二人っきりになり、後でチャプスイ・レストランに連れて行った。彼女の手を握ること以上はあえてしなかったが、素晴らしいひとときを過ごした。(51)

彼が愛と結婚についてぺらぺらと話す時でも、婚姻関係についてはは真剣に考慮していないだろう。それは、女性を喜ばせようとする時、彼にとって最も馴染みのある方法にすぎない。

新しく到着したフィリピン人は、アメリカ生活とアメリカの女の子に対する典型的な態度を持っているので、「デート」を不道徳な行為とみなす。今はまだアメリカ人と実際に満足できる接触が出来ないので、アメリカの社交生活に関する洞察について、新聞や雑誌に依存したり、他のフィリピン人から聞かされるアメリカの女の子との冒険談に頼らざるを得ない。この国に数年間滞在した若い男性が、「デート」と不道徳を区別する力の無さを示すこともある。

Ｆ・Ｔ氏は、かなり肌色の濃いフィリピン人で、もっぱらウェスト・サイドのコロニーに住み、ダウンタウンにある大学の分校で夜間授業に出席していた。我々が仲良くなるにつれて、彼が頭の中で慣習的なデートと不道徳との区別がつかないことが明らかになった。彼にとって、付き添いのない「デート」は、不品行とされるアメリカの生活を可能にしている制度に思われた。ほぼ二年間合衆国に住んだにしても、アメリカ人の頭には異なった考え方があるとわかっていないことは明白である。(52)

もちろん、新しくやって来たフィリピン人のすべてがこのような態度をとるわけではない。しかしこうした初期の印象が、アメリカ人の若い女性との最初の接触を色づける。若い男性の多数は、間違いなく、個人的な劣等感と不安感によって思いとどまらされる。しかし、いっそう冒険好きな若者は、アメリカ人少女との「デート」に関する解釈を経験によって検証しようとするかも知れない。(53)常にフィリピン人の礼儀正しさを示しつつも、人種的敵意を引き起こすという絶えることのない恐れを持ちながら。(54)

第四節　求愛のテクニック

このようにより冒険好きなフィリピン人の間では、求愛のテクニックに並外れた強調が置かれる。敵対的な人種的状況において、若いフィリピン人は、女性に対する当然の遠慮だけでなく、長年続く人種の障壁を打ち砕くのを余儀なくされるので、求愛は知的な努力を要する難易度の高い問題となる。計略とテクニックを考え出し、議論し、互いに評価し合うこともある。気前のいい金遣い、ディナー＆ダンス、美人コンテスト〔本書一八四頁参照〕、極端な丁寧さと礼儀正さ、プロポーズは、すべて、好意を得る効果的な手段とみなされるようになるかもしれない。成功は、勝利の冠として受け入れられる。失敗は、人種的偏見——より資源を持つフィリピン人が、好意を得るためのいっそう効果的なテクニックによって避けられるに違いないと信じているハンデ——に帰属させられる。こうした手段は、意図的に案出されることもある。しかしたいていの場合は、次の事例に見られるほどの洗練されたシステムを含んでいることはまずない。以下は、シカゴで少し洗練されたフィリピン人の話である。

ミュージカル・コメディは素敵で、美しい音楽と場面とで我々は感情的になった。あまり多くを話さなかったが、手をつないだ。話すことでは伝わらないことでも、接触を通じて多くを語れるものだよね。ショーが終わるまでには、お互い二人っきりになりたかったので、タクシーに乗った。車内でたくさん彼女にキスをしたが、多すぎてはいないし、頻繁すぎたわけでもない。ちょうど良かったのだ！　それから自分がどれだけ彼女を愛していて、彼女から離れられないかを話し続けた。

チャイナタウンのチャプスイ・レストランに向かった……お互いたくさん食べて、二人っきりになれる街角で降りた。僕は彼女の手を握り、キスをし、その晩ほど彼女をかわいいと思ったことはないと話し続けた。彼女が応じていることはわかっていたし、もちろん温かい食事もその効果を持っていた。もし女の子の愛を得たいのならば、まずは最も望ましい気持ちで彼女を獲得しなければならない。彼女にかわいいものを買い、おいしい温かい食事を与える。女の子はいつも、大きな食事の後はいっそう愛してくれるものだ。

もちろん、自分にとって彼女がどれだけ大きな意味を持つかを話し続ける時を除いては、お互いあまりたくさん話さなかった。そこが、多くのアメリカ人男性がつまずくところだ。彼らは女の子に話し続けなければならないと思っている。だが、言葉は、その子に抱いている愛に全力を傾けたものでなければ、彼女の気持ちを他の対象に引き離してしまう。それは、その時までの努力によって獲得したすべてを失うことを意味する。(55)

常に成功の形でフィリピン人の努力が報われるわけではない。きわめて頻繁に、彼が計画的で世故に長けたタクシーダンサーを選ぶ場合、自分が彼女たちと対等でないことを知る。彼女は自分自身に完全に気を払うことが出来るだけでなく、自分なりの方法で、フィリピン人を食い物にしようとしている。次の資料は、より洗練されたフィリピン人によって意図的に案出されたテクニックと、さらにこの事例では、タクシーダンサーが彼らのテクニックにうまく対処できていない様の双方を明らかにしている。

「自分ともう一人のフィリピン人は、ダウンタウンのホテルで開かれるダンスに出席した。僕らはとてもかわいく見えるダンスホールの女の子を見つけた。数回彼女とダンスをした。彼女は利口そうだった。それから彼女は、なぜフィリピン人の催し物で以前に出会うことがなかったのか尋ねたので、僕らにはキャンパス周辺で自分たちの生活があり、こうしたダンスにはあまり来ないと説明した。パシトはきっかけをつくり、彼女に向かって僕の自慢をし始めた。僕がとても裕福で、車を所有し、他にお金の使い途がないという理由だけで車を購入したと話した。さらに、僕に熱を上げている数人の女子学生がいて、ダンスホールに来る必要がないとも言った。彼女は興味を持つようになり、自分に会いにダンスホールに来るよう僕を誘った」。

「だがすぐには行かなかった。僕はしばらく彼女を失望させることにし、そうすれば自分があらわれた時にいっそう慕うだろうと思った。約一週間後、僕と友人は、ダンスホールに出かけた。彼女はヘイゼルという名の妹がいると言い、僕らに紹介した。それから僕らは女の子たちにどんどん働きかけた。だが計画は念入りに行った。唯一の問題は、彼女たちがあまりに利口なことだ」。

「僕と彼は、女の子たちに互いのことを『褒めそやす』ことにし、特に一方が裕福なことを話した。女の子は自分が聞いたことを互いに話すのはわかっていたし、そうすれば僕らの両方が得をするのさ。自分たちの計略がうまくいったと思った。というのも、彼女たちは、確かに僕らがたくさんのお金を持っていると当て込んで、動き始めたからだ」。

「ダンスホールを出た後、チャイナタウンに車で向かった……女の子たちは、もしフィリピン人と一緒にいるところを見られたら、家から追い出されると言った。僕らは、もしそれが本当ならば彼女たちはかなり良い家の出身に違いないと思ったので、いっそう興味をそそられた。次の晩、僕の女の子は、次の金曜日が誕生日だと思い出した。彼女にはプレゼントをすると言ったさ。もちろんおそらく誕生日ではないとわかっていたけれども。次の日、彼女は僕に誕生日のことを思い起こさせた」。

「彼女を翌週開かれるダンスにデートとして誘った。だが彼女は既に他のフリップ［フィリピン人］とデートがあると言った。彼女は、僕の方が好きだけれど、他の奴が彼女にドレスをくれる予定だからと言った。もちろん、その含みは、僕が彼女にドレスを買ってやればデートの約束を破って僕と一緒に行くというものだった。僕は彼女に、既に他の奴とデートを約束したのだから、それを破るのは良くないと言った。それを聞いて彼女は少し困惑したように見えたが、最後には、僕が彼女をあまり愛していないに違いなく、さもなければ既に交際しかかっている時に他の男と一緒に行かせたがらないはずだとほのめかした。僕は、そういう点ではリベラルで、フィアンセにはいつも楽しく過ごしてほしいと思っていると返答した」。

「それからその週のうちに彼女は電話で、フィリピン人のピクニックに行きたくないかと尋ねてきた。もし彼女にドレスを買ってやれば、僕と一緒に行ってもいいという。それから彼女は、他の誰かと一緒に行くとも脅した。僕は彼女に行くように言い、そういう風に心が広いのだと言った。彼女は満足していなかった。彼女は僕と一緒に行きたいと言い、ドレスは僕からの誕生日プレゼントになるべきだと言った」。

しばらくの間、フィリピン人とその少女はドレスをめぐって言葉で受け流し合い、フィリピン人は、購入を拒絶する理由が、女の子の粗野なねだり方のためであることを暗示することによって防禦し、女の子はドレスを買ってもらえなければデートをするのを拒絶したのだ。その少女は、プレゼントを受け取ることは出来ないと確信するや否や、そのフィリピン人に対する関心を失った。他方、彼は、出来事の変転と女の子の手腕の欠如にうんざりしながらも、彼の拒絶によって作り出されたフィリピン人の新しくて、おそらくはより高い印象に慰めを得た。

「僕は感情を害したが、ケチだという印象を与えたくなかった。だから自分は話をつけることにした。僕は彼女を脇の部屋に呼び入れて、『ドレスを買ってあげたくないのでもなければ、お金を使いたくないわけでもない。きみのやり方が気に入らないんだ……きみは、プレゼントするのを申し出る機会を、僕に与えてくれなかったのだ』と言った。彼女は唖然として驚いていた。おそらくフィリピン人がそのように話せるとは思わなかったのだ。彼女は一分かそこらただ呆然とその場に立ち、それから背を向けて歩き去った」(56)。

しかし、アメリカの女の子と付き合う目新しさを求める願望を持つにしても、より明白な関心を持つにしても、いずれにせよ上記のような活動を続けるフィリピン人は、遅かれ早かれアメリカの女の子に真剣に惹かれるようになる。都市で孤独ななか、女性と付き合う機会もほとんどなく、彼は徐々に、出会いが可能な女性のうち、その誰か一人を、かなりの確率でタクシーダンサー〔の一人〕を理想化するようになる。本物の恋愛小説のように、彼は自分の女友達を「例外」的な存在に仕立て上げる。他のアメリカ人少女と、とりわけ他のタクシーダンサーは価値がないとみなしながらも、自分の女の子は「違う」のだ。彼はアメリカ人少女との結婚を、そして「並みの」タクシーダンサーとの結婚も真剣に考える。彼は生まれた村に彼女を妻として連れ帰ることを夢見て、彼女のためにフィリピン諸島で送るであろう生活の輝かしい絵を描く。両親や家族からの厳粛な指示のすべてに背いて、彼はアメリカ人少女との結婚に備える。

もし少女が心から真剣で、異人種間結婚の問題がそれほど困難でない場合、そのような愛情が花開くのは尤もである。しかし、ベテランのタクシーダンサーにとって、フィリピン人の若者はせいぜい一時的な関心の対象にすぎない。そして最悪の場合、もたらされる金銭的報酬すべてのために利己的に利用されるべき「カモ」になる。こうした不適応は、苦痛のともなう、取り乱すような経験である。

フィリップは、まだ一九歳で、この国に来て一年と経たず、シカゴに来て三ヶ月しか経っていないと言った。彼は、ベティ以外の女の子は口説いたことがないと言った。シカゴに来てすぐに、数人のフィリピン人と一緒にダンス学校に行き、そこでベティと出会い、恋に落ちた。

「ベティはいい子で、だから付き合おうと思った」とフィリップは続けた。「同宿の友人たちは、私のことを有り金全部を彼女に費やすバカな奴だと言ったが、彼女を愛していたので気にしなかった。時々、彼女を妻として故郷に連れ帰り、人々に見せびらかすことを夢見た」。

「彼女はいつも一緒に出かける時には僕に優しくしてくれた。彼女は粗野にならず、他の［ダンスホールの］女の子のようにお酒を飲むことはなかった。彼女には、時計、ネックレス、指輪を買ってあげ、彼女は私を愛していると言った」。

「僕は彼女に、きみはダンスホールにいるような女の子ではないし、きみ自身のためにもここから離れるように言ったが、彼女はお金が必要だと言った。それから僕は彼女に結婚を申し込み、彼女も承諾したが、今はまだダメだと言った。ところが先週彼女がすぐに結婚して欲しいと言ったので、僕たちは結婚したんだ」。

「だが今も彼女は一緒に住もうとしない。フィリピン人とは一緒に住まないと言う。彼女の兄はもし一緒に住めば彼女を殺し、僕が彼女の家に行けば僕を殺すと言っていると言う。彼女は、僕が選んだアパートには住まず、もっと大きなものが欲しいと言うが、そんな余裕はない。結婚した時、彼女は僕の週給がたった二五ドルだということを知っていたはずなのに」。

「それから彼女には、家にいて、ダンスホールには行かないように言い、自分の妻がダンスホールにいて欲しくないと伝えたが、二晩家にいただけで、ホールに戻って行ってしまった。彼女は、何もすることがなくて退屈だと言った……だが一緒に住むように言っても、彼女はそうしない……さて、僕にいったい何が出来るというのか？」

続いて、妻の両親は結婚を取り消すことに成功したが、フィリップは納得しなかった。彼は他のタクシーダンサーとの情事に陥ったが、再び誰かに惚れることはなかった。「こういう女の子はもう信用しない！」と彼は後で説明した。(57)

このような若者が、抜け目のない、もしくはでたらめなタクシーダンサーと接触を持つようになる時に、彼の自信は頻繁に傷つけられる。一度「カモ」にされると、再びそう容易には黙従しない。

しかし毎週フィリピン人集団のなかに新顔があらわれる。新参者の多くは、フィリピン諸島から持参した自らの蓄えや家族の蓄えをいくらかまだ持っているので、簡単に計画的なタクシーダンサーの餌食になる。多くの女の子は、タクシーダンス・ホールで出会う若いフィリピン人に悪巧みを実行する。他には、新たに到着したフィリピン人を食いものにする策略を既に習得している元タクシーダンサーがいる。彼女たちは、フィリピン人集団がスポンサーとなる特別の社交的集まりやダンスの多くによく出かけ、そこでゲームのための新たな獲物を選び出す。

第五節　「漂流者」

そうした幻想を捨てさせる経験は、若さ溢れるフィリピン人に痕跡を残す。報われない愛情から、彼は皮肉な考えや利己的な利用――タクシーダンス・ホールの生活の至る所に流れるロマンチシズムへの競争的な動機づけ――に目を向ける。彼はしばしば、より放縦にその生活に身を投じ、利己的な利用への衝動と真剣な愛情への衝動との間で揺れ動く。望ましい若い女性との出会いという、この解決が困難な問題――人種的偏見のために最も難しい難問――に占有されて、まさにこの国に来るうえでの大望であろう、教育的ないし職業的前進の歩みを失うこともしばしばである。こうした社会的不適応は、どんな経済的ハンデそれ自体よりもはるかに、毎年、多くの野心あるフィリピン人のよく練られた計画を挫折へと導く。

多くの若い男は、こうした生活に満足せずに、だがそれを進んで変えようとしないか出来ないかで、旧い大望それ自体を思い起こさせるような、フィリピン諸島とアメリカの親戚や友人との旧い紐帯を徐々に断ち切ることによって、自己防衛する。いくつかの例では、フィリピンの親戚は、彼らの消息を失い、合衆国政府に気まぐれな彼らの居場所を見つけるよう懇願する。こうして、「行方不明のフィリピン人」現象が起きて、次のような人物に関するお知らせが、この国で出版されるフィリピン人の雑誌にあらわれる。

フィリピン諸島情勢局は、マニラのパンダカンのラボレス出身のエステバン・ルエダ、ブラカンのパオンボン出身のパブロ・カプロン、サンフランシスコ・ワークショップでしばらく前に働いていたルーカス・アガピート、ニューヨーク大学の薬学生であるホセ・L・グチェレスの所在に関する情報を求める依頼を受けている。またフェルミン・デベリニ・ダンティスに関する情報の要求も受けている。最後の消息では、一九二一年に彼はニューヨークのバッファローにいた。彼の母親は、ブラカンのサン・ミゲルに住んでおり、彼の消息を切望している。

タヤバスのダラーセス出身のアントニョ・V・アマットは、約二二年前にフィリピンを離れた。消息のつかめた最後の場所は、カリフォルニア州サンタマリアであった。故郷の親戚は、彼の消息を切望している。
これらの人々の情報を、ワシントンのフィリピン諸島情勢局までお寄せください……[58]

フィリピン人がこの国で「行方不明に」なるその仕方は、フィリピンで同一コミュニティの同じタイプの家族出身でありながら、合衆国で全く異なる経験をした、次の二人の若者の例にあらわれている。

僕とミゲル・オカンポは、一緒にアメリカにやって来た。僕らは、ボートの混雑した船室のなかで、将来を見通しながら夜を一緒に過ごし、真剣な想像のなかでは、空気を濁らせながらアヘンを服用するクーリー〔インドや中国などの日雇い労働者を指す。中国で「苦力」（クーリー）と呼ばれている。〕たちの笑い声や知性のない騒音を忘れたものだ。僕らは香港と日本を通り過ぎて、「約束の地」の海岸が近づくにつれて、僕らの空想は越えられない高さにそびえていった。

四年が過ぎて、その間にオカンポの手紙はいよいよ減っていった。彼はニューヨーク市にいて「うまくやって」いて、僕の方は西部の大学に入学しようと頑張っていた――これが互いの消息の最後だ。彼の手紙は、少なくなるばかりでなく、手紙の来る間隔も長くなった。一通一通、それらはより曖昧に、不明確なものになっていった。

すぐにオカンポが僕を忘れてしまったばかりでなく、心配する仲間たちにも手紙を怠っていることがわかり、まもなくその仲間たちが僕に彼の消息を手紙で尋ねてきた。リトル・オールド・ニューヨークでミゲルの居場所を見つけるのは、とても大変なことであった。彼をやっと見つけた時に、彼は次のように言い訳した。「私の人生は、友人や親戚が誇れるものではなくなったので、手紙を書くのをやめたのだ。このいまいましい都市は、私を失敗者にした。私は理想を失ったが、誰よりも自分がわかっている。私は隅に押しやられたのだ。君が今でも元気でやっているのなら、幸運な奴だ。頑張ってくれ。そして私のことは忘れてくれ」。痛ましい姿だが、罪がなくても彼自身の問題なのだ。彼はこの国の多くのフィリピン人の典型例である。[59]

こうした若者は、「放浪者〔drifters〕」になる――その日その日に与えられる刺激と興奮を、将来の考えを持たず、目標や目的の感覚をほとんど持たずに楽しむ。フィリピン人の語彙では、彼らは「漂流者〔vagabonds〕」になる。敗北を認めてフィリピンに戻ることを恥じて、こうした若者は、漠然とこの国に滞在し続け、その結果、都市の下宿屋地区の大量のフィリピン人浮浪者の方に向かうのである。

第六節　「日和見主義者」

加えて、「日和見主義者」という言葉によって最もよくあらわされる若者たちがいる。タクシーダンス・ホールや学校、職場などで発見されるような人生の葛藤する関心のなかから、こうした若者たちは彼ら自身を満足させるような、独自のフィリピン的遺産や支配的なアメリカ的基準とも完全に矛盾するであろう、生活観を発展させてきた。これらの生活観は、そのすべてが、フィリピン人が見出したアメリカ生活に適応しようとする努力の結果としてつくった「アメリカ製」のものであるという点で、それらは互いに同一のものであるとは言えないが、類似したものではある。よく用いられる表現である「アメリカ化されたフィリピン人」は、アメリカの都市生活とアメリカのダンスホールの独特の産物であり、彼らの同胞によって与えられた名前で広く認知されている。島に起源を持つ「ピノイ」という言葉は、アメリカに新しく来た若いフィリピン人をあらわすが、「フリップ」[60]という言葉は、「アメリカ化されたフィリピン人」の名前を指すのは明らかだ。アメリカでタクシーダンス・ホールの生活に入っていく人々は「ピノイ」であり、そこからうまく卒業する人々が「フリップ」である。

「フリップ」、つまり日和見主義的なフィリピン人の基本的な特徴は、簡単には描写できないが、とても現実的であることだ。職業的には、アメリカの都市で見出したビジネスや専門職業の機会に適応していく。人種的偏見と闘うことに労力を浪費する代わりに、彼はそれに自分の計画を適応させる。こうして、アメリカのビジネスの方法で訓練されたり、スペイン語の優れた知識を持つフィリピン人は、代理業務でスペイン語圏の諸国との輸出貿易を発展させることが専門となる。また別の者は、ラジオ産業で、工場に信頼のおけるフィリピン人の若者を供給する労働者の上司になる。同様に、開業医は、スペイン語の知識とスペイン語系の名前のおかげで、メキシコ人の顧客を専門とすることに成功している。

私的な振る舞いに関しても、「日和見主義者」には適応性があるようだ——ある一定の独自性も常に示すが。まず、服装が確かに「こざっぱりと」している。マナーに関して礼儀正しく上品である。日和見主義者はたいてい立派な職業で一定の金銭的成功を収めていて、この達成に由来する自信を持っている。興味深くまた重要なのは、タクシーダンス・ホールとそのダンサーに対する彼の態度である。彼女に対して、彼の態度はせいぜい実利的なもので、時々ダンサーを食い物にしようとする男の一人となる。これと結び付いているのは、個人主義的な衝動——新しく到着した同国人の福利への奇妙な無関心——である。

これらのダンスホールの少女に対する私の態度は変化している。昨年、この少女たちを外へ連れ出さなくても、大きな「興奮」を得たものだ。だが今では興味を持ちさえしない。時々ウェスト・サイドに出かけてただ暇をつぶしたり、他のフィリピン人と会ったりするが、全くそうした女の子たちには関心を持たない。だが新参者が彼女たちに心を奪われるのを観察することから大きな「興奮」を得る。

パスカルがまさにそうだ。彼は女の子には夢中にならない。彼女たちとあまりダンスすらしない。だが少女たちが新参者を「カモ」にするのを観察することに、ただ関心を抱くのだ。彼もまたそこから大きな「興奮」を得る。しかし彼はここでの生活に適応している。彼はこれらのアメリカ人少女は結婚するに値しないことは知っているし、彼女たちに秘密裡に到達する方法も知っている。彼は島の良家の出身であり、教育とビジネス経験によって故郷に帰って、いい地位に就くことも可能だろう。しかし彼はここでもっとお金を稼ぐことが出来るうえに、白人の女の子たちをとても気に入っている。十年間この国に滞在した後では、彼は自分が決してフィリピン人少女には満足しないことを知っているし、だからこの国に居続けるのだ。(61)

フィリピン人の日和見主義者は、実践や基準、人生観において、至上の個人主義者である。だが彼の生活観は、劇的に異なるかもしれない。このタイプのフィリピン人には我々の慣習的な基準――特にビジネス活動において――に強く同調する者がいる一方で、一般的なモーレスに全く矛盾した生活観を持つ者もいる。にもかかわらず、こうした基準や実践はすべて、そこにおいてフィリピン人が自分の道を形成しようとする、人種的には敵対した社会への個人的な適応である。それらはすべて、一定の若者がそれによって職業的、社会的前進を果たすための適応である。だがほとんどすべての例で、この前進は、フィリピン人の初期の理想や基準のいくつかを犠牲にすることによってのみ、なされてきた。彼は、状況に適うように自分の実践や個人的大望を変えることを余儀なくされてきたし、そうする際にアメリカ生活に関するねじれた見方を獲得することが多い。この誤認は、道徳的規範の保持において最も顕著に見られ、何人かのフィリピン人には「アメリカ社会」とみなされてきた不道徳を反映する。

アメリカの慣習の方が、フィリピンのものよりも優れている点がいくつかあることは認める。さて、ここで性の自由を例にしよう。もし男がここ［タクシーダンス・ホール］から女の子をデートに連れ出し、おそらく何度も呑みに行ったとしても、女の子は男に自分との結婚を期待しない。おそらく彼女は、特に彼がフィリピン人で、人種的偏見を幾分抱えている場合には、彼に結婚を望みさえしないし、結婚したがらないだろう。物事はそのようであるべきだ。何故カップルは、だいぶ前に起こったことを理由に結婚しなくてはならないのか……我々がフィリピンに戻る時には、物事をアメリカ方式に変えなくてはならないだろう。[62]

第七節　その他のタイプ

アメリカ生活が、自分たちにとって不道徳以外の何物でもないとする、多くのフィリピン人がいるのを指摘するのは正当である。効果的な野心や達成感のすべてを失うフィリピン人――アメリカの「漂流者」――がいることは、否定し得ない。時々、再編された生活観を獲得することで、言葉の最悪の意味で「アメリカ化」される「日和見主義者」がいることは否定し得ない。にもかかわらず、勉学の機会やひらめき、個人的前進をここで見出し、大きな障害にもかかわらず、独力で羨むべき記録をつくる、多くのフィリピン人がアメリカにいるのも事実である。こうした若者は、他の人々とは対照的に、彼らの初期の思想に誠実であり続け、他への関心が浮かんでくるのを許容しない。しかし、こうした目標は、フィリピン人がこの国にいる間、女性集団とのあらゆる機会を意図的に放棄する場合にのみ、最も確実に達成される。こうして、男性が若い時期に、若い女性との通常の社交の機会を失うことは、大部分のフィリピン人がこの国で学問的達成とひきかえに払う代償である。

この代償を払う人々がいるので、結果として多くの若者は母国の進歩を導く準備が出来て、フィリピンに戻っていく。そうした成功する若者は、ほとんど例外なく、大きく、偉大な理想への献身に駆り立てられている。このようにして生じるのは、「熱烈な政治活動家」、すなわち、フィリピンの独立が肝要な事柄であるようなタイプと、「社会福祉家タイプ」、すなわち、より大きな人間の福祉への関心が真の動力であるタイプである。

第八節　異人種間結婚

シカゴでは、フィリピン人の若い男性がタクシーダンス・ホール生活へ入ることによって、異人種間結婚の数が非常に増大している。それらの多くが、たいてい若い女性の両親の強要ですぐに駄目になりながらも、結婚に至ったものもかなりの数に及ぶ。シカゴにいる少なくとも一二五人のフィリピン人がアメリカ人の女の子と結婚したという噂が流布している。一九二七年に行われた調査は、当時少なくとも五五の既婚カップルが、その都市で一緒に暮らしていることを明らかにしている。この数字のうち、四六組は法的な結婚であり、加えて少なくとも九組が内縁関係とみなされる。内縁のすべてと他の四分の三強は確実に、元タクシーダンサーとのものである。他の若い妻は、性質と文化的達成においてタクシーダンサーよりはるかにすぐれている場合が多く、職場や彼らが通っている学校や大学、あるいは教会の加入を通じての出会いであった。これらのフィリピン人の結婚の多くは、友愛結婚であり、そのかなりの数は二年以上続かない。だが、より安定した基盤に基づく結婚は、シカゴで少なくとも三十例はある。既にシカゴでは、こうした異人種間結婚の子どもが少なくとも十人以上いる。これらのいわゆる「混血アメリカ人」は、これまでにない人種的集団のはじまりである。

このような結婚は、いい形で伝えられていないが、多くの場合に最高に恋愛的な理想主義で結び付いている。過去に両親が整えた結婚をしたフィリピン人青年は、極度にアメリカ的なロマンチシズムを完璧に採用し、アメリカ人の女の子と華美な結婚式を挙げた。これらの結婚は性急なものが多い一方、かなり熟考されるものもあるし、若い男性の側で女の子が以後直面する、人種的に困難な状況に慣れさせるための努力すらともなうものもある。次の事例は、当事者が大いに愛し合っている恋愛結婚の最たるタイプを示している。

大学生の頃、アメリカ人の女の子に関心を持たないようにしていた……大学を卒業後働いて二年経った時までには、約二千ドルを貯金していたし、その一部は自分の興した事業に投資していた。

ある晩、非常に好ましい女の子に出会った。彼女はとてもかわいいし、性格が良かった。何度も彼女とダンスをしたが、彼女は自分のことを好きであるようには見えなかった。当時彼女は別のフィリピン人と交際していた……彼女はデートしてくれないが、私は彼女が自分に関心を向けてくれるよう努力することに決めた。

とうとうある夜、シカゴのフィリピン人組織がループの大きなホテルで特別のダンスを催した時に、彼女はあるフィリピン人と出席していた。彼らはたいてい、男たちが二五セントを出して投票する美人コンテストをやって、これらの資金を集める。誰かが彼女を候補に立て始めた。私は彼女を一位にすることに決めた。だが他にも推される女の子がいたので、それには七八ドルもかかった。その後、彼女は私に注目を向けざるを得ず、いつも一緒にいるようになるまで時間はかからなかった。私はキャデラックの車を購入し、彼女をキャバレーや劇場に連れて行った。彼女と付き合いを続けるために、自分の会社を売らなければならなくなった。

私の両親が私たちのことを耳にした。両親は私に一度故郷に戻るよう求めた。父は手紙で、自分が開いている別の店の経営を任せると言ってきた。私は返事を書き、彼女のことを話した。

その後、私は故郷への渡航切符を受け取った。私の家族は真剣だったのですよ。その切符は二週間有効で、もし使用されなければ戻されるものであるとわかった。そのことを考えるほど、彼女を置いていくことは考えられなくなった。そこでとうとうヘイゼルにプロポーズした。

私は彼女に切符を見せて、彼女を愛していること、この国にとどまりたいこと、もし結婚してくれるならば彼女が望むことは何でもすると言った。それがダメなら、切符を使って故郷に戻り、フィリピン諸島でまた新たな生活を始めるだろうと。もし我々が結婚すれば、他のフィリピン人たちのような「長続きしない」結婚ではなくて、永続的なものにしていこうとも話した。もし結婚してくれるならば、喜んで自分の人生設計をすべて変えると伝えた。

しかし彼女をとても愛しているので、我々が直面するであろう困難を事前に知って欲しいと言った。通常の困難に加え、自分たちの場合には人種のために特別な困難があると述べた。

第一に、彼女の両親は、娘がフィリピン人と結婚することを「恥」だと感じるかもしれない。そして彼女はフィリピン人と結婚するために特別な困難に直面するだろう。自分の母親と祖母が彼女に敬意を払い彼女を愛し家族に受け入れるようになるとしても、彼女たちとは異なっている分、常にうまく行くわけではないだろう……私の両親と祖父母は英語を話さないし彼女はスペイン語を話さないので、苦労するだろうとも話した。

それから、結婚した場合の面倒のいくつかを彼女に知らせた……もし私がこの国に滞在すれば、大きなビジネスは出来ないだろう。また、もしアメリカ人の妻をともなって戻れば、他のハンデが生まれるかもしれない……

もちろん私はこれらすべてを一度に話したわけではないが、徐々に彼女に状況全体をわからせた。私は彼女に、どんな犠牲も払えるぐらいに彼女を愛しているし、彼女にも尋ねた……しかし性急に決めて欲しくないし、慎重に考えてほしいと伝えた。彼女の家族はいい人たちだが、彼らは自分の娘を私と結婚させたくなかった。しかし、二週間が経つ頃には、彼女の両親は折れて、ヘイゼルが決心しているようなのでこれ以上反対はしないと言った。そうして、私たちは結婚した[63]。

しかし最大限に慎重な準備を以てしても、異人種間結婚は成功しないかもしれない。その理由は、一部には、あまりに異なった文化的遺産に見出され得る。大学で受けた教育的訓練や、将来性や家族生活に関してしっかりした考えを持つフィリピン人の夫は、元タクシーダンサーの基準や関心との間に完全な意見の不一致を見出すかも知れない。

しばらくの間は、結婚したその若いカップルはとても幸せだった。しかし、何ヶ月もしないうちに、彼らの関心や願望が全く異なるものであることが露わになり始めた。仕事で忙しい一日の最後に、ジョゼは、新聞や雑誌、本を読んだり、ラジオを聞いたりしながら、自宅で座って過ごすことだけが望みだった。彼女は、ワクワクするような社会的接触を望んだ。彼女は、劇場やダンス、キャバレーに行きたがったり、自宅に客を呼びたがった。

彼は、自分の妻にこうしたことを望まなかった。しかし彼は控えめだった。彼は彼女に本や雑誌を買い、詩や哲学への関心を持たせようとした。彼は、彼女が客をもてなす機会を持つことが出来るように自宅でパーティーを開こうともした。しかし、彼女にとってこれはあまり満足できるものではなかった。というのも、自宅に招く人々は、たいてい彼女にとってはあまり興味のないタイプの人々だったからだ。彼らの結婚の理想像が、彼らの関係を一年半以上持続させることに寄与したが、その頃にはお互いにとって相手が我慢できないものになっていた[64]。

人生にかかわる基準や認識の葛藤は、結婚生活の不和の諸要素となることが多いが、異人種間結婚の場合には、互いに相手の人種集団に全く異なる特性を認めるため、特に重要な要因となる。

より重要な要因となるのは、人種的経験のために、異人種間結婚の関係者が経験する地位の喪失であることは間違いない。秩序が確立したコミュニティでは、エチケットや確立された社会的慣習は、夫婦がより密接に引き寄せ合うよう促す。しかし、異人種間結婚の場合、コミュニティのあらゆる諸力が、夫と妻の間に存在するラポールを打ち壊すように組織化されているようである。どちらか一方だけは、コミュニティのなかの彼〔／彼女〕自身の輪のなかで受容され得るかもしれないが、夫婦として〔二人とも同時に〕受け入れられることは決してない。数少ない緊密な友人たちは例外となり、彼らを自分たちの社会集団に受け入れるかもしれないが、コミュニティ全体はそうでないだろう。このようにして、異人種間夫婦の痛ましい孤立が生じるのだ。

匿名的な一時的接触が最も頻繁に見られる大都市では、コミュニティの反目は、異人種カップルの目立ちやすさと、公衆が明示する直接的な敵意のなかに、最も明白に見られる。

結婚生活の最初の三ヶ月間、私たちは頻繁に一緒に出かけた。時々私と妻は、こうした無知な人々にじろじろ見られることに耐えられなかった。時には妻が「カッと」なりそうにもなったが、慎重な扱いによって……すべてが満足のいくものになった。

私たちが歩道を歩いている時に妻が私と腕を組むと、通りすがりの人々から何か批判を浴びるかもしれないという恐れで、ほとんど落ち着かない気持ちだった。これまで、最も上品ぶった人々からさえ、侮辱を受けたことはない。(65)

だが、いくつかの夫婦は、それほど幸運ではない。次の新聞に掲載された話は、「侮辱を受けること」、すなわち他者からの偶発的な批判を耳にすることで起こりうる結果を示唆している。次の話に類似する多くの出来事が、致命的なものも含み、挙げられるだろう。

二七歳のフィリピン人男性、ジョン・クルツは、本日未明、三五番通りのサウス・パークウェイに位置する新しいサンセット・カフェで、喧嘩の末、銃で撃たれ深刻な傷を負った。発砲は、盛り場の後方の路地で起こり、白人の妻とテーブルについていたクルツと、近くのテーブルの男三名と女一名の間で喧嘩が生じた後だった。彼らの一人が「白人女性と一緒にフィリピン人がいるぞ」と批判したのが、耳に入ったのだ。

妻によれば、クルツは、彼らのテーブルに歩いて行って「その物言いは気に入らない」と言った。「気に入らないなら、表に出ろ」と男性の一人が言った。クルツは誘いを受け入れ、両者とも路地に出て行った。数人の食事客が後を追った。クルツがコートを脱ごうとしている時、他方の男がピストルを出しクルツに向けて二度発砲した、と目撃者が述べた。彼と、女性を含む連れの数人は逃げた。クルツは病院に運ばれたが、彼の状況は深刻であると告げられた。(66)

洞察力の優れたフィリピン人は、他人種の男性と交際していると見られるアメリカ人女性に対する敵対的な公衆の態度は、妻にとって異人種間結婚を恒常的に満足なものにするうえで、長きにわたって深刻な困難になるだろうと認識する。

私がどこかへ、マージョリーを連れていく時はいつでも、じっと見られていた。だからいつも、市電で移動するよりもタクシーを使用している……もちろん、彼女は私たちがじっと見られていることに気づいていたが、それについて何も考えていなかった。だが私は、彼らが皆、彼女が大した人間ではなく、そうでなければ「中国人」——おそらく私はそう思われている——と付き合わないだろうと思っていることに気づいていた。いつか彼女はそうした凝視が何を意味するのか理解するようになるだろうし、その時はとても悲しむことだろう。(67)

子どもに関しても、同様の困難がある。人種を意識する我々の社会の典型的な若い女性にとって、敵対的公衆の問題以前に、「褐色の赤ん坊〔brown baby：一般的に、第二次世界大戦後に、黒人兵士とヨーロッパの白人女性との間に生まれた赤ん坊のことを指す。〕」が自分の子であることを認めるために、かなりの母性愛を必要とする。他方、フィリピン人を夫として喜んで受け入れ、おそらくそうした結婚が招く孤立や敵対心にすすんで耐えながらも、彼女らの良心が、そうした異常な人種的遺産を持ち、人種的に敵対的な社会において将来性が確実でない子どもを産むことが許容されないと感じる人もいる。

異人種間夫婦が子どもをフィリピン諸島に連れて戻れば、新たな問題、すなわちアメリカ人妻の孤立が生じる。彼女は、夫の親類やコミュニティに尊敬の念を抱くかもしれないが、彼らとラポールを確立するのは困難であると知るかもしれない。言葉の障害や広範な文化的相違も問題となる。さらに、夫の家族にとって、彼女が「まず以てアメリカ人であり、次にはじめて息子の妻である」ということを気にしないようにすることが非常に難しいのは当然である。[68]彼女に対する年配の世代の態度から連想されるのは、自分たちが義理の娘に選んだのではないという事実から生じる、かすかな敵対心のようである。近年、アメリカ人妻に対する不信という問題が高じてきているが、彼女たちのなかに性格が疑わしい者がいたり、さもなくばアメリカでは「良い家庭の出自ではない」という周知の事実がその原因となっている。ある洞察力に優れたフィリピン人の言葉には、「もしフィリピンにアメリカ人の妻を連れて行くなら……自分の妻は良い教育を受けた女性で、アメリカの良家の出身であることを証明することを常に余儀なくされる。私たちは、彼女の大学の学位記を額に入れて、応接間に掲げておかなければならないだろう」[69]とある。

アメリカ人妻が、フィリピンで他のアメリカ人と接触する機会もまた、非常に乏しいものである。フィリピン人の妻として、彼女は、自分の肌色と同じ人々からは完全に追放されていると思っている。フィリピンで同じ人種の他者との接触がなく、アメリカから一ヶ月も遠ざかれば、新しい家のなかで孤立した生活を送ることになる。彼女がたまに村の「お姫様」として扱われることもあるかもしれないが、多くの場合、同化が進むまでは、孤独で非常につまらない生活を送ることが多い。

このように、タクシーダンス・ホールは、フィリピン人がアメリカの生活を良く知る手段として機能し、アメリカ人の若い女性と接触する機会を与える一方、こうした若者を解体する手段ともなり得る。しっかりとした目標を持ち、教育ないし職業上の経歴で成功を収めるためのあらゆる努力を傾けるフィリピン人は、容易にはこの不安定なダンスホール生活の一部になることはない。しかし、他の人々にとって、ダンスホールの引力、アメリカ人少女とのデートのスリル、こうした少女たちからの物的要求は、彼らの人生の大望を捨てるよう誘発するのに十分である。同様に、タクシーダンサーとの接触は、より安定したアメリカ人の集団や、恒常的な結婚や家族生活の確立への入り口を約束するのは稀である。タクシーダンサー自身、安定したコミュニティ集団から完全に切れていて、フィリピン人をアメリカ人の生活に引き入れることは出来ないし、はかない愛情しか持っていないため、異人種間結婚という困難な相互適応を達成することは不可能〔に等しいの〕である。

注

（1）フィリピン人とタクシーダンス・ホールに関しては、本書第七章で議論する。
（2）ヨーロッパ出身のコーカサス系の移民に加え、メキシコ人と南米系の移民が、時折タクシーダンス・ホールで見られる。
（3）専門調査員の報告。
（4）Case No. 2.
（5）Case No. 3.
（6）Case No. 5.
（7）Case No. 28.
（8）Case No. 34.
（9）Case No. 27.
（10）Case No. 37.
（11）Case No. 4.
（12）Case No. 7.
（13）調査員によって報告された特別の会話。
（14）調査員の報告。
（15）Case No. 1.
（16）特別調査員の報告。

(17) 調査員の記録。

(18) 『AP通信』(一九三一年五月三日付)の記事より。同記事によれば、ニア・ウェスト・サイドにあるタクシーダンス・ホールの一つ、クラブ・フロリダンでカポネの手下とされる男が逮捕されている。

(19) Case No. 40.

(20) Case No. 49.

(21) Case No. 5.

(22) Case No. 46.

(23) Case No. 43.

(24) Case No. 33.

(25) 調査員の記録。

(26) Case No. 42.

(27) Case No. 35.

(28) 特別調査員による事例記録をもとに筆者作成。

(29) Case No. 38.

(30) 調査員の記録。

(31) 調査員の記録。

(32) Case No. 38.

(33) Case No. 27.

(34) 〔この〕分類は、ダンスホールにいるこれらの男性の陳述に基づいている。多くのケースでは、疑いなく、これらは彼らの実際の職業であるが、それをさらに確認する手段は得られなかった。

(35) 『不適応少女』の第一章におけるW・I・トーマスの「四つの願望」を参照。

(36) Bruno Lasker, *Filipino Immigration* (University of Chicago Press, 1931), pp. 23-4.

(37) *Ibid.*, p. 25.

(38) 一九二〇年から二九年の十年間に、合衆国に入国を許可されたフィリピン人のうち、サンフランシスコとロサンゼルスにいる者の総数は三万一千九十二人で、その九三・三パーセントは男性で、女性は六・七パーセントだけである(*Facts about Filipino Immigration into California*, California Department of Industrial Relations, Special Bull. 3 [April, 1930], p. 32)。このように二つのカリフォルニアの通関港に許可された男性移民に対する女性移民の比率は、一九二二年の一三・九パーセントから一九二九年の三・二パーセントに減少した（*ibid.*, p.33）。次も参照。Lasker, *op. cit.*, p. 23.

（39） Lasker, *op. cit.*, p. 21.

（40） *Ibid.*, pp. 22-3.

（41） アメリカの市民権は、アメリカ海軍での三年間の従事を通じて以外には不可能であるようだ。次を参照。E. S. Bogardus, *The Filipino Immigrant Situation*, Council on International Relations, Los Angeles, 1929.

（42） Eliot G. Mears, *Resident Orientals on the Pacific Coast* [Reprinted in 1979 by Ayer Co Pub.], p. 318. 同時に次も参照。Lasker, *op. cit.*, pp.63-4.

（43） Lasker, *op.cit.*, pp. 117-8.

（44） *Ibid.*, pp. 118-9.

（45） フィリピン人の文化的遺産と、アメリカの都市生活へのフィリピン人の適応に関する、より広範な議論については、著者による近刊のモノグラフを参照。

（46） 合衆国とアメリカ的実践のこのような威信は、間違いなく、大部分がアメリカ政府とフィリピン人との政治的関係によるものである。

（47） Case No. 57.

（48） Case No. 56.

（49） Case No. 44.

（50） フィリピン人たちから提供された情報。なお次の記事も参照。「サンタアナ」（マニラ市）、「世界最大のダンスホール」（明らかにタクシーダンス・ホールの一つである）（"The Peace Rôle of Our Asiatic Fleet", *New York Times Magazine*, March 6, 1932）。

（51） Case No. 44.

（52） 調査員の記録。

（53） この議論から、集団としてのフィリピン人がアメリカで同様に孤立した他の若者集団よりも、振る舞いが型破りであるとみなされて当然だと推断するのは、明らかに嘆かわしい間違いだろう。筆者が、合衆国におけるフィリピン人の生活のこの側面を強調することは、不幸にも必要なことである。というのも、タクシーダンス・ホールが最も直接的にこうした活動に関係するからである。

（54） 少数派人種集団の男性が、支配的な人種の若い女性の知り合いをつくろうとする最も無邪気な努力さえ、たいてい公衆によって誤解を受けることは、たえず念頭に置かれるべきである。若い女性との出会いに対するフィリピン人の関心は、まずは彼の願望と必要がより強いということを除けば、他の若者のそれと基本的には変わりがない。フィリピン人の振る舞いは、タクシーダンス・ホールにおいてでさえ、誇りを持って示すことの出来るものである。彼は滅多に官能的なダンスに陥ることはないし、タクシーダンサーとの接触に関しては、追いかける方というよりは、圧倒的に追いかけられる方である。

ブルーノ・ラスカーは、慎重に証拠を調査した後で、フィリピン人の本質的な道徳性を次のように述べている。「……フィリピン人の異性に対する態度は、他の外国人の若者とそれほど変わらないが、自分の家族や自国籍の年配者の統制からは野放しの状態にある、というのが、彼らについて最も良く知る人々の共通見解のようである」(Lasker, *op. cit.*, pp. 330-1)。

(55) Case No. 57.

(56) Case No. 44.

(57) シカゴのあるソーシャルワーカーによるウェスト・サイドのフィリピン人に関する報告。

(58) 一九二五年の *Philippine-American* に掲載。

(59) *Ibid.*

(60) この単語は、フィリピン人求婚者に最初に適用したシカゴのタクシーダンサーがはじまりとされてきた。

(61) Case No. 57.

(62) Case No. 47.

(63) Case No. 53.

(64) 調査員の報告。

(65) アプロニアーノ・A・バーサによる、フィリピン人の異人種間結婚に関する未発表のモノグラフ。

(66) *Chicago Journal*, September 8, 1928. フィリピン人の氏名はここでは変更されている。

(67) Case No. 44.

(68) Case No. 57.

(69) Case No. 44.

第四部　タクシーダンス・ホールの自然史と生態学的特性

第八章　タクシーダンス・ホールの起源

他のあらゆる施設と同様に、タクシーダンス・ホールにもまた自然史がある。その出現と発展は、ある種の自然の諸力がもたらした結果であった。それは、一定の順序ないしは「段階」を経て漸次発展していった。各段階は前段階の自然の産物であり、それはまた後に続く段階への道を準備するものであった。こうした観点からすると、施設の起源や発展が特に重要であり、個人のパーソナリティ自体はそれほど重要な意味を持たない。そして、このことは事実と符合しているのである。何故なら、タクシーダンス・ホールの出現は、気ままな男たちからなる小さなグループのよこしまな企みの結果ではなく、実際には表には出ない隠れた経済的需要に対するごく自然な商業的対応の結果だからである。その歴史にはさまざまな人々が参加してきた。しかし、彼らは施設それ自体の動向をほとんど知らないまま参加していたし、また彼らの多くは新しい施設がつくられようとしていることを察知しないまま参加していた。計画も統制もない状況のなかで、施設の成長に参加している人々の願いとおそらく完全に調和することのないまま、施設はその一定の発展方向をたどっていった。

タクシーダンス・ホールが実在した短い期間においてさえ、それは三つの明確な段階を経過して発展していった。最初の発端となる動きは、新しい経済的需要に対するあるダンス施設のインフォーマルでほとんど認識されていない対応のなかにあった。第二段階は施設としての自覚の時期であった。すなわち、その段階において経営者たちは新しいタイプの施設が生じてきていることを自覚するようになり、新しいタイプの条件にあったあり方を発展させ、それとともに経営方法を完成させ、標準的なものにしようと意識するようになった。第三段階は激しい競争とそれにともなうさまざまな施設の専門分化の時期をあらわしている。

タクシーダンス・ホールが、おおよそ世界大戦中にその発端があったことは重要である。この期間は、我々の国家の歴史において最も大きな社会改良の時期であった。おそらく、タクシーダンス・ホールといった形態へ向かう漸進的変化の第一歩が、我々の都市の売春集中地域を一掃しようとする運動の直後に生じ、サルーン〔Saloon：米国の酒場の一種で、一八七〇年頃から二十世紀初頭にかけて隆盛を極めた。街の四つ角には必ず見られ、都会には二百人に一軒の割合であったとされている。〕に反対する地域キャンペーンやサルーンを国家的に禁止しようとする立法化への動きと同時期のものであったという事実は単なる偶然の一致ではない。世界大戦による混乱のもたらした諸影響と結びついたこれらの改革的措置が、現実にタクシーダンス・ホールへの道を準備したかどうかを証明することは出来ない。にもかかわらず、サルーンの閉鎖や売春集中地区の一掃が、それらの代替物としての新しい企てを起こすのに好都合であったことは確かである。「ナイトクラブ」や現在のロードハウスがそうであるように、タクシーダンス・ホールも戦後期に新しい施設として登場したことは明白な事実である。

タクシーダンス・ホールは、戦前の全く異なる三つのタイプのダンス施設の応化や適応に、そのルーツを持っていることは明らかである。すなわち、第一は「バーバリーコースト」ダンスホールであり、第二は特定のダンス学校によるタクシーダンス・システムの漸進的採用であり、第三はパブリック・ダンスホールのタクシーダンス・ホールへの退化である。

第一節　バーバリーコーストないしは「四九年」ダンスホール

極西部地方にある「バーバリーコースト・ダンスホール」（それは時々「四九〔一八四九〕年」ダンスホールと呼ばれていた）は、タクシーダンス・ホールの直系の先祖である。この施設ではダンスは飲酒に付随したものであった。

女性ダンサーたちは客に酒を注文することを勧め、彼女たちはその取次料によって賃金を得ていた。サンフランシスコの有名なバーバリーコーストについて、ウィル・アルウィンは次のように書いている。

バーバリーコーストは喧騒をきわめた暗黒街であった。その名前を誰がつくり出したのか誰も知らない。そこは堂々としたダンスホールが立ち並ぶ三つのブロックからなり、世界中の船員の憩いの場所であった。とても人出の多い夜、それぞれの店には楽団や蒸気オルガン、蓄音機から流れるダンス・ミュージックが響きわたり、通りはそれらの音が錯綜し、混沌のきわみに達していた。音の響きわたるドアの背後で何が起きても不思議ではなかった。絵のように美しい特徴的な名前をもった場所で起きた三、四年前の警察沙汰は象徴的であった。ひどい出来事がアイ・ウィンク・ダンスホールで勃発した。争いは、カナカ・ピートという名前で知られているワット・チアー・ハウスに住む船員によって始められた。その争いは、イオドォフォーム・ケイトという女性をめぐってのものであった。カナカ・ピートは狙った男をリトル・シルバー・ダラーまで追跡した。彼はそこで立ち止まり、男を刺した。その時、彼の銃がアイ・ウィンクの玄関口に穴をあけた。それは誇らしげに記念として残されている。おそらく火災で焼失しないかぎり、それはそこにずっと残されるだろう。なんと低俗なのだろう。まったく最低の極みだ。(1)

その最盛期、サンフランシスコのバーバリーコーストは繁盛していた。そこには、船員や金鉱の採掘者や世界中からの旅行者が頻繁に出入りしていた。

世界の隅々まで知れ渡っているバーバリーコーストは、ここ数年、際だった奔放な悪行でヨーロッパの有名なリゾート地と競い合っていた。ダンスは百余あるホールの中心的な催しであり、そこには二千人以上の女の子が雇用されていた。(2)

バーバリーコーストの比較的新しい歴史において、さまざまな状態にある多様な男たちがダンスホールに自分の居場所を見出していた。彼らの行為は最近のタクシーダンス・ホールの客たちの行為と全く良く似たものであった。

バーバリーコーストのホールへは、漁師、掃除人、皿洗い人、料理人、ウェイター、船員といった人たちがみんな仕事着でやって来た。それも「きれいに洗濯したもの」を着ている者はわずかしかいなかった。彼らは帽子をかぶったままで踊りながら、食事をし、煙草を吸い、ガムを噛んでいた。人ごみのなかにカウボーイスーツとソンブレロ、それに赤いスカーフと飾り帯を付けたスペイン系の男たちがいた。あるホールには、行商人がしばしばあらわれた。経営者はホールで鶏や、さらには猿も売られたことがあったと思い出を語った。

女の子にはポルトガル人、イタリア人、フランス人、アメリカ人がおり、なかでもポルトガル人、イタリア人が圧倒的に多かった。楽団は普通、アコーデオン、ホルン、ドラム、ピアノからなり、経営者が演奏者の一人として加わっていた。男たちに座席の用意はなく、さらに踊り続けるため彼らは周りに立ったままであった。その結果、長い列が出来、人間の壁をつくっていた。この壁の後ろでは、気晴らしにサイコロ賭博が行われていた。特別な警備員はいなかった。警備員を雇用したこともあるが、彼はいつも打ちのめされてしまった。(3)

公衆の引き続く要求により一九一三年に最終的に廃止された時、「〔バーバリー〕コースト」は、地域の「スラム探訪家」と旅行客が主要な顧客となっていた。(4)そして、この事実は当時バーバリーコーストを根絶するための論拠として使用された。

バーバリーコーストが閉鎖された結果、施設は隣接する地区へ拡散した。そこでは飲酒とダンスは分離され、女の子たちはダンスにより正当な収入を得ることが保障された。

一九一三年九月、警察本部長はアルコール販売を行っているカフェ、レストラン、サルーンでのダンスを一切禁止した。この決定は「コースト」のダンスを一掃し、隣接地区にいわゆる「閉鎖的」ホールの出現をもたらした。そこで女の子たちは歩合制と月給制により男性客と踊るために雇用された。実際、これらのホールは休む間もなくダンスを続け、大きな利益を上げた。客は時間にして二分と続かない一回のダンスに十セントを支払った。およそ六百人もの女の子がこれらの「閉鎖的」ダンスホールに雇用されていた。(5)

バーバリーコーストの外側の地区にあるホールでは、音楽はプロの演奏家で常時組織された楽団によって演奏された。ここに雇われた女の子たちはイタリア人、ポルトガル人、フランス人、アイルランド系アメリカ人で、なかでもフランス人とアイルランド系アメリカ人が多かった。彼女たちはバーバリーコーストのホール以上に身なりに注意するよう求められた。フィリピン人、中国人、日本人の男性は簡単には入れなかった。また、黒い肌をした客の出入りも規制された。バーバリーコーストに比べ、客もまたその服装に注意するよう求められた。(6)

「閉鎖的」ホール、後にタクシーダンス・ホールと呼ばれるようになったこれらの新しい施設は、その常連客においても女の子の品位においても多少とも選り抜かれた人たちから構成されていた。

これらの新しいホールは、かつてのバーバリーコースト・ホールとほとんど同じような集団にサービスを提供するよう企画された。実際、そうした集団が新しいホールの直接の継承者〔＝客層〕であった。しかし、組織化や統制の方法は全く異なっていた。短いダンス曲とチケット制ダンス方式が、サンフランシスコのこうした施設で最初に導入された。そこでは、女の子たちは集めたチケット数に基づいて賃金を得た。(7)これらの施設を「ダンス学校」に見せかけるための施設経営者の努力はほんのわずかなものでしかなかった。(8)これらの施設に反対する人々は、施設に見られるひどい酷使とこれらの施設の特別な性質があからさまに容認されていることに、ますます自分たちの敵対心の正当性を見出すようになった。その後も、ダンス学校としてのわずかな偽装のもとでこれらの施設は合法的なものとして認められ続けた。しかし、一九二一年、警察本部長は女性をタクシーダンサーとして雇用することを厳しく規制するようになった[9]。そして、サンフランシスコにおけるタクシーダンス・ホールは、少なくとも法的には既に過去のものとなった。今日では、腕利きのダンスホール監督官によって[10]、「ダンス学院」がタクシーダンス・ホールに合流する傾向が絶えずチェックされている。

シアトルでは「四九年」ないしはバーバリーコースト・ダンスホールからタクシーダンス・ホールへの変遷は必ずしも十分になされなかった。今も多くの施設において飲酒とタクシーダンスの両方の料金が支払われている。

その年老いた警察官は、シアトル史上の初期、特にアラスカ・ゴールドラッシュの時期には、多くのダンスホールがバーと結びついて存在していたと述べている。そこに通っている女の子たちは、タクシーダンサーとしてではなく、アルコール販売により料金を受け取ることによって口銭を稼いでいた。一九一〇年頃、ダンス料金と飲酒料金といった二つの考え方を結び付けたダンスホールがオープンした。当時、それらの施設は新聞紙上で批判的に「四九年ダンスホール」と呼ばれていた。それらは完全には閉鎖されなかった。しかし、禁酒法の後、大きく変容し、飲酒とダンスの手数料で働く女の子とともに今日まで存在している[11]。

特徴的形態を持つタクシーダンス・ホールは、シアトルやその他の太平洋沿岸都市において今も見ることが出来る。

第二節　ダンス学校によるタクシーダンス・ホール方式の採用

この国の他の地方のタクシーダンス・ホールは、二つの他のダンス施設、すなわちダンス学校とパブリック・ダンスホールから発展した。前者のタクシーダンス・ホールの場合、その組織はダンス学校間の激しい生存競争にともなう副産物として導入されることとなった。後者の場合は、パブリック・ダンスホール間の激しい競争がパブリック・ダンスホールをあまり好ましくない地理的位置や施設設備に追いやったため、これら施設の経営破綻に先手を打つ一つの手段として、タクシーダンス・ホール・プランに変更することとなったものである。

ウェスト・コーストからの普及プロセスについての記録の多くは、全体としてタクシーダンス・ホールのような施設のパターンを導入することに好意的な力や反対する力に焦点を当てている。タクシーダンス・ホールに欠くことの出来ない特徴であるチケット制ダンス方式のシカゴへの最初の導入は、ウェスト・コーストからではなく、ニューヨーク市からであった。手元にある情報が示すかぎりでは、このチケット制ダンス方式はサンフランシスコの元ダンスホール経営者によって考案された。彼はニューヨークのダンスホールでダンス学校に共通しているラインアップ方式と、彼が熟知していたサンフランシスコのチケット制ダンス方式とを結び付けた[12]。新しいシステムの導入に対する社会的抵抗に注目することは興味深い。この男はタクシーダンス・ホール・システムをそっくりそのままニューヨークへ導入したわけではなかった。その唯一の基本的特徴を選び、それを都市に広く行き渡っていたシステム、すなわち慣行的なダンス学校のラインアップ方式と結び付けたのである。

シカゴの評判の良いダンス経営者によって持ち込まれたのはこの混成物である。

シカゴの私のダンス学校では、生徒がダンスを少し学んだ後、如何に彼らを引き止めておくかという問題を抱えていた。ポピュラーになった単純なダンスステップについてわずかなレッスンを受け、人々はダンスフロアで「なんとか踊る」ことが出来た。一九一九年の夏の間、私たちはニューヨークにいた。その間、私はそこでサンフランシスコのW・W氏が開いた新しいスタジオを訪れた。彼はそこでダンス一回につき十セントのチケットという方式を導入していた。家に帰ってから、私の上達した生徒をもっと頻繁に戻って来させ、異なるインストラクターと踊る経験をさせる方式について考え続けていた。

そうして私は自分のビルの三階にある大きなホールで、一レッスン十セント方式を導入することにした。良質な楽団を雇い、責任者に有能な中年夫婦を置いた。もう問題は起こらないだろうと思った。しかし、すぐに私はダンスにやって来る連中は私の以前の生徒ではなく、クラーク・ストリートからの荒っぽいごろつきたちであることに気づいた……事態はますます悪化した。私はごろつき連中を規制するため出来るだけのことをした。しかし、我々はいつも喧嘩と妨害を恐れていた。そしてとうとう私はその方式を断念してしまったのである。(13)

しかし、シカゴの他の評判の良いダンスホールの経営者がこのシステムを観察し、それをループにある自分のダンス学院に取り入れた。ラインアップ方式はまだ維持されていた。シカゴでラインアップ方式とチケット制レッスン方式とを結び付ける最初の試みは、青少年保護協会の記録のなかで次のように述べられている。

独身者のためのダンスパーティーのチケットを望む者は、二人の若い男が座っているデスクからもそのチケットを購入できるというアナウンスが九時になされた……チケットの値段はそれぞれ十セントであった。それから、すべての若い男がホールの左側の席に座り、一方、女の子たちは一列に並んだ。そしてドラムの響きとともに彼らは前に進み出てダンスの相手を決めた。(14)

新しい経営者は組織設計において新しい要素を意識していたが、それでもまだ自分の施設を「ダンス学校」として考えていた。

私がジョンソンから一レッスン十セントのアイディアを取り入れた時、ただ単に生徒がさまざまなインストラクターと踊れるダンス学校の新しい経営方式としてそれを考えた。私は、男たちはこれまでのように一回の入場に対して事前に一ドルまたは一ドル五十セント支払っていた時よりも、一ダンス十セントで、その夜により多くの支払いをするだろうと計算した。私はいつも女性を、ダンスが始まるごとに整列させ、男たちにはジョンソンがそうしたように列の先頭の女性と踊るようにさせた。

やがて私は、やって来る男たちの多くが上手なダンサーであることに注目し始めた。これらの男たちがいつも誰かとダンスをするためだけに戻ってくるのがわかった時、私は大笑いした。その時まで、私はただダンスの機会を得るためだけに、可能なかぎりのお金を支払おうとする連中がいるとは信じられなかったのだ……ある時私は、ある男がいつも同じ女性と踊りたがっているのに気がついた。しかし、一時間単位でインストラクターと契約しているのでないかぎりそれは認めなかった……私はホールを一年経営したにすぎないが、いつもそこはダンスパートナーを貸すところではなくダンス学校として考えていた。[15]

経営者たちは一レッスン十セント・チケット方式を導入してから客層が変化していることに気づいていたけれども、それで〔ダンス〕学校〔としての経営〕をやめてしまうことにはまだ抵抗があった。彼ら自身、長年の経験をもち、プロとしての地位を築いたダンス経営者であった。彼らは新しい常連客に経済的可能性をあまり感じとっていなかったし、新たな冒険をしようという気持ちもなかったのである。

都市においてプロとしての地位をほとんど持たない「アウトサイダー」や「ストレンジャー」[16]は、新しい方式に十分な経済的機会を感じとり、それをずっと続けようとした。この冒険を最初に試みたのはギリシャ移民であった。彼らは都市のなかで他から切り離された生活をしており、かつての習慣に囚われたり、既存のダンス経営者のかぎられた視点に染まったりしてはいなかった。一九二一年五月十日付の青少年保護協会のファイルにある、この経営者に関する最初の記録は以下の通りである。

係官がこのダンスホールとダンス指導学校を夜十時に訪問した。ギリシャ人とイタリア人の五人の若者がドアの周りをうろうろしていた。ホールはウェスト・マディソン・ストリートのハイマーケット・バーレスク・ビルの三階にあり、ホール自体の広さは市電の内部と同じ程度のものであった。この空間はギリシャ人によって経営されていた。客はダンス一回、すなわち発行されているチケット一枚につき十セント支払った。女の子たちはチケットごとに五セントを得た。自動ピアノで音楽を流し、他にインストラクターと呼ばれている七人の女の子たちがいた。[17]

このようなお粗末な形でシカゴのタクシーダンス・ホールが始まったのである。[18]

ここの経営者、ニコラス・フィロクレイツ氏[19]によってなされた経営方法の重要な変更は、客は二重の列から彼のちょうど真向かいにいるダンスパートナーを受け入れざるを得なかった古いありきたりの「ラインアップ」方式の排除と、客がダンスパートナーを自ら選ぶことを認めた方式の導入であった。このようにして他のもうひとつの重要な方式がタクシーダンス・ホールの発展方向のなかに取り入れられたのである。フィロクレイツ氏自身の話は次の通りである。

ウェスト・コーストへ旅行した後、一九二〇年にシカゴへ帰ってきた時、私は自分の学校を開設することにした。最初に私はさまざまな学校を訪れた。そして、コロニアル・ダンス学院のスワンソン氏がチケット制レッスン方式で学校を経営している唯一の人物であることがわかった。

しかし、スワンソン氏は客が自分のインストラクターを選ぶことを認めていなかった。彼は古いラインアップ方式を使っていた。それは、客がうまく適切なパートナーを得ることが出来るかどうかは運によることを意味していた。ときに客は、自分の背の高さに合い、自分が望む種類のダンスを踊ることの出来る好みのダンサーを引き当てた。しかし、そうした幸運に巡り会うことは稀にしかなかった。客は全く踊りたくもない女性に多くの金を費やした。

また「ラインアップ」方式には別の問題があった。それは列に並んでペアを決めるためにいつも時間がかかることである。客は三十分も踊ることはなかった。しかし、費用はちょうど三十分に相当する金額が支払われていた。そこで私は、あまり時間を無駄にしない方式を取り入れた方が良いと言った。

私は太平洋岸で用いられているチケット制レッスン方式を知っていた。私はそこのいくつかのホールを訪れ、客が慣れると自分のインストラクターを選ぶというやり方はうまくいくことを知った。そこで私は小規模でその方式を始めることにし、それは成功した。[20]

客は自分のダンスパートナーを選択することを認められるべきである、というフィロクレイツ氏が従った経営上の指導原理は、直接的には太平洋岸のダンスホールについての彼の観察から来ている。しかし、シカゴではサンフランシスコがそうであった以上に、経営者や客の気持ちのなかでタクシーダンス・ホールはダンス学校のコンセプトと強く結び付けられていた。この違いは、少なくとも部分的には、初期の経営者がきちんとしたダンス学校としてやっていくことを強く望んだこと、チケット制ダンス方式は正統なダンス学校の組織に統合できると固く信じていたことに由来している。

しかしながら、すっかり定着したダンス学校との激しい生存競争の結果、明確にというわけではないがチケット売り場でやはり無視することの出来ない力を持った新しい顧客に、施設はほとんど見通しのないまま順応せざるを得なかった。シカゴのタクシーダンス・ホールの最初の経営者は身軽で好きなことの出来るギリシャ系アメリカ人であった。彼らはパブリック・ダンスホールのビジネス分野では、不利な立場にあった。そのため彼らは、成功への不可欠の要件として自分たち自身をタクシーダンス・ホールと結び付けたのである。第一に彼らは、そうした施設で中心となる潜在的顧客、すなわち下宿屋の住民たちと日常的に接触していた。そこの住民たちも、ギリシャ系アメリカ人と同様に、普通のパブリック・ダンスホールではどこか場違いな感があった。第二に、ギリシャ系アメリカ人は国のあちこちへ自由に移動したため、彼らの多くは他の都市のタクシーダンス・ホールを良く知るようになり、容易にシカゴへの応用を思いつくことが出来たのである。最後に、彼らは皆、ダンスホール・ビジネスでは新参者であり、まだ職業上の地位を獲得していなかった。パブリック・ダンスホールを変形した不確定な形態に思いっきり賭けても、彼らには得るものこそあれ、失うものは何もなかったのである。これらの事業家たちは自分たちを、シカゴや経営の伝統的基準と結び付ける個人的、職業的、文化的絆を持っていなかった。こうしたことから、彼らは人間関係を明瞭かつ客観的に見ることが出来、利益を得る機会のあるものであれば、どのようなタイプの事業にも精力的に立ち向かうことが出来たのである。

これら最初のギリシャ系アメリカ人経営者の何人かが、誠実にチケット制レッスン方式で正統なダンス学校を発展させることに関心を持っていたとしても、ダンスの相手を頻繁に変えることを可能にするシステムそのものは必然的に、真にダンス指導を求める人々よりも、ダンスパートナーを求める人々を惹きつけることとなった。このようにして、最初は「ダンス学校」として企画された新しい事業は、ほとんど目に見えないほどであるが、次第に直接的支持を提供してくれる顧客へと適応していった。当初のプランで考えられていた個人レッスンをする稽古場や段階別クラス編成のような形態は利益の上がらない不要なものとなってしまい、「ダンス学院」と呼びながらも、経営はレッスンの要素を弱めた方式で維持されていったのである。

第三節　パブリック・ダンスホールからタクシーダンス・ホールへの移行

他のダンスホールとの競争において不利な立場にあるパブリック・ダンスホールもまた、タクシーダンス・ホール発展の端緒となった。パブリック・ダンスホールが、恵まれた場所にあって設備の良く整っている他のダンスホールと競争するにはあまりに不利な場所にあることがわかった時、それはダンスホールとして再組織化するか、経営を放棄するかを迫られる。

特にここ十年間、良好なパブリック・ダンスホールの性格や場所に変化があり、古いホールの生存競争は熾烈なものとなった。シカゴでは、ループから各方面に数マイルの地にある「歓楽」街に位置し、男性と女性の両方が顧客となっているパブリック・ダンスホールは、華麗に飾った大きなホールへ向かう傾向が顕著であった。この重要な変化は、それぞれ一九一〇年と二七年のシカゴの営業許可を受けた認可ダンスホールの所在を示している地図三と四にはっきりと見られる。一九一〇年から二七年の間には、小さなダンスホールの多くが減少したのに対して、一方では新しくてとても大きなダンスホールが都市の中心からかなり離れた新しい「歓楽」街に発生していることに気づく。小さくて条件の悪い場所にあるホールが今日競争を強いられている相手は、こうした新しい「百万ドルの」あるいは「驚異の」ダンスホールなのである。

中心部での都市の急速な拡大や隣接する頽廃的地域のさらに外側への拡張にともなって、より中心部に位置したこれら古いホールは、もし生き残ろうとするなら、全く新しい客へ自らを適応させることを絶えず強いられる。これらの変化により、古いホールはさまざまなひいきの客を惹きつけるため、施設の監視や許容される振る舞いの基準を下げるか施設の組織を変えるか、いずれかの方式をとらざるを得ない。

上記の二者択一の選択のうち、前者の例を、ヴィスタ・ダンスホールの歴史のなかに見ることが出来る。それは東四七番通りに立地し、「ブラック・ベルト」（黒人居住区）のちょうど東の遷移地域にあった。青少年保護協会の事例記録には、タクシーダンス・ホールのような別の形態を導入せず、基準を低くすることによって新しい競争に対応しようとする経営努力が示されている。[21] 最も初期の記録には、相当数の客がありながらフォーマルな監視はほとんど行われず、しかもダンスが古風な、小さなパブリック・ダンスホールが示されている。

一九二〇年五月一五日――八時半には約三百人の人々がいた。しかし、一一時には群集の数は最高の五百人にまで増加した。女の子のほとんどは一八歳程度かそれ以上の年齢であった……ダンスはモダン、フォックストロット、ワンステップ、それに二、三人のグループで踊る唯一緩やかなシミーであった。他の多くのダンスホールと比較してダンスはむしろ古風なものであった。ジャズっぽい音楽もそれほどシンコペートしたものではなかった。フロアでの経営者による監視は全く行われていなかった。

その後の六ヶ月の間に客は目立って減少した。一方で、官能的なダンスでは多くの増加が記録された。この状況に対する最初の対応はフォーマルな監視の試みであった。

一九二一年一月一五日――経営者は清廉なダンスをさせるため真摯な努力をしているように見えた。そしてそれは部分的には成功していた。彼らは夜中ずっとフロアの中央を見て回る二人の男を配置した。そして彼らは不道徳な行

地図３

シカゴの営業許可を受けた認可ダンスホールの所在（1910 年）

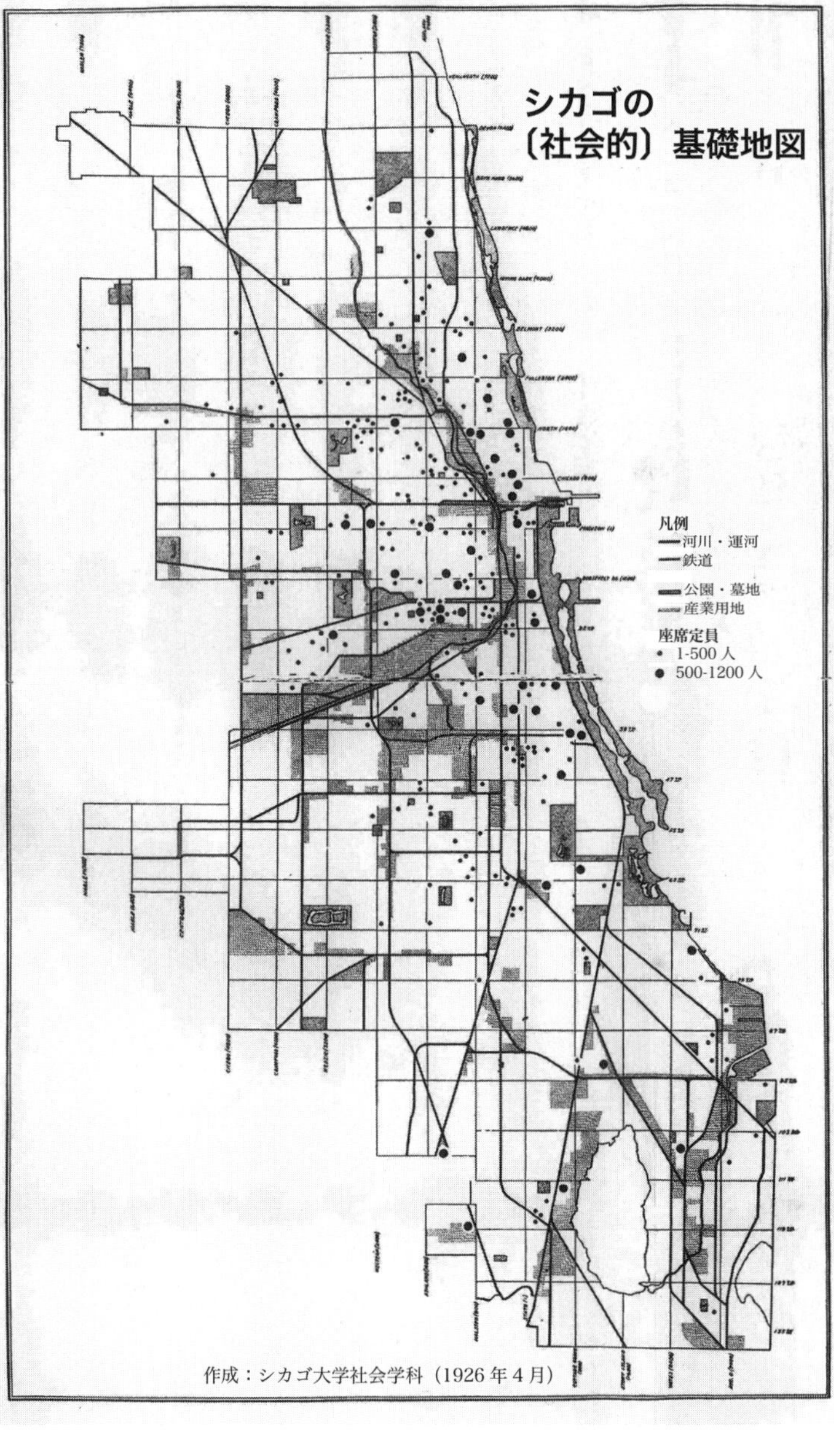

シカゴの
〔社会的〕基礎地図

凡例
河川・運河
鉄道
公園・墓地
産業用地
座席定員
1-500 人
500-1200 人

作成：シカゴ大学社会学科（1926 年４月）

為に即座に目を光らせた。ホールにやって来る多くの人々はより良い階層に属し、そこにはトラブルを起こすような欲望があるとは思われなかった。

しかしながら、状況は改善せず、さまざまな客が目立つようになってきた。さらには淫らなダンスや官能的な音楽が多く報告されるようになってきた。監視は放棄された。そして一週間のうちのある夜には女性の自由な入場を許可するというやり方で、多くの女性客を確保しようとする企てが顕著になった。

一九二一年四月十日――ホールは大変薄暗く、監視は全くなされていなかった。淫らなダンスが多く見られ、休憩中、女の子は男の膝の上に座った。楽団はかなり良かった。いくつかのワルツとツーステップが演奏された。しかし、この音楽に対するダンスはフォックストロットやワンステップが演奏された時と同じように淫らなものであった。経営者は、これからの水曜と木曜の夜は女性に自由に開放することをアナウンスした。

続く三ヶ月、ホールの状況はさらに悪化した。わずかな若い連中が訪れるだけであった。彼らは監視をしようとする如何なる努力にも反発した。今やこの小さなグループ客に依存していることを認識した経営者は、とうとうあらゆる種類の行為を許すこととなった。

一九二一年七月一四日――午後十時半、五十人がビクトローラの音楽で踊っていた。女の子たちはほとんど全員が極端に短いドレスを着て、ストッキングを下に巻き降ろしていた。ダンスはそこで働いている者がどこからでも目撃できる淫らなものとなり、明らかにダンスを統制する努力は一切なされていなかった。我々は、ホールについていくつかの悪い報告を受けていることを経営者に告げた。経営者は、サウス・サイドの他のホールも同じようにするのであれば、喜んでホールを健全なものにしよう、と言った。シミー・ダンスをやめさせようとすれば、いつでも客たちはクリスタルへ行って好きなように踊り、このホールから多くの仲間を連れ去ってしまうだろう、と脅されたことを明らかにした。

このことは、乏しい施設で歓楽街の中心地に近い「ダンス・パレス」と競争している衰退地域の小ダンスホールの窮状をあらわしている。既に損失を出しているホールがまともであろうとすれば、ますます多くの金を失うだけであった。

一九二三年一月八日――午後十時に訪れた。わずかな人々がいた。音楽は良く、ダンスも健全であった。K嬢は、彼らは営業日に毎晩損をしている、と述べた。［一三ブロック離れたところにある新しくてきれいな「ダンス・パレス」の］ミッドウェー・ガーデンが彼らのビジネスを破壊してしまった、と言った。

経営者は今では淫らなダンスを容認するようになった。しかし、彼が言うには、ビジネスの状態は非常に悪く、「そうしたダンスに頼ることも困難」となった。ダンスホールは失敗を重ねた挙げ句に、経営手段を変更し、その建物はついに玉突きプールとビリヤード店に転換されてしまった。

評判の良いダンスホールの衰退サイクルがここに見られる。不利な競争のなかで施設の維持を図るために経営的にさまざまな適応策が講じられる。しかし、最終的にはダンスホールはこれらの目に見えない生態学的な力に屈伏してしまう。そして顧客を満足させるには、立地が適していない他のあらゆる事業に進まざるを得なくなる。

さまざまな顧客を引きつける組織変更をすることがもう一つの手段である。場所はますます不利になっていくにしても、組織変更によりダンスホールは生き残ることが出来るかも知れない。タクシーダンス・ホールはその再組織化の一つの形態である。不利になっていく生態学的変化に対抗して事業を守るには、シカゴでは再組織が効果的であることが証明された。すなわち、新しい状況に対応したこの種の適応は、ウェスタン・アベニューとマディソン・ストリートの交差点といったウェスト・サイドの不利な位置にあるビクトリア・ホールの歴史に示されている。そこは数年間、ダンスの個人レッスンをしながらホールでパブリック・ダンスを経営していたJ・ルイス・ギュオン氏の活動

地図4

シカゴの営業許可を受けた認可ダンスホールの所在（1927年）

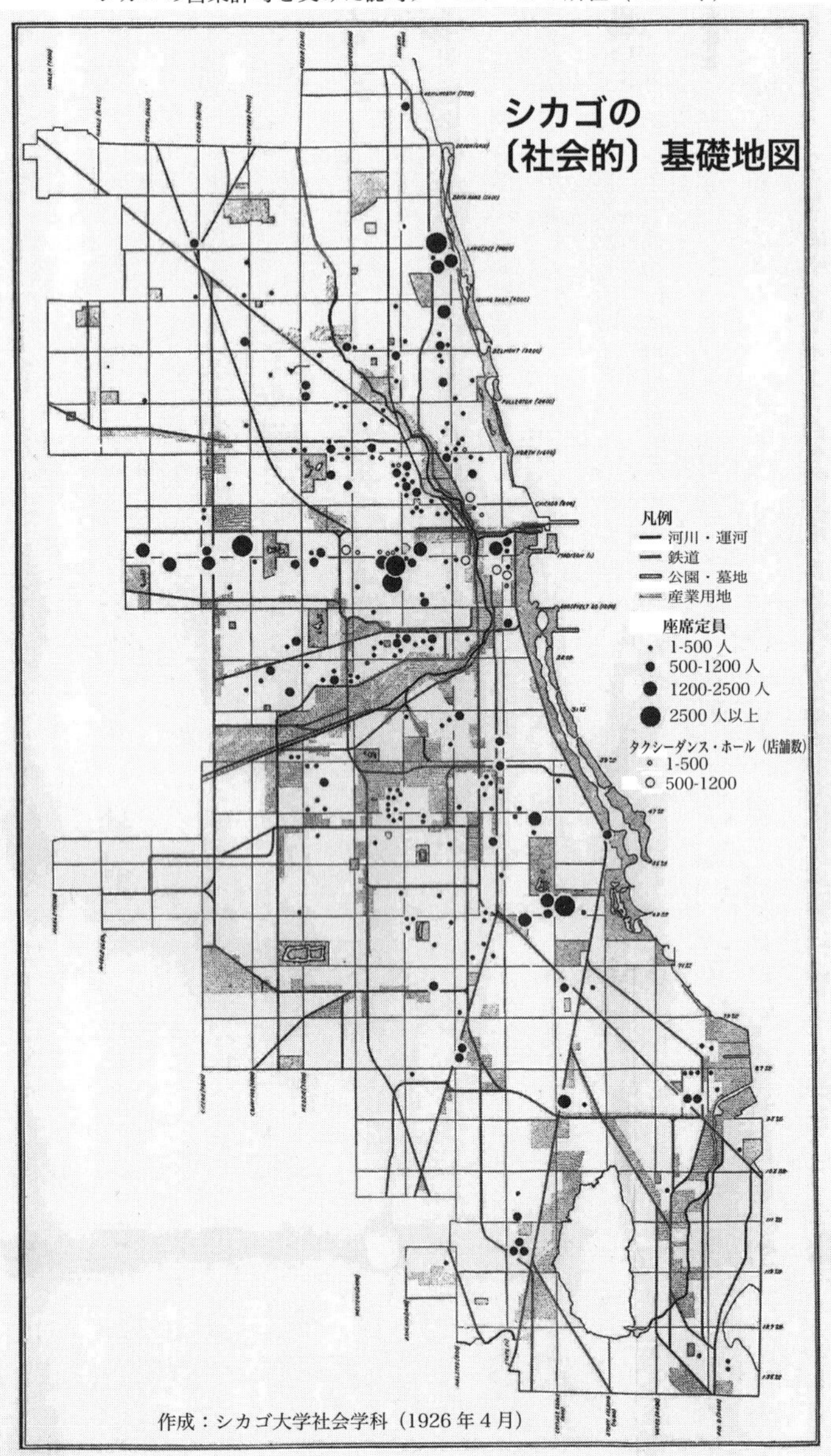

作成：シカゴ大学社会学科（1926年4月）

拠点であった。すぐ近くの近隣住区の性格にもかかわらず、「健全なダンス」を唱導した彼の記録は注目に値するものであった。一九一二年一二月の青少年保護協会の報告は、このパブリック・ダンスホールで強調された礼儀作法を著している。

ここは十分に規制された良好なホールである。ダンス教師のギュオン先生は一晩中フロアにいた。踊っている連中の多くは彼の生徒のようであり、大変上手に踊っている。**男たちは知り合いになっていない女性にダンスの相手を求めるようなことはしなかった。**[22]

急速に衰退する近隣にもかかわらず、ギュオン氏は、彼がこの場所にいる間はずっと水準の高いダンスホールを維持した。彼自身の話は次の通りである。

一九〇九年、まずはビクトリア・ホールでダンスホールの経営を始めた。最初の一週間、私は毎晩一五〇人ものごろつきを追い出した。そして、私がどのようにダンスホールを経営しようとしているかを彼らに知らしめた。しばらくの間は損失を出した。しかし、すぐに品の良い連中が来はじめた。私は十分なダンスレッスンを彼らに提供した。客がビクトリア・ホールには多すぎるようになった一九一四年まで、私はそこにとどまっていた。その後私は下見をして、ドリームランド・ボールルームを借りることにした。私は再び状況をきちんとしたものに改善しなければならなかった。一九一六年、私はパラダイス・ボールルームを建てた。以来ずっとここにいる。[23]

ギュオン氏がビクトリア・ホールを去り、きれいで広いパラダイス・ボールルームに移転した時、数年間彼の客であった多くの人々を引き連れてやって来た。位置的にあまり恵まれていないところにあるビクトリア・ホールはきれいで広いギュオン氏の新しい施設や他の「素晴らしいダンスホール」と、客をめぐって競い合わねばならなかった。

古いビクトリア・ホールは、ギュオン氏が立ち退いた後、何人かの別の経営者の手に渡った。しかし、誰も長く通い続ける客を引きつけることは出来なかった。一時、そこは特別なダンス用に貸し出された。それはいつも、パブリック・ダンスホールとしていつかまた再開されるだろうという期待感を持って貸し出す、という結果に終わってしまった。この経営者の話は、誇りを持たない新しい経営者はパブリック・ダンスホールを設立する能力を持っていないことを示していた。とても魅力的なダンス施設を持った前経営者と競争しなければならなかった時には特にそうであった。一方、十分な若い女性客を確保できない、というハンデを克服するためになされた新しい経営者の熟慮された経営努力は、タクシーダンス・ホールの組織の発達の仕方を図式的に示している。

ギリシャ人が取得するまで、私はずっとビクトリア・ホールを経営してきた。私は週に三晩ほどホールを貸し、それでホールへ来る連中を確保できると見込んだ。それはギュオン氏が彼の大きな施設へ移った後だった。私は料金が安かったので、ホールへやって来る男の子を多く確保した。しかし、若い女性たちは皆、新しい施設へ行きたがった。そこで、私たちは女の子たちが私のところへ来るよう彼女たちの入場料を割り引くことにした。しかし、やって来るのは貧しくて五セントも持っていないように見える女の子たちだけだった。そこで私は思った。ここに来る連中にとって、もっと見かけのいい女性が来るようにしなければならない。そうしなければ、男たちはもう来なくなるだろう。それで私は、女性たちが私の施設にやって来るよう彼女たちに余分に何かを与えることにした。しかし、事はそううまくは運ばなかった。というのは、女の子たちは私のホールへ来る多くの男たちと踊ろうとはしなかったからである。時には女の子たちが男の子たちの代わりに互いに踊ろうとした。

そして最終的にはギリシャ人たちがノース・クラーク・ストリートでやっているように、ダンス一回につき十セントのホール〔＝ダイム・ア・ダンス・ホール〕を始め、女の子には一回につき五セント支払った。私はそれでうまくいくだろうと思った。しかし、賃貸料と女の子と楽団に支払いが出来るほど多くの客は集まらなかった。そして私はとうとう立ち退き、ギリシャ人たちに売却しなければならなかった。以上が、ギリシャ人たちがそこで営業を開始した背景である。(24)

状況が非常に切迫してくると、ダンス施設は組織体制を再生させるか、それとも廃止してしまうのか、いずれかの選択を強いられる。

以上のように、タクシーダンス・ホールの自然史においてその最初の時期には、タクシーダンス・ホールの潜在的顧客に対してダンス施設の三つの異なるタイプの対応があった。極西部地方では、「四九年ダンスホール」あるいは「バーバリーコースト・ダンスホール」が変化する人々の心情に対応し、タクシーダンス・ホールを発展させた。他の地区では本物のダンスホールが、チケット売り場の収益の減少に対応して、ダンス学校の品位を若干は保ちながら徐々にタクシーダンス・ホールへと変化していった。三つ目の適応は、普通のパブリック・ダンスホールが、新しい競争やコミュニティの性格の変化に対応する必要性からタクシーダンス・ホールへ変化したものである。

こうした三つの方向で、[25]これまでパブリック・ダンスの供給が十分になされていなかった人々、すなわち滞在が一時的で、家庭がなく、社会的に孤立した男たちの要求に合わせて、独自の特徴的な構造を持つ新しい施設が生まれた。他の新しい施設の場合と同様に、タクシーダンス・ホールは世論の起こり得る反応に順応し、施設の顧客のさまざまな集団へ自ら適応することを強いられて発生したものである。

第九章　タクシーダンス・ホールの大衆への対応

シカゴに最初のタクシーダンス・ホールが設立された後[26]、洞察力のある経営者はすぐに、施設の直面している大きな問題が周囲の多くの大衆との関係であることを認識した。それはまだ不完全な理解であったが、とても重要であることを彼らは察知していた。こうしてタクシーダンス・ホールの自然史の第二段階、すなわち、施設としての自覚の時期が生じた。この間、それは看板のみならず実際にもダンス学校であるという主張を強調することにより、タクシーダンス・ホールに少なくとも見せかけの信用を与えようと、多くの努力がなされた。ダンスチケットの印刷のような些細なことにさえ、一部の用心深い経営者は彼らのダンス学校の主張と一貫性を保たせようと努めた。

私は当初から、他の連中が私と同じようにチケット制レッスン方式によるダンス学校の経営を始めると、そのうちの何人かはいい加減になり、その結果、我々全員が悪い評価を受けてしまうことになるのを恐れていた。いったん事が始まってしまうとその流れを止める人間が一人もいなければ、全員がその流れに押し流されてしまう、という状況を私は既に目にしていた。新しい経営者の一人が自分の方式を変更しようとした。このことに私は責任を感じた。彼はチケットに「ダンスチケット一枚、十セント」と印刷したが、私は彼に「一レッスン、十セント」とすべきだと言った[27]。

大衆や役人、その他のあらゆる取締機関に対して、彼ら自身や彼らの施設を如何に十全に説明し、そのためにどのような努力をするかは、その間における指導的経営者の主要な関心事であった。

シカゴのタクシーダンス・ホール経営の初期の開拓者が即座に直面した問題は、頼りになる顧客を確保し、維持することであった。ギリシャ生まれ、ポーランド生まれ、イタリア生まれのこれまでの人々は問題なく認められたが、かなりの数に上るフィリピン人の受け入れは大きな問題となった。シカゴの常設タクシーダンス・ホールへフィリピン人を最初に受け入れることになったのは、一つには経営者の一人があるフィリピン人と知り合いであり、フィリピン人の若者の関心や好みを知っていたことによる。

私がまだデトロイトに住んでいた時、はじめてフィリピン人と知り合いになった。しばらくの間、我々が住んでいたところには、二人のフィリピン人が住んでいる部屋があった。そして私は、彼らがいい連中であることを知った。彼らの多くは大学生だったのだ。私は仲間の友人に彼らを我々のダンス学校へ来させるようにすべきだと言った。しかし、友人はそうすることを望まなかった。私は彼らのためにその友人と言い争い、フィリピン人はおとなしくていい奴だ、彼らはダンスをしたがっているし、多くの金を使うだろうと言った。しかし、我々はBダンス学校を開店する前に、フィリピン人を入れることについて何人かの市会議員に会いに行った。そして、市会議員たちは確実に事が運ぶようにするため、X氏[28]のところにまで行ったのである。[29]

フィリピン人客を特に勧誘するのは、シカゴのタクシーダンス・ホール史上の初期段階において、シカゴが抱える特有の問題であると考えられるかも知れない。しかし、足場を築くための生存競争のなかで、いくつかの新しい施設がフィリピン人顧客を求めることは不可避なことであった。

しかしながら、タクシーダンス・ホールが頼りになる顧客を維持するためには、出来るかぎり完璧に顧客自身の好みに合わせなければならないということは認識されていた。特に考慮されたのは顧客が求める最も魅力的な女の子を確保することであった。

このダンス学校経営にとって大きな困難は、男たちにとって申し分のない女の子を確保することであった。若い男たちが望む女の子を確保すれば、若い男たちを確保できる。それが私の考えだ。男たちが一緒に踊るためにお金を払おうと思うタイプの女の子を獲得しなければならない。さもなければ一人の客も持てないだろう。女の子がここで成功するには可愛くて若くて容姿端麗でなければならない。彼女はさまざまなあらゆる種類のダンスが出来なければならないし、誰にでもついていけなければならない。さらに、男が自分と踊っている間は、いい時間を過ごしているとその男に思わせる術を知っていなければならない。しかも、彼女はいい評判を得なければならない。一度この商売で女の子に悪い評判が立ったら、早く辞めさせるべきである。そうしなければ、彼女はたちまちダンス学校の評判を落としてしまうだろう。(30)

シカゴのこの時期においては、たとえプライベートで多少の欠点があっても、タクシーダンス・ホールにとって最も価値のある若い女性は、客から好意を集め、「良い評判を得る」女性である、と一般に信じられていた。

同時に、あまりに若い女の子は商売のための客寄せには望ましいとしても、彼女たちの雇用には多くの危険がともなっているため、上手な経営のやり方とは考えられない、ということが共通の信念となった。

一六歳以下の女の子を雇うことについてはあまりにも多くの危険がともなう。彼女たちに偽の就業書［証明書］をつくったことがわかると、「ひどい目に遭う」ことが多い。たとえ、でっち上げの書類でなんとかうまく逃れることが出来たとしても、それは引き合わない。若い少女たちのほとんどはこれまで経験を積んでいない。そして収入が少ないと途端に荒れ狂う。彼女たちは、たちまちホールをトラブルに巻き込んでしまうのだ。(31)

たとえ法律を「逃れる」のに十分な年齢を経ていたとしても、最も望ましい女の子は小柄で若いというだけでなく、どんな時でも思慮深いと確信できる子である。

経営においてはホールに関係する顧客やタクシーダンサーの付随的な活動によって、個々の施設が世間の悪評を買ったり、法の落とし穴に入り込んだりしないように常に注意していなければならない。もし事業が、経済的にほとんど利益を上げていなかったならば、そうした活動が徹底的に詮索されてしまう。施設に関係を持った人々の忌まわしい法廷記録はホールが閉鎖されることを望む人々に対してさらなる証拠を提供するとともに、政治家や警察が高い「保護」料金を取り立てる口実を提供してしまう。

「うまく」やらないと損をしてしまう。その場所が「シミー・ダンス」のいかがわしい店として評判になると、多くの利益を得ることが出来ると思われるかも知れない。しかし、そうはいかない。なぜなら、遠からず悪徳政治家と役人がやって来て利益を奪い取ってしまい、経営者は元の状態に戻ってしまうからである……ホールの女の子が少年裁判所の記録にその名前が挙がるようなことにでもなれば、彼女は簡単にホールを去っていく。そして、再び開店できるようになるまでには多くの負担を背負わなければならない。悪徳政治家と役人が不正を見つけると、ホールの経営者は「利用され」、さらに多くの金を要求されるのである。(32)

慣習的なダンス基準からの甚だしい逸脱を「保護」することによる途方もない代価は、違反により閉鎖されてしまうという恐れ以上の不利益をもたらしてしまうと思われた。こうしたことから、ホール内やホール付近で観察されるタクシーダンサーの行為は、つまらない収賄システムの影響下にありながらも、一時期はパブリック・ダンスホールの慣習的な基準の範囲内に保たれていた。

定式化された基準に合わせるためにダンスホール経営者が最初にとった公序良俗対策の一つは、ホールにおける行為の監督に関するものであった。特にこのことと密接に関係したのはタクシーダンサーの雇用と監督である。シカゴの初期経営者たちは、彼女たちの監督に関する重要な問題について節度を保っていることを示す、あらゆる証拠を保持したいと願っていた。

このホールに関して受けた最初の訴えとは反対に、一九二一年五月一二日の青少年保護協会の記録は、経営者の一部がそれまでに広く普及していたダンス基準に適合させることを求めていた。経営者は、役人にアイオワ州のスー市で使用されているものと同じダンスホール規制を施せるよう保証して欲しいと求めた。自分はいつも監督するつもりだと言った。発展過程では他の方策も存在していた。彼は客とデートをしたり、客に名前や住所を教えたりした女の子を解雇できる規則や、どんな状況のもとでも閉店時間までホールから出ることは許されない規則をつくるつもりだと言った。[33]

結果として、タクシーダンサーの監督や雇用に関するタクシーダンス・ホールの方策はいっそう厳格なものになった。

男たちは閉店時間に階段の下に群がることは許されない。女の子たちもたとえ夫や兄弟だと判明しても階段の上がり口のある通りで男たちと会うことは許されなかった。その結果、彼らは近くの街角やレストランのような既存の待ち合わせ場所で会うことを強いられたのである。経営者はホールの悪い評判が立ってしまうので、そうせざるを得ないのだと言う。女の子たちは規則に従っていないところを発見されると解雇されてしまうのでは、と怯えている。

経営者たちは応募者と個人面談し、女の子が年齢に達していること、自分自身や生計手段について嘘をついていないこと、家出少女でないことを確認できるまでは採用しない、と述べている。多くの場合、疑わしい時には洗礼証明書か就業証明書を要求する。経営者は、氏名、年齢、住所、雇用期間など女の子たちに関する完全な記録を保存している。[34]

こうした厳しい監督はタクシーダンス・ホールの歴史の初期段階から始まり、この業界のすべての先駆的な経営者たちによって維持されてきた。監督は、ホールで指名を受けていない〔手持ちぶさたの〕タクシーダンサーが休憩している場所や、見込みのある顧客に対するタクシーダンサーの行為、客とタクシーダンサーの双方のダンスのあり方というような事柄にまで及んでいた。

ホールBでのダンスはとても厳しく監視されていた。四六時中フロアで忙しくしていた特別保安官のバッジをつけたがっしりしたギリシャ人がいた。彼は問題のあるダンスに目を光らせ、喧嘩を始めそうな少年たちを頻繁に「追い出して」いた。チケット売り場の男はチケットを売るだけでなく、フロアの振る舞いをも監視していた。彼は私がこれまで見たなかでは誰よりもはやくチケット詐欺師を見抜くことが出来た。踊っていない女の子は部屋の一つのコーナーにだけ立っておくように命じられた。彼女たちはその間ずっと座ることが出来なかった。もし、休みたいなら彼女たちは休憩室へ行かなければならなかった。女の子たちが踊っている時以外に若い男たちと会話することも許されなかった。時々彼女たちはほんの些細なルール違反で解雇されてしまった。(35)

良く監督された施設にすることによる経済的利益に加えて、(36)顧客とデートをしたり話をしたりするタクシーダンサーの自由に対するやや専横的な規制が経営者に別の利益をもたらしている、ということは十分にあり得ることである。もちろんそうした規制は、「信用に値するものである」ために施設にさらなる要求をもたらしているが、規制していなければホールが責任をとらなければならないかも知れない、よくある非行に対する非難から施設を守ることに幾分とも役立っている。さらに、これらの諸規制は、時には経営者にさらなる経済的恩恵をもたらすと考えられた。シカゴのタクシーダンス・ホールの発展に密接に関わった男は、初期の競争者を次のように評している。

あなたが彼に会いに行った時、彼はあなたに女の子たちに関する彼の厳格な規則について語るでしょう。まさにその通りであり、それらの規則は実に厳しい。もし彼が女の子たちの一人が男たちと外出するのを発見したとすれは、彼はたとえそれが何も悪いことではないと思ったとしても、ただちに彼女をお払い箱にしてしまう。彼は、そこはダンス学校であり、結婚紹介所ではないと言う。しかし、それだけのことではない。彼は、彼のホールへ来る男たちは遊ぶのに多くのお金を持って来ており、もし彼がダンス学校の外で女の子に金を使うとすれば、女の子が金を喰ってしまい、その分だけ学校の収益が減ってしまう、ということを計算しているのである。[37]

ダンスホール経営者たちが早くから接触してきた政治家や警察に対しては、ある程度定まった方策が取られるようになってきたと思われる。政治家は明らかに「友人」とみなされていた。遂行すべき方策について疑問が生じたり、力を借りる必要が生じたりした時には、彼らのところへ出かけて行った。ある者は政治家を「[警察]署でコネを得る」ために必要な援助者とみなしている。また、ある者は自分たちのダンスホール経営のために直接の援助を求めて政治家のところへ行った。しかし、こうした実際の行動によっても、また教訓によっても、ダンスホール経営の非常に重要な側面は政治的影響力を獲得することである、ということは理解されていた。

このビジネスを始めると、確かに多くのコネが出来るようになる。このビジネスに対して法律はかなり厳しい。もし、法律を破ることになると真の友人を持つ必要が生じる。これこそ私がここで成功した理由である。ここへ来た時に私が最初にしたことは、政治家と親密になることであった。十分親密になったと思った時、私ははじめてホールを借りに行った。[38]

概して、経営者たちが警察官を政治家と同じような感覚で「友人」とみなしているとも思えないし、彼らが警察官に対して政治家の友人に抱いているのと同じ信頼感を持っているとも思えない。しかし、彼らは警察官を、付き合わなければならない権力保持者であると認識しており、友好的なもてなしがしばしば行われた。

我々は警察官に多くのお金を定期的に支払ったりすることはなかった。しかし、私のパートナーのジョンは、クリスマスプレゼントとして警部に二五ドル、各パトロール警官に五ドル提供した。もし彼が警察に何か特別の用件を申請しなければならない時には、やって来る警察官一人ひとりに五ドル支払っただろう。以来、クリスマスに我々はしばしば各警察官に葉巻のケース箱を提供した。そして、巡回して来た警察官や刑事をもてなすのに葉巻のケース箱をいつも見えないように用意していた。ジョンは警察官やその子どもの誕生日を書き込んだ小さな冊子を持っていた。そして、ジョンは忘れずに彼らに誕生日プレゼントを贈った。(39)

その時々に警察官に支払われたと報告されている金額の総額は、「もてなし」という用語を正当化するものである。この「もてなし」という用語は金銭の贈与をあらわすため経営者によってしばしば用いられていた。

ソーシャルワーカーは、○○ダンス学校で雇われた男のうちの一人が、経営者たちに二百ドルから三百ドルを××警察署へ支払っており、彼らが青少年保護協会を恐れるようなことは全くなかった、と述べたことを報告している。彼女が話した警察官もまた、経営者たちが××警察署から保護を受けていること、万事うまくいっていることを確かめに頻繁に来るように自分も言われたことをX嬢に語っている。警部や巡査部長もまた頻繁に通っている。(40)

他の手段では「まともである証明」を得ることが出来ないという気持ちからにしろ、特別な恩恵を得る欲望からにしろ、経営者はビジネスをやっていくための不可欠な手段として、定期的な「もてなし」を受け入れていたものと思われる。

経営者にとって社会改良家や民間の取締機関は、政治家や多くの警察官よりも頼りにならない存在であった。しかし、最初は警察と同じやり方で民間の社会的保護機関をもてなす傾向にあった。

ある夜、私は△△ダンス学校を訪ね、二世経営者のO・D氏に会った。彼の監督や施設に欠陥を見出すことは全くなかった。そして、ほとんどの時間、彼を褒めるのに費やした。私はほんのしばらくの間そこにいたにすぎない。私が去る時、彼は私を呼び戻し、十ドルの札束を私の手に置いた。私は驚いて手をはね除けたため、お札が床に落ちてしまった。それから私はお金を受け取れないことを説明した。彼は私がお金を受け取ろうとしなかったため当惑しきっているように見えた。そしてお金を持ったまま階段までついてきた。私が何故お金を受け取らなかったのか、その理由を彼は本当に理解できないままであったと今も私は思っている。[41]

しかし、経営者はこのアプローチ法を長くは続けなかった。経営者たちは、社会的保護機関の態度や理念、とりわけ彼らが主に接触していた青少年保護協会の態度や理念はとても理解できないことがわかったため、一時期あらゆる改革の努力に抵抗した。青少年保護協会は「全米ボールルーム経営者協会」[42]の育成を通して、都市の「ダンス・パレス」の監督を行うことに十分な成功を収めたため、タクシーダンス・ホールにおいても同様な状況を確立しようとした。これに対する経営者の最初の反応は怒りと敵意の感情であった。

青少年〔保護〕協会のM女史に二度目に会ったのは、私の新しいホールが開店した後であった。彼女がある日やって来て私のホールについていくつかの苦情を言い、私のホール経営を援助する「賢明な女性」を雇うべきだと言った。私は、まだ十分な資金を貯めていない、もう少し経てば出来るでしょうと言った。そしてそのためにどれくらいの費用がかかるのかを尋ねた。彼女は「一晩につき五ドル」と言った。私はとても出せないと言った……

しかし、私は彼女に、それについて考えてみましょう、もう少し経営状態が良くなればきっと何か出来るでしょう、と告げた。そして二、三週間は彼女を見かけることがなかった。私のホールへ来る何人かの女の子や男たちと話し、彼らにこの学校を経営するために女性が来ることを望むかどうか聞いてみた。男たちは「とんでもない！」と答えた。彼らはそういう女性を望んでいない。女の子たちも同様に、「とんでもない！」と答えた。彼女たちもまたそういう女性を望んでいなかった。とすれば、何のために私はその女性を雇用しなければならないのだろうか。

ある夜、M女史がまたやって来た。そしてまるでホールを所有しているかのように歩き回り、すぐに女性を雇うべきだと言った。しかし、私はそんな余裕はないと明言した。それから彼女は歩いて行き、二人連れの女の子のそばに座った。そして彼女たちに、何故「ちゃんとした職」に就き「日中に働か」ないのか、といったようなことを尋ねた。彼女は女の子たち全員を脅した。翌日三人の女の子が辞めてしまった。彼女〔M女史〕の振る舞いに私は怒った。とうとう私は彼女のところへ行き、「Mさん、あなたには二度と会いたくない。もう来ないで欲しい」と言った。彼女は、私がその類の女性を雇わないのであれば、閉店してしまうように、と言った。しかし私は、自分が警部［その地区の警察署の警部］と親しいので、彼女が本当にそうするつもりのないことは分かっていた。(43)

こうした個人的な憎悪は明白な対立状態に陥らせることになった。しかし、それにもかかわらず根底には、利益をめぐって解決できない根本的な対立が存在している、という気持ちがあった。

しかしながらこの時期、経営者の方針を、青少年保護協会によって支援されたプログラムと合体させるようなやり方で修正する経営者の一つの努力があった。協会によって選考され、経営者によって給与が支払われるという方法で、熟年婦人が土曜日と日曜日の夜にタクシーダンス・ホールに雇われた。この試みは青少年保護協会の資料に次のように記録されている。

パーク・ダンス学院を訪問することになり、八時に着いた。職員がチェックルームに入った時、女の子たちは服を脱いでいた……彼女たちに、我々は二人の女の子が逮捕されたので調査するよう頼まれていることや、二人を助けたいと思っていることを話した。そして女の子たちを守るために、ここに優秀な女性を雇うことについて彼女たちの考えを尋ねた。女の子たちは皆、それは行うに値する大変良いことだと思う、と言った。また、彼女たちは、二人の女の子がフィリピン人の少年たちに自分たちを連れ出すよう依頼したことや、少年たちにはその女の子たちほど責任はないことなどを話した。経営者と話し、女の子たちを守るために出来るだけのことをしても状態が改善されないのであれば、閉店すべきだと話した……経営者は、女の子たちのみならず自分自身を守るために、喜んで女性の管理者を雇いましょう、と言った。また、彼は、自分は家族のいる既婚者であり、品位のあるホール経営をすることを願っているとも言った。(44)

こうした経営者の了解のもとに、少年裁判所事務官のC女史が土曜日と日曜日の夜にこのホールに配属され、彼女の給与は経営者によって支払われることとなった。その後すぐにC女史は、別の理由で他に移され、D女史が彼女の後を継ぐこととなった。D女史は経営者と合わないことがすぐに分かり、三人目の女性が送られた。

D氏［経営者］は、D女史が嫌いだったので、C女史が戻ってくるか、別の女性管理者を送ってもらえればうれしいと言った。D女史は熱心であったが、人種の混合に対して次第に憤慨するようになり、多くの女性たちにそこで働くのをやめるように進言した。我々は経営者に別の女性を手配できることを伝え、その後E女史に電話した。彼女は次の土曜の夜から仕事に就くことを承諾した。(45)

しかし、E女史もとても満足できる人ではなかった。彼女は数ヶ月間勤めた。が、女の子たちを管理するのが段々と難しくなり、とうとう辞めてしまった。経営者は女性監督者にすっかり嫌気がさし、以前のやり方に逆戻りしてしまった。だが、過去五年間この施設では、利害が対立するあらゆる状況に対して十分な監督が緊急に必要とされた際には、ダンス教師として専門的な訓練を受けた女性がいつもうまく対応してきた。

タクシーダンス・ホール史上におけるこの第二段階を通して、ダンスホールの世界の外側に位置する多数の「大衆」に対して、タクシーダンス・ホールを正当化しようとする試みは存在しなかった。この未知で不確かな「大衆」に対する特徴的な態度が発達し、次第にそれはタクシーダンス・ホールの規範の一部となった。(46)「大衆」は恐れられるべき存在であり、彼らとの直接の対立はどうあっても避けるべきであった。対立が起こりそうな状況になった時、慎重さは優れた勇気の一部である、と実利を重視する経営者たちによって認められていた。慎重さは、少なくとも活動のすべての外的証拠を慣習的な礼儀作法の範囲内に十分にとどめておくことを必要としている。そして、緊迫した状況や緊張状態が生じた時には、経営者たちは援助や安心感、すなわち彼らにとって味方であり敵でもある警察からの「保護」を必要とした。

しかし、「大衆」は客観的に捉えられるものでは決してなかった。少なくとも一部の初期経営者たちにとっては、「大衆」は大勢の弾圧者であり、常に「警戒」を怠ることがない存在であった。

求人広告によって女の子を獲得しようとする試みはとても引き合わないですよ……大きな難点は、求人広告は女の子たちを集めず、代わりに調査員を集めてしまうことです。我々のところには既に多すぎるほどの調査員が来ているのです！　もし、調査員が「怒りっぽい」女性でないとすれば、神学校からでもやって来た相当の「変わり者」です。私自身は女の子の求人広告を出さなかったのでそんなに多くの困難に遭ったことはないですが、求人広告を出し六人の調査員と一人の女の子が来た、という話を友人から聞いたことがあります。[47]

社会に対する客観的な見方が欠如していたため、「大衆」をめぐる経営者の困難は、新聞のありふれた「ステレオタイプ」[48]的な用語により、対立状態を個人的次元の問題に帰する形で説明されてきた。初期のダンスホール経営者の多くが最近の移住者であり、彼らは「大衆」を「禁酒法賛成論者」、「聖職者」、「伝道者」、「ピューリタン」、「女性改良家」といった用語で考えるようになった。しかし、これらは経営者たちが重要な接触を持つようになった数多のアメリカの大衆のうちの一部にすぎない。

「宗教的狂信」や「偽善」がしっかりと居座っていると思われたため、経営者の出来る唯一の適応の仕方は、出来るだけ最良の方法で現在の改良家から自分自身を守ることであった。特に彼の店のあらゆる人目を引く振る舞いは受け入れられている品行方正の規範に従っていることを主張することによって、不定期の訪問者や調査員の好ましくない報告から、彼の店を守ることが特に必要であると思われた。同時に彼らは、ともかく慣習への従順を求める大衆を満足させる試みと、うっとうしい品行方正さよりもしばしばお金を払って他の何かを期待する客とを、ともに満足させようとする二重のジレンマの間で絶えず引き裂かれていた。[49]結果として経営者は「ジキルとハイド」のような〔二重人格の〕存在に陥ってしまった。すなわち、詮索好きの訪問者が何かを発見するかもしれないという恐怖感と客が楽しい時間を過ごしただろうかという心配が、常に〔彼らの心の中には〕存在していたのである。

経営者は彼のダンスホールの世界の外側の多くの大衆が、彼の経営に関心を持つようになりはしないかといつも気を使っている。一九二五年夏の筆者の経験はこの態度を反映している。

フィロクレイツ氏は彼のビジネスについて多くを語ろうとはしなかった。再び彼は、何故私が情報を欲しがっているのかを尋ねた。そして私は再度、菓子屋やドラッグストアのビジネスを研究するのと同じやり方でこのビジネスの研究をしていることや、大学での私の研究の一部としていることを説明してみた。彼は私がその情報を何に利用するのかを知りたがった。私は彼に、それはまとめあげられ、大学図書館に置かれるだろうと言った。彼は「それでは書物にするつもりか」と尋ねた。彼の心配を和らげようと、書物にするほどのものとは思っていないが、雑誌〔専門雑誌〕に掲載する記事のようなものになるでしょうと説明した。「それはなおさらまずい」と彼は即座に答えた。「本なら誰も読まないが、雑誌〔大衆雑誌〕なら読むでしょう」と。[50]

すくなくとも当面の間、経営者は宣伝を控え、公的に「ダンス学校」という虚構の形を保持するよう努めることによって、彼らの問題を解決しようとした。こうした策略を通じて、慣習尊重の纏を被った偽装者は、その活動において、かつて本物のダンス学校で許容されてきたものよりも、胡散臭くて雑多なものを拡張することが可能となった。そして、誇り高くて若い東洋人と「裏長屋」からやってきたポーランド娘、中年のスラブ系移民とミネソタ州の農場からやって来た家出少女、老人と浮ついたフラッパーといった混合した組み合わせにも、世間の注目のなか、まことしやかな説明がなされてきた。こうしたやり方で施設は、世間からの頻繁な侵入者や疑念から身を守り、外からの妨害を最小限に食い止めることによって、その機能と構造や規範と方針を発展させることが可能となったのである。

第十章　タクシーダンス・ホール間の競争・対立・専門分化

タクシーダンス・ホールの経営者が、顧客、政治家、警察、その他の取締機関、一般市民の反応に主な関心を向けるようになったと見られる時期から、この施設の自然史の第三段階が始まった。そこでは熾烈な競争や専門分化、その他の適応のあり方が経営者の主要な関心事であった。この冷酷なまでの競争の時代は、顧客やタクシーダンサーのダンスホールからダンスホールへの移動の増大や、すべてのダンスホールが生き残ることは出来ないという経営者側の一般的認識によってもたらされたものである。当時ダンスホールで流行していた方策や実践では、すべてのホールが十分な顧客を確保できず、競争の果てに既存の施設間で生き残りを賭けた激しい闘争が避けられないことは明らかであった。二、三人の経営者以外の経営者はすべて同じ国の出身、すなわちギリシャ系アメリカ人だったからといって、彼らの競合を抑制する要因としては充分ではなかったようである。さらに最近では、苦闘への順応の結果として、タクシーダンス・ホール業界では、その機能や顧客の専門分化への強い傾向が見られる。こうした展開の全容は出来事そのものを回顧することによって最も明らかとなる。

一九二三年以前においては、シカゴで十分定着し利益を上げていたタクシーダンス・ホールはわずかに二つしかなかった。その一つがアテネ・ダンス学院である。(51) このタクシーダンス・ホールはシカゴで最初に成功したものであり、後にノース・クラーク・ストリート一三二一番地に移転した。もう一つはロービー・ストリートとノース・アベニューの交差点近くにあるアメリカン・ダンス学校である。アテネ・ダンス学院は、最初はウェスト・マディソン・ストリートに沿ったホーボーたちの「メイン・ステム」(52) にあるヘイマーケット・バーレスク・シアタービルの小さな部屋に設立された。最初の経営者であるニコラス・フィロクレイツ氏がそこにいたのはごくわずかな期間である。彼のホールはメサーズ・フィリップとジェームズ・メネストラトスへ売却されたと報告されている。[53] フィロクレイツ氏は、「暗黒街の中心地」[54] であるノース・クラーク・ストリートの新しい場所でアテネ・ダンス学院を経営し続けた。一方、賃貸契約が終了するや否や、メネストラトスの関心は、ノース・ウェスト・サイドの巨大なポーランド人居住地の新しい地区へ移り、そこでアメリカン・ダンス学校を設立した。

同じ頃、他にも多くのタクシーダンス・ホールが開店したが、ほんの数ヶ月しかもたなかった。この時期に設立されたホールの失敗率はきわめて高いものであった。ループにあるマソニック・テンプル・ビルの有名なコロニアル・ダンス学院[55]は、ダンス学校からタクシーダンス・ホールに移行した施設として、一九二一年には特に目立っていた。そこもタクシーダンス・ホールとして経営する男に売られた。彼は、一レッスン十セント・チケット方式と客がダンスパートナーを頻繁に選びなおすことの出来る交替システムを組み合わせた。しかし、このダンスホールもごく短期間しかもたなかった。他の多くのホールもまた散発的に成長しては、すぐに消滅してしまった。短期間存在していたもののなかで記録のある最初のタクシーダンス・ホールは、アポロン・ダンスクラブ[56]と呼ばれたギリシャ人専用の「会員制ダンスクラブ」であった。それはニア・ウェスト・サイドのギリシャ人コロニーのハルハウス近くに位置していた。このタクシーダンス・ホールは、付近のギリシャ移民のホームレスにダンスの機会を提供していた。アポロンは、フィロクレイツ氏のアテネ・ダンス学院より数ヶ月先だって一九二一年の早春に開店したが、翌年の二月に閉店するまでずっと目立たない存在[57]であった。アポロンの開店からわずか二ヶ月後、ニューイングランド・ダンス・スタジオ[58]が、ハルハウスとアテネ・ダンス学院との間の通りのハルステッド・ストリートに開店した。その頃、アテネ・ダンス学院もマディソン・ストリートの「ホボヘミア」[59]で開店したばかりであった。ニューイングランド・ダンス・スタジオもギリシャ系アメリカ人によって経営されていたが、わずか二、三ヶ月しかもたず、閉店してしまった。そして翌年、新しい経営体制のもとでラ・グロリア・ダンス学校という店名で再び開店した。そのラ・グロリア・ダンス学校もわずか一冬の間続いただけであった。

一九二三年春、この頃シカゴのダンスホール経営者の間には最初の意識的な競争が見られた。この時期以前は地域環境の他の要素をめぐって生存競争が繰り広げられていた。これら初期のタクシーダンス・ホールは、それがたまたま立地した近隣からもっぱら顧客を確保していた。しかし、一九二三年の春頃になると、顧客がそこから来ることを期待される地域では、競合する区域内にいくつかのホールが設立される可能性があることがはっきりと認識されるようになった。経営者たちはそれにより競争が激化することをすぐに読み取ったのである。

こうした最初の傾向は、ノース・ウェスト・サイドのポーランド人地区の「歓楽街」でのマジェスティック・ダンス学校の設立であったと言えよう。それは既にあったアメリカン・ダンス学校から数ブロックしか離れていなかった。しかし、このマジェスティック・ダンス学校はうまくいかず、この「学校」は、まさにアメリカの流儀にしたがって夏休みの間は閉店してしまっていた。しかし、一九二三年秋にホールは再び開店し、新たにニュー・マジェスティック・ダンス学校と名づけられた。この時、アテネ・ダンス学院を創設したニコラス・フィロクレイツ氏もニュー・マジェスティック・ダンス学校に彼の権利を売り、その後まもなくロウア・ノース・コミュニティの北西部のはずれにロイヤル・ダンス学校を設立した。変わったのはこれらだけではなかった。アテネ・ダンス学院から数ブロック南に下ったシカゴのノース・サイドの暗黒街中心部に、アートパレス・ダンス学院とアポロ・ダンス学校の二つのホールが進出した。ループにはアップ・クラウド・クラブ——実際にはタクシーダンス・ホール——が市役所広場ビルの二一階に開店した。

続く二年間、このビジネスは一貫して拡張傾向を示した。失敗したホールは一つだけであり、少なくとも三つの新しい施設が出現した。ループにはランドルフ・ストリートの古いビルの三階にラ・マルセイユ・ダンス学院が開店した。二つのホールが「ホボヘミア」のちょうど西側地区のマディソン・ストリートに沿って設立された。この時期、マディソン・ストリートとウェスタン・アベニューの交差点に位置する古いビクトリア・ホールを、最初は従来型のダンスホールとして、後にはタクシーダンス・ホールとして再開させる試みがなされた。しかし、この試みはうまくいかなかった[60]。また、かつてノース・ウェスト・サイドのポーランド人地区でアメリカン・ダンス学校を経営していたフィリップ・メネストラトスは南方面に移動し、ビクトリア・ホールを手に入れた。ここで彼は彼の二番目のタクシーダンス・ホールであるニュー・アメリカン・ダンス学校を開店した。このニュー・アメリカン・ダンス学校はたちまち大きな利益をもたらす事業となった。彼の古いホールであるアメリカン・ダンス学校の経営も続けられた。

一九二五年から二六年の秋から冬にかけて、ニア・ウェスト・サイドのマディソン・ストリートに沿って、いくつかの競合するタクシーダンス・ホールが設立された。これとともに施設や経営者の間で、激しく厳しい競争の時代が始まったと言える。アッシュランド・アベニューとマディソン・ストリートの交差点に立地しているアッシュランド・ダンス学校の経営者であるジェームズ・ピタコス氏は、マディソン・ストリートから六ブロック西方にある新しい二階建てビルの二階にマディソン・ダンス学校を設立するため、ウィリアム・アゴラトスとジョージ・アンドラダモスの二人の同国人と手を組んだ。マディソン・ダンス学校は一九二五年初秋に開店し、すぐに固定客をつかんだ。メネストラトスの関係者は、マディソンに負けないよう、そのちょうど東側に競合するホールを設立することにより、新しい事業を抑え込んでしまおうと努めた。このようにして、ニュー・アメリカン・ダンス学校の二号店がマディソン・ストリートとロービー・ストリートの交差点近くのルイス・インスティテュートの真向かいに出現した。メネストラトスの二つのニュー・アメリカン・ダンス学校と、それらの中間地点に位置するマディソン・ダンス学校との間で後先を考えない競争が続いた。

一九二六年夏、マディソンの経営者の一人であるアゴラトス氏が、西方にあるメネストラトスのニュー・アメリカンよりもさらに西へ数ブロック行ったところにある、サクラメント・ブールバードとマディソン・ストリートの交差点に、サクラメント・ダンス学院という別のタクシーダンス・ホールを設立し、激しい競争時代は頂点に達した。一時期、マディソン・ストリートの一地区には五つものタクシーダンス・ホールが軒を連ねた。アッシュランドとサクラメントは固定客の欠如によりまもなく閉店し、マディソンも元タクシーダンサーが少年裁判所へ提供した罪を立証する証拠により、警察署長命令によって一九二六年八月に閉店した。[61] ピタコスとアゴラトスとアンドラダモスの連携は崩壊し、マディソン・ストリートでは、メネストラトスの関連店舗が一九二六年から二七年の秋と冬にかけて君臨した。

ウェスト・マディソン・ストリートに沿った激しい競争は、一九二五年から一九二六年にかけて特に目立ったが、この間、この著しく変化しやすいビジネスにおいて他の変化が全く進行しなかったわけではない。ループのラ・マルセイユ・ダンス学校は、その債務を返済することがますます困難となっていた。しかしながら、一九二五年秋、ラ・マルセイユ・ダンス学校は、「不道徳な状態」といった理由で警察により閉鎖されてしまった。その直後、イサゴラス兄弟の経営のもとで、シカゴ・ダンス学院がループ南端にあるチャイルド・レストラン・ビルの六階に開店した。これら新しいホールとの激しい競争のもとで、誠実な経営を長い間行ってきたいくつかの「ダンス学校」も「一レッスン十セント・チケット方式」を導入し、客にダンスパートナーの選択権を提供せざるを得なくなった。シカゴで数年もの間ダンススタジオを経営してきたアメリカ生まれのダンス教師も、ループの彼の施設にこの方式を導入した。ウェスト・サイドの「ホボヘミア」の古い六階のエンパイア・ダンス学校で数年間「ダンス教室」を経営していた他のダンスホール経営者も、一レッスン十セント・チケット方式と以前コロニアルで使用した「ラインアップ」方式とを採用した。[62] しかし、「パートナーを選べる」施設の競争が生じるにともなって、彼は計画全体をタクシーダンス・ホールで使われているような方式に大きく方向転換した。

またこの期間、すなわち一九二六年と一九二七年の間には、夜間になると営業を開始する多くの「群生型の」ダンスホールが広がった。しかし、これらのダンスホールは瞬く間に消失してしまった。必ずしも信用できるものではないが、そうした一過性の施設が少なくとも一四あったことをはっきりと示すリストが存在している。これらのホールの失敗はさまざまな要因に基づいている。すなわち、不利な立地や貧弱な設備、個人ひいき客の欠如、顧客が出来るまで営業し続けるための資金の不足、施設に対する地域の反対、市の営業許可を得るための必要条件の不備、許可証を持たずに営業開始するのに必要な手段や影響力の不足、などである。

競争関係にある施設数の増加にともない、初期の時代の標準的施設のままでいることは不可能となった。また、国籍や宗教の結び付きも状況を改善するには不十分であった。そこは事実上、ギリシャ人同士の対決場となり[63]、ギリシャ人の生まれ持った抜け目なさと戦略は彼ら自身の報いとなって返ってきた。競争は全く抑制のないものとなり、なかには結果として「不正行為」の事例も生じた。経営者たちはしばしば、競争相手のホールに打撃を与えるために十分に練られたゴシップにより告訴された。ある者は、正当な手段のみならず不当な手段をも含め、あらゆる手段を駆使して、法律により彼らの競争者を困難な立場に陥れ、この業界から追放しようと試みた。

ある経営者は、時々、正当な方法や不当な方法を両用することにより、人気のあるタクシーダンサーを競争相手のホールから移籍させ、彼女らとともに顧客のなかの「追随者」を彼らの施設へ移動させたことを訴えられた。また、他の経営者は、彼ら自身のタクシーダンサーに働きかけ、競争相手の施設から彼女たちの最も人気のある女友達を呼び寄せるよう説得したことが報告されている。この間、経営者たちは、顧客に特に変わった刺激的なサービスを供給して、彼らの競争相手に打ち勝とうと努めた。一回の料金で「二回ダンス」、福引きサービス、一週間ごとの夜の特別企画などが採用された。これらの新企画は競争者にすぐに真似され、やがて標準的なものになっていった。

この激しい競争がもたらしたもう一つの結果は、ホールにおける顧客や彼らの行動のあり方に見られた。最も重要なことは、顧客やタクシーダンサーの施設間の激しい移動である。今週ある施設にいた女の子たちが、次の週には二つの別のホールで見られた。男たちもタクシーダンサーと同じように頻繁に変わった。顧客の間ではフィリピン人が最もよく移動していることがわかっている。当時フィリピン人や東洋人はどこのタクシーダンス・ホールでも見られた。経営者たちは特に彼らを惹きつけ好印象を得ようと努めた。

経営者たちはフィリピン人の地元誌にすすんで広告を出し、「フィリピン人クラブハウス」で集められる「救済募金」にしばしば多額の寄付をした。クラブハウスでダンスが催されると、何人かの経営者たちは敬意を表すために必ず援助し、フィリピン人グループのあらゆる関係者を支援した。(64)

まもなくイタリア人やポーランド人の少年ギャングが、フィリピン人や他の東洋人の態度やある特定の女の子への関心をめぐって争うようになった。しばしばホールの内外でギャングの争いが生じ、ナイフや鉄棒、さらには銃さえ使用された。いくつかの争いではもう少しで死者も出かねないほどであった。

ノース・クラーク・ストリートの現金払いのダンスホールで、ウェスト・サイドやサウス・サイドからやって来たフィリピン人グループがダンサーの女の子を独占しようとして始まった暴動で、昨晩、三人の男が刺され、重傷を負った。警察が大挙して到着した時、ホールや階段で激しい戦いがまだ進行していた。乱闘は鎮圧され、九人のフィリピン人が不当な攻撃をしたとして逮捕された。(65)

これらの由々しき騒動は、しばしば全くつまらない口論が続いた末に生じたものであり、そこでフィリピン人が攻撃者になるようなことは滅多になかった。上記のようなダンスホールの争いをもたらしてしまうようなフィリピン人のつまらない騒動話の例を以下に挙げておこう。

フィリピン人の不良グループ、ピノイの連中は、数ヶ月もの間、白人ギャングたちに苦しめられていた。ピノイたちは女の子とデートできたが、白人のギャング連中は、それが出来ないという理由でピノイを追い回した。彼らはフィリピン人が一人か二人の時に、フィリピン人を攻撃し始めた。彼らはピノイのカップルに飛びかかり、服を裂き、金を奪った。ちょうど先週、二人の若者が捕まって打ちのめされ、医者が傷口を縫わなければならなかった……ノース・クラーク・ストリートの大乱闘は報復として生じたものである。日暮れ前、無口で小さなフィリピン人が、彼のルームメイトの女の子に、彼女の後を追いまわしているイタリア人の男の子と一緒になりたくないので、家まで連れて帰ってほしいと頼まれた。彼はタクシーを呼び、ある街角で彼女と会う予定にしていた。タクシーが止まった途端に、ギャングたちは彼をタクシーから引きずり降ろし、殴りつけた。彼は意識を失ったまま歩道へ放り出された。ギャングたちは彼のお金や時計を取り上げてしまった。大乱闘は仕返しのためであり、戦うべき時は戦うということ、どのような事態にも備えているということを示すためのものであった。少年たちは鉄のナックルやナイフをもち、そして階段下の車に銃も隠していた。(66)

しかしながら、フィリピン人を虐待している少年ギャングは、時には、フィリピン人に対する憎悪心よりも、むしろ向こう見ずな嫌がらせの気持ちを動機としていることもあった。

アメリカ人の男たちがマディソン・ストリートにあるダンスホールの外に立ち、「ニガーたち」[フィリピン人]がやって来るのを待っていた。仲間のギャングがこのホールへ行くと、我々も皆その後を追った。その「ニガーたち」がやって来て、とても丁寧な調子で言った。「我々は争いたくない。友人でいたいのだ」と。彼らはその場をうまく逃れたかに思われた。しかし、誰かが「奴らを簡単に逃がすな！」と叫んだ。そこで我々は彼らを追走した。一人の「ニガー」が新品の大きなトップコートを着ていた。ギャングのなかの大きな男が彼を追いかけて捕らえた。フィリピン人は走りながら自分のコートを脱ぎ、それを大男の顔に投げつけた。なんとかその「ニガー」はその場から逃れた。しかし、大男は立派なトップコートを手に入れることが出来たので、逃げられたことは気にしなかった。(67)

暴行や威嚇、窃盗といった犯罪的傾向を持つこれらの行為は、ダンスホールの経営者にはただ「経営の悪化」をもたらすだけであった。ギャングたちの争いは、ビジネスに役立ったというよりもむしろ彼らを追い詰めていった。スラブ系とイタリア系の若者と頭に来やすいフィリピン人の若者が、同じダンスフロアで一緒になることが許されているかぎり、騒動が繰り返されても仕方のないことであった。同様に、官能的なダンスを行うことで一定の顧客を惹きつけることが出来たとしても、一方では多くの顧客を敵に回すことになった。こうした理由から、道徳的、人種的に異なるさまざまなタイプの顧客が分離し、お互いの接触により困ることが最も少ないホールへ顧客が分かれていくことは、それぞれのグループの望みに最も叶うことであり、経営者の収入面にも寄与することであった。

互いに対立している顧客が異なる別々の施設へ分離する傾向は、明らかに現在の流れである。利潤最大化への懸命な努力のなかで、それぞれの施設は最も満足のいく顧客を直接もたらしてくれるグループに合わせている。いくつかのホールは、フィリピン人やその友人のニーズに合わせようとしているし、別の施設はアジア人の存在に反感を持つ人々に奉仕している。あるホールの経営では伝統的なダンスだけを許可しているし、別のホールでは官能的なダンスを求める顧客に限定して経営している。こうしてシカゴにおける最近のいくつかの施設は、施設がそこで採用した営業方法によって知られるようになった。さらには今も伝統的なダンスだけしか許可していないタクシーダンス・ホールも存在している。そこは少なくとも最小限度の一定の礼儀作法を身につけた白人だけにしか入場を認めていない。このようにして、生き残りをかけた利益をめぐる激しい競争のなかで生じている切迫した事態において、いくつかのタイプのタクシーダンス・ホールが発展した。

この専門分化の傾向とともに、施設間の連携や合同への動きも生じた。ウェスト・マディソン・ストリートにおいて、メネストラトスの関係者が二つの娯楽施設を経営する一方で、ピタコスとアゴラトスとアンドラダモスが連携して三つのホールを管理した。しかしながら、一九二九年以来、これらの経営者たちと彼らの連携は消失してしまった。今では、新しい組織と新しい経営者たちが頭角をあらわしている。しかし、それにもかかわらず、彼らがビジネスを始めてまもなくすると、明らかに同じような拡張傾向やダンスホールのチェーン化が見られた。そして、この拡張傾向が他の都市のダンスホール経営に広がっていった事例を見ることも出来る(68)。

また、経営者の国籍に変化があったことも重要である。ギリシャ系アメリカ人に代わり、最近のこれら施設の経営者はアイルランド系かイタリア系である。これらの新しい連中は、シカゴ暗黒街の大物(69)や腐敗した政治関係者と盟友関係にあるか「通じ合っている」と言われている。政治的影響力の比較的弱いギリシャ移民が先頭に立って率いているのでなく、官能性をあからさまに売り物にしている今日のタクシーダンス・ホールは、我々の調査によれば、影響力のある政治的繋がりを持っていることで知られている人々が率いている。官能的なダンスを売り物にするタクシーダンス・ホールを営むことによって、多くの利益を上げることが出来ると思われていることから、政治力のある人々がこの分野に引き寄せられている。彼らの政治的影響力は警察の監視や裁判、ダンスホール免許の発行に対処する上で有効に働いている(70)。

手元の資料が示すかぎり、他の都市においてもタクシーダンス・ホールの自然史はシカゴとほぼ同じようなものであったと思われる。どのような事例においても、当初の不安定性、統制技術の発見、インフォーマルな規範の発達、そして可能な時には施設の拡大や専門分化への傾向があった。ある都市での発展は、他の都市よりもこの発展のサイクルに沿っていっそう進行したかもしれない。しかし、それらもこの進行の順序は一致していると思われる。

一方、他の都市ではタクシーダンス・ホールの表面的な調査においてさえ違いが見られる。ある都市のタクシーダンス・ホールは、発展の比較的遅い段階に他の場所から持ち込まれたものと思われる。別のある都市では他の都市とほとんど接触がないか、全く接触がない状態で発展した。さらに別の都市では、タクシーダンス・ホールはその発展においてシカゴほどダンス学校と同一視されることはなかった。そこでは老朽化するパブリック・ダンスホールや、古い「四九年」〔ダンスホール〕や「バーバリーコースト」ダンスホールと明らかに密接に結び付いていた。さらに、タクシーダンス・ホールが果たしている機能の性格をほとんど、あるいは全く隠そうとしないタクシーダンス・ホールもあった。またある都市では専門分化がシカゴ以上に進んでいた。

例えば、ニューヨーク市ではホールの専門分化はさらに進んでいる。あるホールはアジア人に排他的であり、他のあるホールは白人の男性にだけ官能的なダンスを集中的に行っている。さらに他のあるホールは手の込んだ食堂やラウンジで彩られている。こうしたホールでは、伝統的なボールルーム・ダンスだけが許容され、気品のある白人男性だけが歓迎されている。ニューヨークのタクシーダンス・ホールでは、他の多くの都市がそうである以上に拡大や統合に向けたサイクルが進行してきたと思われる。一九三一年七月、マンハッタンとブルックリンだけで約百のタクシーダンス・ホールが夜ごとに営業されており、毎週三万五千人から五万人の少年や大人が常にこれらのホールへ出入りしていたと見られる。[71] これらは一つまたはそれ以上のタクシーダンス・ホールの「チェーン店」として営業され、影響力のある政治家によって保護されていたことが報告されている。一例を挙げると、タクシーダンス・ホールが関係する判例で特別寛大であったニューヨーク市の判事が、タクシーダンス・ホールのシンジケートに深く関与していたことが明らかになったことが公表された。[72] ニューヨーク一四人委員会が、ニューヨークの最近の非行の増加の責任の一部はタクシーダンス・ホールの「チェーン」化にあると考えるほど、これらの「チェーン」は影響力を持つようになったと判断される。[73] ニューヨーク市における最近の発展は、もし統制や取り締まりがないまま施設を拡張することが認められるならば、他の都市においても十分に起き得るタクシーダンス・ホールの未来をはっきりと示している。

第十一章　タクシーダンス・ホールの位置

都市の他の施設と同様に、タクシーダンス・ホールもまた〔都市のなかで〕特徴的な位置にある。そのルーツは大多数の常連客が居住しているところに近い中央ビジネス地区や下宿屋地域にあった。シカゴの「驚異のボールルーム」やダンス・パレスが中央ビジネス地区からやや離れた「歓楽街」でしか成功しないように、タクシーダンス・ホールは貸部屋地帯や中央ビジネス地区でしか成功しないと思われる。地図五は、シカゴで成功したタクシーダンス・ホールと失敗したダンスホールの所在を示している。それによれば、経済的に成功したタクシーダンス・ホールは、一つの例外を除くすべてが、ループ地区内か下宿屋地域内に位置してきた。

この地図はまた、貸部屋地帯の周辺にごく近いところは不確かな事業になることを示唆している。下宿屋地区のはずれにあるウェスト・ノース・アベニューの「ロイヤル・ダンス学院」は優れた経営にもかかわらずうまくいかず、ついに放棄されてしまった。サクラメント・アベニューとマディソン・ストリートの交差するウェスト・サイド地区でタクシーダンス・ホールを成功に導こうとした三つか四つの試みは、すべて成功しなかった。下宿屋地区の境界に近接したところも客不足のため失敗することは明らかであった。シカゴ・アベニューとウェスタン・アベニューの交差点近くの「ムーンライト・ダンス学校」を成功させようとした経営者の懸命の努力も、明らかに同じ理由で無に帰してしまった。一方、ハミルトン・ストリート近くのルーズベルト・ロードのウェスト・サイドのユダヤ人地区は、明らかに南へ寄りすぎ下宿屋人口には遠すぎた。そこで開店したタクシーダンス・ホールはすぐに失敗した。しばらくの間、ロウア・ノース・コミュニティのレーン工業高校近くのデビジョン・ストリートで、不安定な経営を続けていたレーン・ダンス学校でさえ、成功するのに十分なほど下宿屋の範囲内にあったとは思えない。

下宿屋地域とループという位置が成功しているタクシーダンス・ホールに特徴的である、という一般化に対する唯一の例外は、ニュー・マジェスティック・ダンス学校である。それは、ミルウォーキー・アベニューとアッシュランド・アベニューとデビジョン・ストリートが交差する、イースト・フンボルト・パーク・コミュニティに位置している。この地域は、ノース・ウェスト・サイドの巨大なポーランド人コミュニティの最も重要な交流センターとなっており、一般的な下宿屋地域の様相とは全く異なっている。ここは家族地域であるけれども、多くの未婚の男たちが彼らと同じ国籍の人々の家族の家に間借り人として生活している。ニュー・マジェスティックは近くのこうした客により五年間ほど持ちこたえたのである。(74)

タクシーダンス・ホールの成功の第二の要因は、顧客がやって来る都市のあらゆる地域への深夜の安い交通機関が十分整っているかどうかである。顧客の多くは近くの下宿屋地域からやって来るけれども、かなりの人数がこれらの地域を越えたところに住んでいる。このことがどの程度事実であるかは地図六に示されている。この地図は百人のサンプル集団の顧客の居住地を示している。これによれば、大半の人々は都市の下宿屋地域から来ているが、ホームレス居住地の外側に位置する家族地域に居住している人々も多いことがわかる。これらの顧客は、移民か「スラム探訪家」か、身体的なハンデのある人々である。こうしたことから、タクシーダンス・ホールが顧客に利用されるには、都市の他地区からやって来る人々が容易に利用できるというアクセス可能性が不可欠である。

シカゴでは深夜においても割安で回数の多い交通手段として路面電車がある。路面電車はループの外側にある多くの副都心から四方に広がっている。こうしたことから、いくつかの異なる路線の路面電車の近くにホールが位置することは成功の重要な要因となる。例えば、デビジョン・ストリート近くのノース・クラーク・ストリートにあるプラザ・ダンス学院は、クラーク・ストリート経由とデビジョン・ストリート経由、それにステート・ストリート経由、ブロードウェイ経由の市街電車が出会う交差点近くにある。イースト・フンボルト・パーク・コミュニティにあるニユー・マジェスティック・ダンス学校は、六つの別々の方向に走っている主要な路面電車の交差点に位置している。同様にニュー・アメリカン・ダンス学校一号店はマディソン・ストリートとウェスタン・アベニューの交差点に、ニュー・アメリカン・ダンス学校二号店はマディソン・ストリートとロービー・ストリートの交差点近くに位置しており、両者とも路面電車の主要な路線により住宅地と直結している。[75]

タクシーダンス・ホールは、その立地する場所が、やって来る顧客に対して安価で回数の多い深夜交通サービスによる顧客の住宅地へのアクセスの利便性が提供されている時に最も成長する、という一般化を行っても間違いないだろう。

第三の基本的原則として、タクシーダンス・ホールは移動性が高い地域であるにもかかわらず、賃貸料が相対的に安い場所になければならない。タクシーダンス・ホールは特別に高い賃貸料を支払う経済力を持っていない。しかし一方で、出来るだけ多くの潜在的顧客に容易に近づくことが出来なければならない。結局のところ、ループ近くの二流のビジネス地区の二階部分か、摩天楼の高層部分の小部屋を探さざるを得ない。いずれの場合もそうした位置にダンスホールがあるのは、多くの顧客が接近でき、しかも賃貸料が安いからである。この賃貸料の幅はわずかであるが、それにより利益が左右される傾向にある。

それぞれの施設が支払った賃貸料を研究することは価値のあることである。しかし、これまで経営者の協力を取りつけることが不可能であったため、賃貸料を簡単に確定することは出来ない。それでもタクシーダンス・ホールが位置している建物の土地評価[76]からいくらかの示唆的情報を得ることは可能である。この調査を、ほとんどが二階に位置しているループの外側のダンスホールに限定することにより、下宿屋地域のタクシーダンス・ホールが、そこに位置することが有利であった土地の、一フロント・フィートあたりの評価額の最大値と最小値についていくらかの洞察を得ることが可能である。

慎重な一般化を行うには不十分であるが、手元にある資料は一般に想像されるほど土地評価額の最大値に大きな差

地図5

下宿屋地域との関連におけるシカゴのタクシーダンス・ホールの所在（1927−30年）

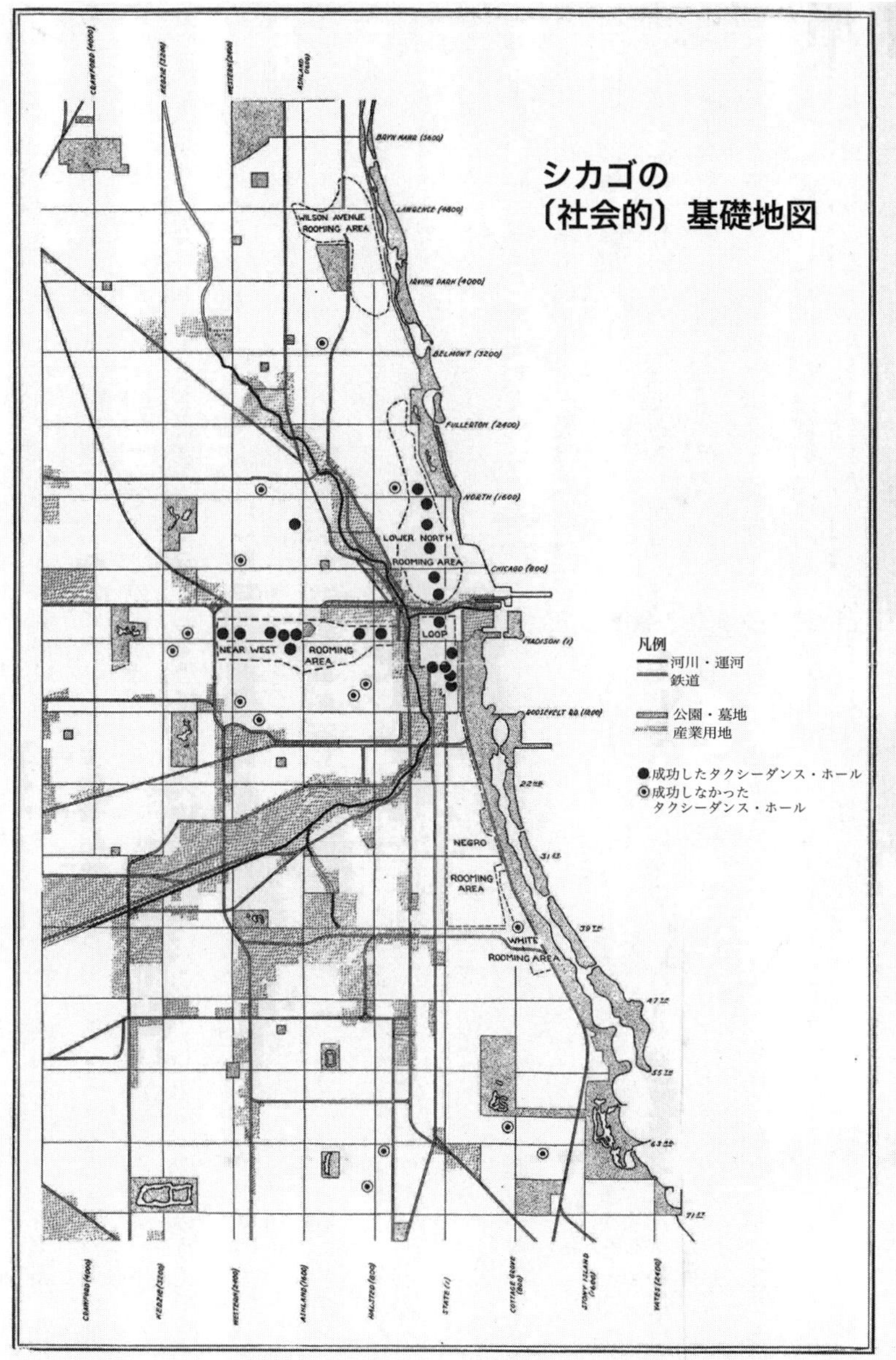

がないことを示している。一九二一年から一九二八年の間に都市の下宿屋地区[77]に設立されたもののうちで、当時の評価額が一フロント・フィートあたり四百ドル以下か五百ドル以上であったホールはどれも成功していない。実際、資産評価の高い土地にあるホールでは、開店直後に一時的に成功した例が一つあるだけである。ちょうどシカゴ川の北側に位置し、ノース・クラーク・ストリートにあるこの施設は、一フロント・フィートあたり九五〇ドルの土地評価の建物で営業を始め、一九二五年までさまざまな経営者のもとで断続的に続けられてきた。しかし、収支のうえで成功することは一度もなかったのである。さらに驚くことは、一フロント・フィートあたり四百ドル以下の値打ちしかない土地に立地したタクシーダンス・ホールでも、生き残れそうなものは一例もないという事実である。

表二、三、四は、成功したタクシーダンス・ホールのあるビルの土地評価額の均一性について示している。タクシーダンス・ホールがその土地にまだ立地していた年の土地評価額が一重下線で、各施設の最初の年の価格が二重下線で示されている。

成功しなかったタクシーダンス・ホールのリストは、浅はかな努力の記録である。ある例では、新しい施設にとっては地価があまりに高い土地に立地していた。また、別の例では低い地価にあらわれているように、施設の成功にはつながらない状態にある場所にホールを設けていた。

表の検証はさらに他の解釈の可能性を示唆している。興味深いことは、特に成功したダンスホールがあったところでは急速な土地価格の上昇があった点である。逆に、失敗したり、うまくいかなかったりした施設はほとんどの場合、同様な地価の急上昇を経験していない。アテネ・ダンス学院は土地価格が一フロント・フィートあたりわずか四百ドルで評価されていた時、ノース・クラーク・ストリートの一角へ進出した。三年間にこの地区の評価額は倍以上のものとなった。その後アテネは道路の反対側のより有利な位置に移転し、名前もプラザ・ダンス学院と変更した。三年後、そこの評価額は一フロント・フィートあたり一六〇〇ドルとなり、七年前の四倍にも達した。同様に、ウェスタン・アベニューとマディソン・ストリートの交差点にあるニュー・アメリカン・ダンス学校一号店の土地価格は、そ

地図６

下宿屋、国籍、人種地域との関連における客（フィリピン人を除く）の住まい

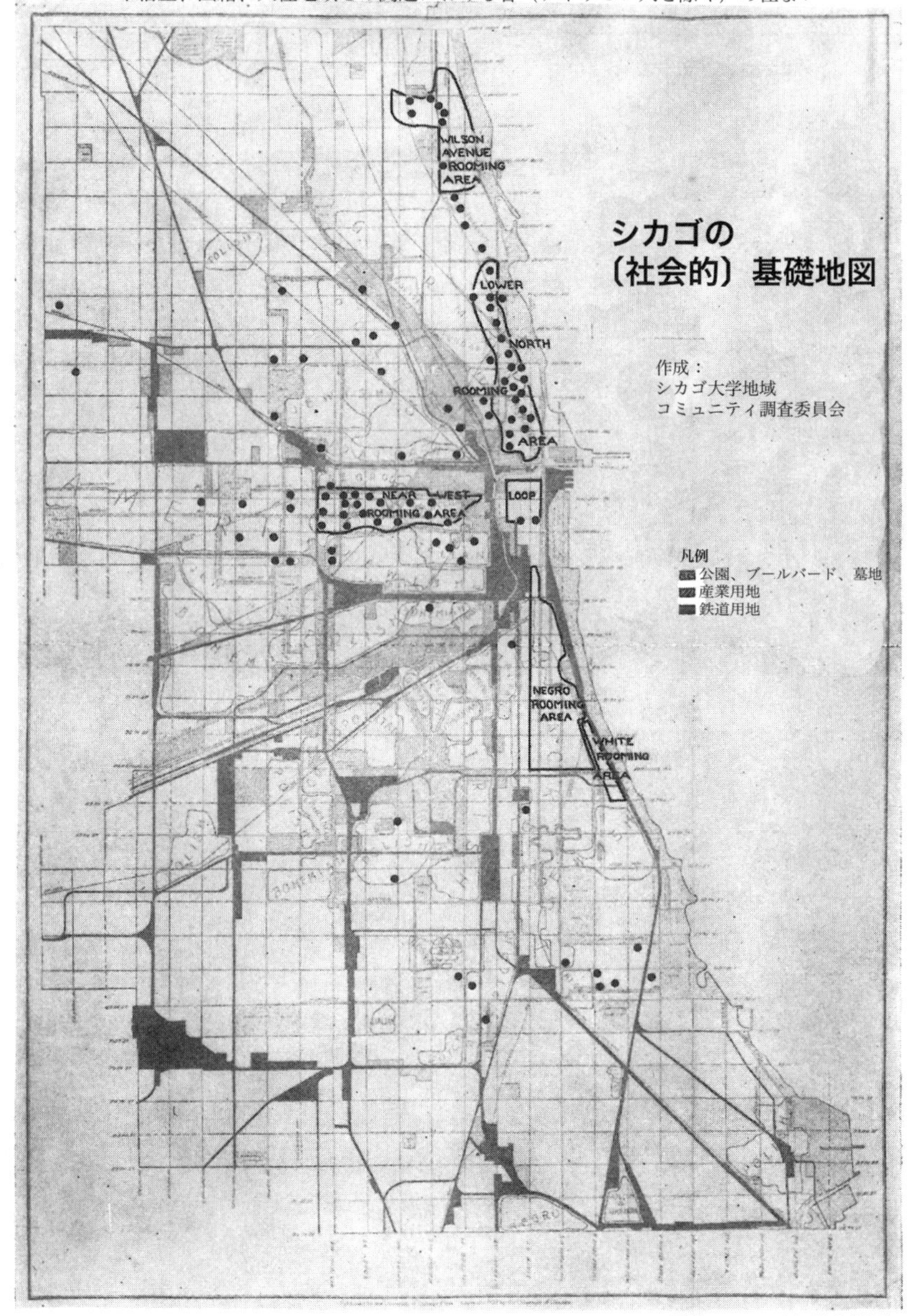

提供：シカゴ大学出版局

表２　最初の地価評価額が１フロント・フィートあたり 400 ドル〜 500 ドルで成功したタクシーダンス・ホール

（単位ドル）

	1921	1922	1923	1924	1925	1926	1927	1928
アテネ（後のプラザ） ノース・クラーク・ストリート	350	400	750	800	900	900*	1100*	1200*
アッシュランド ウェスト・マディソン・ストリート	350	350	500	500	500	1250	1250	1250
ロイヤル ウェスト・ノース・アベニュー	300	300	400	400	500	500	500	650
ニュー・アメリカン１号店 マディソン・ストリート	300	500	500	500	500	1000	1000	1100
マディソン マディソン・ストリート	300	300	350	450	450	550	550	550
ニュー・アメリカン２号店 ウェスト・マディソン・ストリート	300	300	400	450	500	600	600	600

* 付近のより魅力的な場所に移転した後に、プラザ・ダンス学院という新しい店名で営業を継続。

表３　ループの外側で地価評価額が１フロント・フィートあたり 500 ドル以上の土地に設立され、成功しなかったタクシーダンス・ホール

（単位ドル）

	1921	1922	1923	1924	1925	1926	1927	1928
グランド ノース・クラーク・ストリート	800	900	950*	1200*	1200*	1200	1300	1500
ベルベデーア ノース・クラーク・ストリート	600	600	1000	1000	1100	1200	1200	1200
パウリナマディソン ウェスト・マディソン・ストリート	350	350	500	500	800	1250	1250	1250
レイクビュー ベルモント・アベニュー	200	300	400	400	600	800	1000	600
ニュー・アメリカン３号店 西 63 番通り	300	325	1750	1500	1500	1750	1250	1000

* ３年間にわたり、何人かの経営者たちによって不定期的にしか営業されなかったもの。

表４　地価評価額が１フロント・フィートあたり 400 ドル以下の土地に設立され、成功しなかったタクシーダンス・ホール＊

（単位ドル）

	1921	1922	1923	1924	1925	1926	1927	1928
ムーンライト シカゴ・アベニュー	90	125	200	225	300	250	300	250
レーン ウェスト・デビジョン・ストリート	200	250	250	250	300	300	500	500
ワシントン・ブールバード ウェスト・ワシントン・ストリート	80	80	115	115	150	150	225	225
スターリー ルーズベルト・ロード	60	70	70	70	100	100	100	100
オークランド イースト・パーシング・ロード	300	150	150	200	200	200	150	300

＊　このリストには、１フロント・フィートあたり 400 ドル以下の土地に建てられたが、その場所が明らかに下宿屋地域の外側に位置しており、しかもきわめて短期間しか開店していなかった 10 件強の施設は含まれていない。

の施設がそのビルで開店していた三、四年間で倍に上がっている。一方、セジウィック・ストリートに近いノース・アベニューにあるロイヤル・ダンス学校は、ごくわずかな成功しか収めておらず、そこの地価はほんのわずかしか上昇していない。しかしながら、これとは正反対に土地価格の全般的な地価上昇があった時でも成功していない施設があることに注目しなければならない。グランド、ベルベデーア、レイクビューといったダンス学校は、その施設付近の地価は全般的に上昇したと見られるにもかかわらず成功しなかった。これらの施設が成功しなかったことの説明は、おそらく成功した施設に対してなされたものとは異なる別の要因に求められる。

わずかな施設をもってタクシーダンス・ホールの最適地価に関して科学的慎重さをともなった一般化を行うことは明らかに不可能である。しかし、どのような時でも、タクシーダンス・ホールが営業して収益の上がる賃貸料や地価評価額の範囲には、ある一定の限界があることは疑う余地のない事実である。

タクシーダンス・ホールの所在に関する最後の原則について述べておこう。このタイプのダンスホールは、都市のなかで、それを許容する地区を見つけ出さなければならない。この種の商業化された娯楽施設は、一般市民から悪い意味で相当の疑念を抱かれているので、タクシーダンス・ホールは、現況ではコミュニティ意識の弱い都市の「隙間地帯」[78]に位置することが望ましいことがわかっている。下宿屋地区は移動性の高い地域であり、そこではコミュニティへの関心が全く欠如している。そのことがタクシーダンス・ホールに最も安全な位置を提供する結果となっている。すなわち、利用する顧客に近いということとともに、タクシーダンス・ホールへの攻撃に対する防御機能を持つということが、貸部屋地帯に経営者たちを引きつけているのである。

また、下宿屋地域の外側の地域にもこれらの施設を受け入れてきた場所がある。イースト・フンボルト・パーク・コミュニティやウェスト・フンボルト・パーク・コミュニティ、ニア・ウェスト・サイドにある一部の住宅地域などである。しかし、タクシーダンス・ホールは、イースト・ガーフィールド・パーク・コミュニティからは猛烈な反対を受けてきた。それはマディソン・ストリートにあるタクシーダンス・ホール街のちょうど西側に位置していた。このコミュニティは何度かこれらのダンスホールの侵入の脅威に対して立ち上がってきた[79]。一方、イースト・フンボルト・パーク・コミュニティは、フィリピン人や他の東洋人は入れないということがはっきりしている場合にかぎって、この種の施設に対して寛容であった。

しかしながら、現在の都市の住宅地区の多くのコミュニティは、どんなことがあってもタクシーダンス・ホールが彼らの近隣地域で営業を続けることを容認することはない。ワシントン・パークとミッドウェー・プレザンスのちょうど南側にあるサウス・サイド地域のウッドローンが良い例である。そこは急速に小アパート、貸部屋、安価な居住用ホテルが建ち並ぶ地域に変化してきている。数年前、ある成功したダンスホール経営者がダンスホールを開店するためにそこへやって来た。ウッドローンが活気のある市民生活とコミュニティ意識で特徴づけられた住宅コミュニティであった頃を知っている古い居住者たちは、施設の開店を阻止することに成功した。彼らは集まり合って決定を拒絶し、市長にタクシーダンス・ホールの認可を拒否するよう請願した。この種の協調行動は、しばらくの間は基本的な生態学的変動を妨げるのに役立つかも知れない[80]。しかし、不可避的に、古くからいる住宅地帯の人々は都市の他地区へ出て行き、新しくホテル住まいの人々や下宿屋地域の人々が流入してくる以上、タクシーダンス・ホールが締め出されることのないような日はすぐにやってくるだろう。

注

（1）*The City That Was*, pp. 21-2.
（2）*Report of Public Dance Hall Commitee of San Francisco Center*, p. 7.
（3）サンフランシスコ・センター、パブリック・ダンスホール主任監督官、M・アリス・バロウズ女史からのシカゴ市青少年保護協会への特別報告。
（4）*Report of the Dance Hall Investigation Committee of the Commonwealth Club of California.*
（5）*Report of Public Dance Hall Commitee of San Francisco Center of California Civic League of Women Voters*, p. 14.
（6）前掲、バロウズ女史の報告。
（7）*Report of Public Dance Hall Commitee of San Francisco Center of California Civic League of Women Voters*, p. 15.
（8）「以上述べたことから、サンフランシスコの閉鎖的ダンスホールはダンスホールの偽装を全くしていないように思われるだろう。そうした偽装は漸進的変化の過程のもっと後の段階である。実際、サンフランシスコでは今日ごくわずかである。しかし、ニューヨークではかなりきめ細かに実行されている」（サンフランシスコ・センター、サンフランシスコ・ダンスホール研究所、前所長マリア・ウォード・ランビンの私信）。
（9）次を参照。*Report of Public Dance Hall Commitee of San Francisco Center.*
（10）「これらの『学院』においては少なくとも、ステップの反復練習とかダンス実習といった教育が現実に行われていることを外に示す証しが必要とされた。もちろん、これらの規制は指導理念から著しく逸脱したあらゆるものに対して行われる」（前掲、バロウズ女史の報告）。
（11）シアトル市警察本部女性部部長E・W・ハリス女史から著者への私信。
（12）サンフランシスコとニューヨークのダンスホール調査研究所の所長であるマリア・ウォード・ランビンから提供された情報。
（13）マダー・ジョンソン・スタジオのゴッドフリー・ジョンソン氏へのインタビュー。
（14）青少年保護協会の記録を参照。
（15）コロニアル・ダンス学院の元経営者へのインタビュー。
（16）次の文献における「ストレンジャー」の経済学的・社会学的意義に関する議論を参照。Werner Sombart, *Quintessence of Capitalism* (E. P.

Dutton, 1915), pp.292-307.

(17) 青少年保護協会の記録をもとに筆者作成。
(18) アテネ・ダンス学校よりも数ヶ月先立ってギリシャ人だけの「会員制クラブ」として開店した小さなタクシーダンス・ホールに関する説明を参照。アポロン・ダンスクラブは一九二二年二月二二日に消滅した（青少年保護協会の事例記録）。
(19) この名前と後に出てくるタクシーダンス・ホール経営者の名前はすべて仮名である。
(20) この経営者へのインタビュー。
(21) 次の一連の抜粋は、青少年保護協会の事例記録の一つから直接引用したものである。
(22) 青少年保護協会の記録。なお強調は筆者によるものである。
(23) ギュオン氏へのインタビューから彼の許可を得て引用。
(24) 前経営者へのインタビュー。
(25) これら三つの発展の軌跡と、今日の社会学や人類学のいくつかの顕著で代表的な概念や視点との密接な適合関係を観察することは興味深い。「四九年ダンスホール」の地域的拡散は伝播として見ることが出来るし、第二の発展は施設の応化や適応として、第三は生態学的プロセスとして見ることが出来よう。
(26) 本章が依拠している資料は、シカゴのタクシーダンス・ホールだけを取り扱っているものであることに注意されたい。大衆への対応という問題は、他の都市の経営者も必然的に直面することを余儀なくされてきた問題であったが、シカゴの発展が、詳細にわたって、他の都市の典型であったかどうかは定かでない。
(27) あるタクシーダンス・ホールの経営者から調査員に寄せられたコメント。
(28) 当時、市自治体を支配していた政治的派閥の中心人物の名前。
(29) 元経営者へのインタビュー。
(30) ニューヨークとシカゴにおけるタクシーダンス・ホールの初期創立者の調査員に対するコメント。
(31) ダンスホールの客と調査員との会話。
(32) 調査員によって報告された元ダンスホール経営者のコメント。
(33) 青少年保護協会の記録をもとに筆者作成。
(34) 同上。
(35) かつて、シカゴの青少年保護協会の特別調査員であったテキサスA&M大学社会学科のダニエル・ラッセルへのインタビュー。
(36) 良く監督されたところは長い目で見れば、より多くの利益を得るとしばしば経営者たちは主張してきた。一人のダンスホール経営者は、最近このことについて次のように説明した。「こんな具合さ。もし一人の男があなたのホールで飲んだなら、その男はとてもご機嫌だ。しかし、他の者は皆不機嫌さ。彼は他の客の夜を台無しにしてしまい、やがて、あなたは客を失ってしまうことになるよ。もし一人に飲ませたら全員に飲ませなければならなくなり、あなたの店は悪い評判が立ってしまう。遅かれ早かれ誰かがやって来て、店を閉めさせられ、結局あなたは職も何もかも失ってしまうのさ」。

(37)　調査員による経営者へのインタビュー。

(38)　調査員によるニューヨークやシカゴのタクシーダンス・ホールの初期創立者へのインタビュー。

(39)　元ダンスホール経営者へのインタビュー。

(40)　青少年保護協会の記録をもとに筆者作成。

(41)　シカゴ青少年保護協会前ダンスホール監督官のエリザベス・R・クランダル女史へのインタビュー。

(42)　本書二八九－二九一頁に掲載のこの協会に関する議論を参照。

(43)　ダンスホール経営者と調査員との会話から抽出。この報告で議論されたソーシャルワーカーは、ほんの一時期、青少年保護協会に雇われていたが、今はこの種の仕事には従事していない。

(44)　青少年保護協会の記録をもとに筆者作成。

(45)　同上。

(46)　「規範」と「方針」という用語は、ここでは、隣接する環境の諸力とある程度葛藤している施設や組織による、二つの典型的な適応の型を示している。規範は状況を明確にし、主に「内側」にある人々や、その運命が制度に拘束されている人々に対して、行為の原則を示すのに役立っている。一方「方針」は、外側の人々や大衆と敵対しないように施設の目的や活動を公に示すものである。この場合タクシーダンス・ホールの規範とは、施設を維持してきた成文化されていない原則や基準の集合を意味し、一方、方針とは、大衆消費のために改定された原則や基準に関する、定式化された一つないしは複数の声明を意味している。

(47)　調査員とダンスホールの元経営者との会話。

(48)　この概念については、ウォルター・リップマンの『世論』第三部〔掛川トミ子訳、『世論（上）』岩波文庫、一九八七年、一〇九－一二一頁〕の議論を参照。

(49)　これに関連してグレゴリー・メイソンが次の論文で述べていることは興味深い。G. Mason, "Satan at the Dance Hall", *American Mercury*, II (June, 1924), pp.175-82. すなわち、彼はこれと同じような問題がダンス・パレスでも見られることを述べている。彼は、従業員に「ダンスホールをきれいにしておきなさい。しかし、あまりきれいにしすぎても駄目だ」と指示しているシカゴのダンス・パレス経営者の言葉を引用している。

(50) 筆者の記録。
(51) 本書二〇四‐二〇六頁を参照。
(52) 次を参照。N. Anderson, *The Hobo* (University of Chicago Press, 1923), pp. 4-5; p.27〔広田康生訳、『ホーボー（上）』ハーベスト社、一九九九年、一七‐一九頁、四八頁〕.
(53) 本章の事実データの多くは、シカゴ青少年保護協会の記録に負っている。
(54) 次を参照。H. W. Zorbaugh, *The Gold Coast and the Slum* (University of Chicago Press, 1929), pp.105-26〔吉原直樹ほか訳、『ゴールド・コーストとスラム』ハーベスト社、一九九七年、一二四‐一四七頁〕.
(55) 本書二〇二‐二〇四頁を参照。
(56) 青少年保護協会の記録を参照。
(57) 「私はアポロン・ダンスクラブがあった頃、青少年保護協会のケースワーカー兼調査員として働いていた。アポロン・ダンスクラブは古いビルの二階の飾り気がなく人目を引かないところにあった。そこにはいつも三、四人の女の子たちしかいなかった。彼女たちは品のない連中で、なかには身体的にも汚れてしまっている者もいた。彼女たちは流れ者だった。一回のダンスで三十セントもらい、どんな客とも踊らなければならなかった」（シカゴ一五人委員会元理事のレスリー・ルイスへのインタビュー）。
(58) 青少年保護協会の記録（Case No. 44195.10）を参照。
(59) Anderson, *op. cit*, chaps. i and iv〔広田康生訳、前掲、第一章および第四章〕.
(60) 本書二一一‐二一五頁を参照。
(61) 少年裁判所および青少年保護協会の記録を参照。なお、この事例に関する説明の一部は、本書二五六‐二五七頁に収録の資料にも見られる。
(62) 本書二〇二‐二〇四頁を参照。
(63) おそらく一つか二つのホールを除くと、ほとんどすべての施設がギリシャ系アメリカ人の手によって発展した。
(64) 筆者の記録（一九二五年から二六年）。
(65) 『シカゴ・トリビューン』（一九二六年一月三日付）掲載記事。
(66) 先に言及したダンスホールの争いにおけるフィリピン人リーダーへのインタビュー。
(67) アイルランド出身のW・R氏（ノースウェスタン大学セツルメント・ハウス）により報告された、一七歳のポーランド人少年へのインタビュー。
(68) 例えばセントルイスのタクシーダンス・ホールは、シカゴのタクシーダンス・ホールに関係する人々によって経営されてきた。
(69) 「都市のなかで最も悪質でひどい場所の一つ」とされているクラブ・フロリダンは、カポネ・シンジケートによって所有され運営されている(『シカゴ・トリビューン』(一九三二年四月一九日))。

(70) 公の統制を回避するためにシカゴで最近使用されている方法に関する説明については、本書二八六-二八七頁を参照。

(71) 次を参照。*Annual Report for 1930 of the Committee of Fourteen of New York*, p. 20.

(72) 『ニューヨーク・タイムズ』(一九三一年七月二十日付) 掲載のシーベリー調査の説明を参照。

(73) 次を参照。*Annual Report for 1930 of the Committee of Fourteen of New York*, pp. 28-9, pp. 40-1. またあわせて次も参照。バージニア・マレー「経済状況と売春の関係」(アメリカ社会衛生協会・地方会議・口頭報告資料、於:ニューヨーク市、一九三二年一月二二日)。

(74) 一九二五年冬のニュー・マジェスティックの顧客調査によれば、調査員がホールを訪ねた夕方には、顧客の九割が英語をまだ十分に使いこなせない最近の移民か都市部の荒っぽい若者であった。なお、ニュー・マジェスティックは今は営業していない。

(75) これらは一九三〇年に閉鎖されるまで収益の多いダンスホールであった。

(76) ジョージ・C・オルコットの『シカゴ土地評価地図年報』が、これらの土地評価額の基礎として用いられてきた。

(77) 一フロント・フィートあたり五百ドル以上の建物に開店したホールが一つだけあった。ノース・アッシュランド・アベニュー一二一四番地のニュー・マジェスティック・ダンス学校である。それは別の関連(本書二四一頁参照)で一つの例外として既に述べた。しかしながらそれは、下宿屋地域のなかに位置していなくても、ループの外側にあり、典型的な二階に位置する小規模なホールのなかで成功した例外的な存在であった、という点で注目されるだろう。

(78) シカゴ市の「隙間地帯」に関連する社会解体の議論については、次を参照されたい。F. M. Thrasher, *The Gang* (University of Chicago Press, 1927), pp.22-5; Zorbaugh, *op. cit.*, pp. 69-86, pp.105-26〔吉原直樹ほか訳、前掲、七九-一〇三頁、一二四-一四七頁〕。

(79) シカゴ大学地域コミュニティ調査委員会のファイルにあるこのコミュニティに関する他の資料、および、これらの努力に関する諸記録を参照。

(80) 興味深いことに、わずか五年後の一九三一年夏に、二つの新しいタクシーダンス・ホールがウッドローンで開店されたことが報告されている。

第五部　タクシーダンス・ホールの問題

第十二章　道徳的頽廃

シカゴのタクシーダンス・ホールは、大部分のタクシーダンサーたちとかなり多くの常連客たちに道徳的頽廃をもたらした。青少年保護協会やクック郡少年裁判所、シカゴ道徳裁判所に残っている多くの記録が、タクシーダンス・ホールを決して問題なしというわけにはいかないことを物語っている。例えば一九二六年と一九二七年の二年間だけを見ても、少なくとも四六人のタクシーダンサーたちがこれらの機関のお世話になっている。そのダンサーたちの平均年齢は一九歳で、捜査の時点において三ヶ月以上ダンスホールで働いていたダンサーはほとんどいなかった。次の新聞記事は、このような青少年犯罪のかなり典型的な例を示している。ただし、東洋人の男性がいつもこの種の犯罪に関わっているわけではない。

マリー・C・アンダーソン州検事補は今日、いずれも一八歳未満の三人の少女たちを扱った。その少女たちは、ちょうど「マディソン・ダンス学校」の南京錠をかけようとしているところを逮捕された。彼女たちは、その「学院」の「先生」たちであったが、一七歳のステラ・ステパンスキーによると、「踊り方なんてぜんぜんわからなくても良かった」。

二週間後に一八歳になるビビアン・ロビンズは、閉鎖的ダンスホールに二度と出入りしないとしっかりと約束させられ、彼女の母親とともに家に戻った。ビビアンはすらりとして、人目を引くほどかわいらしい少女であるが、数週間前から家出していた。彼女は、そのダンス学校で仕事を見つけたが、母親の要請で彼女を捜していた警察によって捕らえられた。

青少年保護施設で面会したビビアンと母親は泣きながら、娘はもう家出しないということを、母親は娘のことをしっかり見守り、指導していくことを互いに約束し合った。

化粧をせずに、しわのないこぎれいな青色の制服を着た二人の少女たちは、事務所に連れて来られて次のように語った。クララ・マロウィスキー（一五歳）は二週間前に家を飛び出すまで、ノース・ロービー・ストリートに住んでいた。クララは子どもっぽく、「兄さんとうまくいかなかったの」と話した。「でも、もし家に帰らせてくれたら、今度はきっとうまくやっていけるわ。マディソン・ダンス学校のことは女の子たちから聞いたの。ダンスのことを何も知らなくても、そこで先生になれるって。歩き回ってさえいれば、それでダンスだって」。

「私たちがエステバンに出会ったのは……そこでだわ。彼は私たちをフィリピン人クラブに誘ってきて。そこでは、ダンスをしただけよ。それから彼は私たちを彼の部屋に誘って……彼の部屋に入った時、彼は私に家に帰るように言ったんだけど、私はそうしなかったの」。

クララは、「初等中学には戻りたくない」とため息をついた。「学校に行かなきゃならないんだったら、定時制がいいわ。初等中学なんてぞっとする」。

クララは、そのフィリピン人と性的な関係はなかったと主張した。警察が、彼の部屋で彼女を捕まえたのは水曜日の夜だった。クララは、行方不明の少女のリストに挙がっていた。彼女はダンス学校の経営者に、自分は一八歳を過ぎているので……就労の資格については心配しないようにと言っていた。その経営者は、クララの非行の一助になったかどで罪を問われ、その点に関しては罪を免れたが、「学校」を経営する許可は取り消された。

クララの友達のステラ・ステパンスキー（一七歳）は、次のように話している。「結婚した姉さんとは喧嘩ばかりしていたわ。あのね、姉さんと旦那さんも一緒に住んでるの。姉さんと喧嘩になったら、いつも旦那が口出ししてきて。それに母さんも、私の帰りが遅いだけで怒鳴り散らすし。家はいつも喧嘩ばかり」。

「私もクララも昼間は働かなかったわ。ダンス学校は最高だった。みんなやさしくしてくれるし、誰も嫌なこと言わないし。まあ、そうされた女の子たちもいるだろうし、なかには品のない人たちもいただろうけど、私たちはそんなことなかったわ。クララが家出するって聞いて、私もそうしようと思ったの」[1]。

他のタクシーダンサーたちは、この三人の少女たちほど幸運ではなかった。社会的機関、裁判所、警察の手のおよんだ少女はごくわずかであり、タクシーダンサーの多くは、波瀾に富んだ人生のさらに後の段階になってはじめて、矯正・保護機関と接触を持つことが出来たのである。

デロリス・ヘンダーソン（二十歳）とピーター・マルコス（四二歳）は、未婚にもかかわらず一緒に暮らしていた罪により、ハリソン・ストリート警察裁判所でヘイズ判事の前に立った。デロリスは、マルコス氏と出会ったのは彼女がタクシーダンサーをしていたタクシーダンス・ホールにおいてのことであり、そこで彼が家具付きのアパートを共用しようと言ってきたと証言した。

デロリスは、彼と一緒に住んでいたのは八月二八日から、刑事たちが来て逮捕された十月一四日までだと述べた。マルコス氏は、シカゴの中央ビジネス地区であるループ地区で数軒の靴磨き店を経営している。マルコス氏は、彼の弁護士を通して有罪を認めたが、彼女にお金を渡したことは一度もないと主張し、刑の軽減を求めた。実際、彼が払っていたのは家賃だけであった。

デロリスは判事の求めに応じ、一緒に住んでいた、背が低く、ずんぐりした中年のギリシャ人に何の魅力も感じないと認めた。シカゴの商社で責任ある地位にあった彼女の兄と姉は審理を見守っていたが、この事件を棄却することを切望している様子であった。彼女の兄は、彼女の行いに責任を持つことを約束し、デロリスは免責されたが、マルコスは六ヶ月間、軽犯罪者の短期収容施設に収容されることになった(2)。

しかし、タクシーダンス・ホールにおける経験が、慣習にとらわれない行為へ多くの常連客とタクシーダンサーたちを導く入り口になっているわけではない。世慣れた常連客とタクシーダンサーの多くは、ダンスホールという施設を中心に展開されるような生き方に既に馴染んでいたのである。タクシーダンス・ホールは、他のさまざまな集まりや施設によって既につくり出されていた欲求にちょうど合致したともいえる。従って、性的に乱れた生活をしているタクシーダンサーの多くにとって、タクシーダンス・ホールを中心にした暮らしを始めることは、活動の中心がレストランやホテル、遊園地、あるいは通常のダンスホールからタクシーダンス・ホールに移ることを意味するにすぎない。このようなタクシーダンサーと常連客たちの価値基準、実践、理想は既に出来上がったものであり、タクシーダンス・ホールに入り浸りになろうと、他の盛り場に足繁く通おうと変わらないのである。

従って、タクシーダンス・ホールは、世間知らずの少女や若者たちにとっては社会的慣習から抜け出すための手段になり得るが、もう一方の集団にとっては、既にしっかり確立された習慣の継続を可能にするためのものになる。しかしこの両者にとって、タクシーダンス・ホールをめぐる人々の関わりは、個人の道徳的頽廃を招く傾向にある。

この道徳的頽廃の問題は、タクシーダンス・ホールを非難するだけでは解決できるものではない。タクシーダンス・ホールは、都市的生活のある明確な諸傾向に対応する形であらわれたものであり、都市的な施設の大部分に共通する特性を持っている。つまり、孤独で一人寂しく暮らしている人々を相手にし、意図的に刺激と興奮を助長し、擬似的な恋愛関係の機会を提供するというタクシーダンス・ホールの特性は、都市的生活のある特定の段階の一つの縮図とみなすことも出来る。立派で尊敬すべきものの周縁部にあり、コミュニティによって許容はされても容認されることはないタクシーダンス・ホールには、都市のなかのより慣習的な集団や施設には場所を見出せないが、そうした集団への包摂が与えてくれる充足感を求める人たちが集まっている。従って、タクシーダンス・ホールは、「悪の巣窟」として簡単に片付けてしまうのではなく、タクシーダンス・ホールを通して展開される人間関係と、そこをめぐる人々の結び付きが、常連客とタクシーダンサーの人格と特性に与える影響の点から分析されなければならない。

このようにタクシーダンス・ホールに集う人々を道徳的に頽廃させる力のなかでも第一に挙げられるのは、状況の匿名性であろう。他のパブリック・ダンスホールと同様にタクシーダンス・ホールにおいても若者たちは、ダンスホールにおけるその場かぎりの見た目や振る舞い以外の互いの素性やこれまでの行いについての如何なる知識もなしに、社交的に接することが出来る。そこで二人の関係がすぐに親密なものになったとしても、後になってから気が合わないとわかったり、文化的価値観や道徳的価値観において対極的な立場にあることが明らかになったりすることさえあるだろう。また、うぶな若者と経験豊かな放蕩者が対等の条件で出会うこともある。さらにダンスホールの匿名性は、常連客とタクシーダンサーの両者を、家族とコミュニティの非難から保護するように働く。両者とも、望みさえすればダンスホールの生活を秘密にしておける可能性がある。家族とコミュニティのなかで通常の生活を送りながら、ダンスホールの世界では道徳的基準をなおざりにすることも出来る。そのような人たちにとってダンスホールは、秩序ある社会には不可欠であるが、彼らには抑圧的なものとして感じられる行動に対する制約から逃れるための手段になっている。従って、他の一般的な形態のダンスホールと同様にタクシーダンス・ホールにも、このような匿名的な接触がもたらす二つの問題が生じる。第一に、著しく異なる背景と価値基準を持った人々が、制約なしに関係すること。第二に、二重生活を可能にすること。このそれぞれの状況は、人格の統合に対して緊張をもたらし、また安定した習慣と価値基準を崩壊させるきっかけになっている。

しかしタクシーダンス・ホールは、他の一般的な形態のダンスホールとは異なり、女性の自由に対して特別の制限を設けている。タクシーダンサーは、嘘の身の上話や偽名を使って自らの領域と家族の領域を、互いに完全に分け隔てて続けようとするかも知れない。しかし、一つのダンスホールで働き続けようとすれば、彼女のダンスホールにおける役割には、ある程度の一貫性が求められるようになる。つまり、彼女が職業上の利害関心を持つようになると、そのことが彼女の個人的な自由を制限する場合が出てくるのである。タクシーダンサーは一従業員としてすぐに、タクシーダンス・ホールの世界において自分の振る舞いの一貫性を、ある程度維持しなければならず、このことに成功するかどうかによって収入に明らかな違いが出てくることに気づく。彼女は、女優と同じように、考慮しなければならない「相手」がいることを学ぶのである。

タクシーダンサーに比べ、タクシーダンス・ホールの常連客である男たちは、匿名的関係を維持できる可能性が高い。とりわけ、「スラム探訪家」や「〔気ままな〕世界旅行者」、あるいは法の網を逃れている人は、タクシーダンス・ホールに逗留することによって完全に匿名性の保護下に置かれることにもなる。しかし、そのような人たちでさえ、ある期間そこに通い続けると、匿名性が不可避的に喪失し、人格を持った個人としての性格をより強めることになる。というのも、人には繰り返し見かける人を分類し、個別化する性向が自然に備わっており[3]、常連客は実際に、ダンスホールのなかでの他の人とは異なる人格を獲得することもあるからである。その人についての十分な情報がなくても、タクシーダンサーと他の常連客たちは、ダンスホールの世界のなかでの行動とその仲間たちから、常連客を完全に識別することが出来るようになるだろう。おそらく自分自身ではそんなことを考えてもみなかったとしても、常連客はやがて、ダンスホールの他の人たちの頭のなかで、そこでのこれまでの振る舞いと関わり方に結びつけて捉えられるようになり、あだ名が付けられ、「ヘレンの彼」や「カモ七号」などとして認識されるようになる。よく見かける常連客がタクシーダンス・ホールでの人との関わりのなかで、匿名的で、距離を置いたままでいたいと考えたとしても、彼の試みは結局失敗し、意に反してある特定のダンスホールでの人格を獲得することになる。

しかしこの匿名性に、タクシーダンス・ホールが道徳的頽廃をもたらす側面がある。客たちがタクシーダンス・ホールという施設にたびたび引き寄せられてしまうのは、自分の正体を明かすことなく、またそこで出会った人たちと親密になることなく、ある種の快感を得ることが出来るからである。しかし、特定のダンスホールの常連になるにつれ、その人は自分がより恒常的な人々の関係のなかに、ほとんど否応なしに引き込まれてしまっていることに気づく。その人はいつの間にか、数人の少女たちが彼に対して個人的な関心を示し始め、彼を匿名的な存在のままにしておかないということにも気づく。同様に彼も、故意にあるいは無意識のうちに、特定のタクシーダンサーたちに特別な態度をとるようになる。こうして個人的な関心と愛情が突然芽生え、道徳的に堕落する常連客たちも出てくる活動のサイクルが始まるのである。

次の事例は、当初はタクシーダンス・ホールの生活から距離を置きたいと考えていたが、結局その生活にはまってしまう多くの常連客たちがたどる過程の典型を示している。

私がはじめてジョーに気づいたのは、一九二五年の秋、ウェスト・サイドにあるタクシーダンス・ホールでのことでした。彼の褐色の肌、黒い瞳、背が高くすらりとした体型、エレガントな服装、洗練された物腰は際だっていました。彼は二二歳くらいに見えました。

彼と知り合いになろうとしましたが、あっさり拒絶されてしまいました。彼は内気なようで、ダンスホールで出会う人たちを恐れているようでもありましたし、常連客のなかに友達もいないようでした。彼はいつも一人で来て、一人で帰って行きました。彼はほとんどダンスフロアにいましたが、頻繁に踊る相手を変えていました。

二ヶ月後、私はそこで再びジョーを見つけました。この時彼は、前よりずっと話し好きで、打ち解けた感じでした。彼は、自分は生粋のメキシコ人だと言い、社会的地位があり、裕福なスペイン系の家系の出だとほのめかしました。彼は、彼の家族と山の手のコミュニティに住んでいました。

「ここの女の子たちは、踊るには悪くない」と彼は打ち明けました。「ここには踊りによく来ているけど、親父は［ループ地区にある］夜間学校の講義に出ていると思っているんだ。去年単位を落とした授業を再履修するのに。こんなところに来ているなんてわかったら、ぶたれるだろう……親父に何で夜間学校はそんなに金がかかるのか聞かれたことがあるけど、教授が授業で使う本を変えたんで、違うのを何冊か買わないといけなくなったと答えておいた。親父はアメリカの学校のことなんて知らないんで、息子のことを信じている」と彼は笑いながら説明しました。

「そこの女の子たちとはデートはしない。一緒に踊るにはいいんだけど、デートしたいとは思わない。彼女たちは、家に連れて行って親父に会わせられるような子たちじゃない……きちんとした社会での振る舞い方を知らないし。親父は、俺を裕福なメキシコ人の女性と結婚させようとしている。彼女は、とても素敵な女性で、今、女子修道院附属学校に通っている。でも、彼女といるとダンスホールの女の子と一緒の時みたいには自由に出来ない……とにかく、俺は青い瞳が好きなんだけど、彼女はスペイン系で、褐色の瞳なんだ」。

少ししてからジョーをダンスホールで見かけたとき、彼の物腰はすっかり変わっていました。彼は、特定のかなり魅力的な若い女性たち、ケルト系の女性たち以外とはほとんど話もしないで、ずっと彼女たちと踊っていました。「キャサリンは俺の彼女なんだ」と彼は私に誇らしげに打ち明けました。「この頃彼女は毎晩自分の家に呼んでくれる。彼女は品のある青い瞳をしたかわいらしい子で、振る舞い方もわかっている。きちんとその気になったら、彼女を親父に紹介するつもりだ。親父はもう、俺の金の使い方で頭に来ているけど、彼女についてはまだ何も知らないんだ」。

一ヶ月後、ダンスホールに行ったのですが、ジョーはまだ来てなくて、私はキャサリンと話をしました。「ジョーはいいんだけど、まだ若すぎるし、世間を知らなさすぎるわ。彼、今私のことでお父さんとトラブってるんだって。彼たちってノース・サイドの本当にハイソな人たちでしょ。彼、私をそんな社会に入れてくれるって約束したんだけど、のばしのばしにして。彼、おじけづいていると思うの」。

後になって、私はキャサリンから、ジョーが父親と激しい言い争いになり、家を飛び出したと聞きました。その後すぐ彼は学校を辞めて、キャサリンが住んでいるところの近くに職を見つけて働き始めました。

それから、キャサリンはダンスホールを辞めて、彼女とジョーは一緒にウェスト・サイドのアパートで暮らしていると、キャサリンと私の共通の知り合いから聞きました。ジョーは、「ビールの密売」に関わっているということです。

一年後、ジョーとキャサリンは別れました。[4]

矛盾したいくつかの「人格」と利害関心を維持することは、きわめてしっかりした人たちにさえ感情の上での混乱をもたらす。大部分の常連客たちはすぐに、他の理由はなくともまず心の平静のために、「ダンスホールに通うことで要求される」何らかの形での再適応によってもたらされた緊張を解消する必要があることに気づく。そして、人目をはばかるそのような行いが、その代価を払うに値しないと判断し、そこから足を洗い、普通の生活に戻るという決断をする常連客もいる。

今回のシカゴ滞在で、タクシーダンサーたちを訪ねることはもうないでしょう。私は思っていた以上にそこにのめり込んでしまっていました。かつて私が関係を持っていた少女と片をつけるずっと前から、いったんそこから足を洗ったら、二度と足を踏み入れないようにしようと決めていました。もちろん、面白い経験でしたが、ものすごくお金がかかりましたし、さらに悪いことに、多くの心配を抱えることになりました。アンは私の仕事に全く関心がありませんでした。実際のところ彼女は意図的に私を仕事から引き離しているようでした。それに私はいつも、誰かにそのことを知られるのではないかと心配していました。私はシカゴを離れましたが、結果的に千ドルくらい失い、それに値するものは何も残りませんでした。(5)

タクシーダンサーに本気になり、そこで生じた緊張を解消するために、意図的に自分の行動を確立された慣習やしきたりに適合させる常連客も時折見られる。つまり、ダンサーと結婚したり、自分の妻を仲間内に引き込んでしまったりするのである。「足を洗って他宗派の人と結婚する」と表現されている結婚は、タクシーダンサーにとってしばしばタクシーダンス・ホールから抜け出す手段になっている。

三つ目の緊張の解消法として考えられるのは、ダンスホールに関わる利害関心を最も重要なものにしてしまうことである。つまりダンスホールに関わる利害関心と必然的に相容れないような付き合いや活動は捨て去り、完全にそこでの生活に浸るのである。フィリピン人の言葉で言うと、その人は「放浪者」あるいは「漂流者」になる。この緊張の解消法でいくと、〔上の例のように〕学生の場合、自分の夢を捨て、タクシーダンス・ホールを支配的な関心事にしてしまうことになる。

道徳的頽廃をもたらす第二の大きな力は、多くの常連客あるいはタクシーダンサーたちがそれまで慣れ親しんできた如何なるものからも、タクシーダンス・ホールの世界がかなり逸脱しているという点に見出される。このことは常連客にとって自分自身の親しんできたものとはあまりにも異なるために、うまく一体化することの出来ないような価値基準、実践、生活に対する考え方と深く関わるようになることを意味している。まず、自分のかつての生活に対する何らかの些細な不満から始まり、タクシーダンス・ホールに足繁く通うにつれて、常連客はこれまで彼が生きてきたかなり普通の生活とも、またダンスホールの生活とも折り合いがつかないことに気づく。彼は、自分があまりにもタクシーダンス・ホールの生活に馴染んでしまったため、そこが自分にとっての基本的な満足感や快感を与えてくれるところになってしまっていることを発見する。同時に、多くのタクシーダンサーたちほどに、彼にとってダンスホールの生活は完全に満足できるものではないことがしばしばあり、[6] 自分の性格の他の側面が、タクシーダンス・ホールの世界では満たされないもののはけ口を求めていることにも気づく。こうしたダンスホールの世界の矛盾を抱えた価値基準と実践、人生観は、常連客たちの職業上や社会的な夢を実際に達成することを妨げるだけである。このような矛盾をはらんだ生活の難問の解決に没頭するため、客は職業上の前進を逸してしまうのである。

私は美しい女性と婚約していましたが、口論が絶えなくなり、結局別れてしまいました。最悪の点は、自分がしたことで何が間違っていたのかわからなかったことにあります。馬鹿げたことに私は言い争いの原因は、「性差の心理学」に関わると思っていたのです。もちろん私は生理学的な側面はわかっていましたが、より重要な側面である「心理学」は、さっぱり理解できませんでした。私は、自分の心構えが出来るまでは二度と一人の女性に真剣にならない、と決めました。その後に私が関心を持つかもしれない女性たちにとっても、また私自身にとっても、学ぶことは結構なことです。しかし私はすぐに、書かれた物は役に立たないことを知りました。

この頃、私はタクシーダンス・ホールのことを聞いて通い始めました。その時は異常なほどの好奇心があって、すぐにタクシーダンサーたちに興味を持つようになりました。彼女たちは、オープンでざっくばらんに、でも下品にならずにセックスについて話していて、それは満足のいくものでした。婚約者と私が、自分たちの問題について徹底的に話し合うことを妨げていたような障壁や遠慮は全くありませんでした。私は単にタクシーダンサーたちと「遊び回って」いただけでした。彼女たちも私も、そのことをわきまえていました。しかし、彼女たちは私がまさに求めていたものでした。彼女たちは私に学ばせてくれました。でも幸いなことに、私はどのダンサーとも決して親密になりませんでした。私は今、心理的に幸せな結婚をする準備が出来たと感じています。

しかし、私はこのような知識の代価を払いました。長い間、私は自分が結婚すべきような女性たちと関わりを持ってこなかったので、そのような女性たちの前では白けてしまいます。そのような女性たちの大部分は、あまりに洗練されていないため、知的な関心以外に本当の関心が全く起きません。彼女たちの人格的な特徴もタクシーダンサーたちほど興味深くないのです。その一方で、ダンスホールの少女たちも別の意味で、真剣になっていいと十分に感じることが全くできません。

ダンスホール中心の生活は、神経を悩ますものです。少女たちは本気で永続的な関心を抱くことはありません。少なくとも彼女たちは、男性の将来とか夢に関心がありません。男性とは束の間の愛情関係で、妻や婚約者が持っているような男性の将来に対する関心はないのです。彼女たちはいつも、すぐ得られるだけの客の金と時間を巻き上げようとしています。男性は、総体的な見方を失う傾向にあります。男性は今日と明日の晩のことだけを考え、十年後のことは考えません。このような生活は、男性をそこから救い出すことはなく、そこに引き止めるのです。愛情は、男性たちが前進していくうえで大きな影響を持っていますが、それは、例えば結婚を通して彼のキャリアと結び付く場合です。しかし、男性が結婚することの出来ないような女性たちに抱く愛情は、別の理由で彼の重荷になるのです。(7)

タクシーダンサーにとっても、彼女たちがそれまでに馴染んできたものとはかなり異なるタクシーダンス・ホールの生活における価値基準、実践、人生観は、道徳的な頽廃をもたらす原因になっている。他の社会集団でうまくいくとわかっていた以前の価値基準や態度はダンスホールでは通用しない。このように根本的に異なる社会的世界に入ることによって、少女たちは苦しみや誤解、幻滅を味わうことになる。ある若い女性によると、タクシーダンサーはすぐに、タクシーダンス・ホールでは「たとえ自分の姉妹でさえ人を信じることは割に合わない。男を信じるなんて以ての外よ」と悟る。

落胆を経験することで、新しくダンスホールに入った少女は、自ら進んで経験を積んで、成功しているタクシーダンサーの言葉に耳を傾けるようになる。彼女はすぐに、成功した若いダンサーの振る舞い方や言葉遣い、態度、行動基準を吸収するが、このような生活が結果的に自分を導いて行く先についてはほとんど考えない。他のタクシーダンサーは彼女に、ダンスホールの世界での好ましい振る舞い方や行動だけでなく、そこに適した生活観や人生観を教え、そのことによってまた、その新しいタクシーダンサーが彼女の周りの生活にうまく適応していくことを可能にする。一見奇妙に思われるのだが、彼女が学んだそのような人生観と価値基準や実践は、さしあたり満足のいくものであり、彼女に混乱をもたらすというよりむしろ、実際には彼女の生活や考え方の再編を助けている。というのも、それらの人生観や実践によって、新しいタクシーダンサーは彼女の周りの直接的な社会的世界、つまりダンスホールの世界と良い関係を築くことが出来るからである。

しかし、タクシーダンサーの振る舞い方、態度、人生観は、人格と性格の永続的な側面から見ると望ましいものではないように思われる。望ましくない特徴のなかでも第一のものは、極度なまでに個人主義的な態度と騙しの哲学である。既に述べたように、[8]騙しの論理は、タクシーダンス・ホールの事業にとって明らかに基本的なものになっている。このことと関連して、タクシーダンス・ホールのあらゆる実践は「セックス・ゲーム」[9]であり、それはさらに重大な性的不品行を受け入れる心理的な素地を形作っている。売春とそれに関連した不道徳な行いが、ごく自然にその後に生じるのである。しかし、騙しの論理とセックス・ゲームの実践がもたらす結果は、このように簡単にわかるものばかりではない。タクシーダンス・ホールのこうした生活体系は、性の商品化のみならず、他のさまざまな犯罪に関わる人生への道を整えている。タクシーダンス・ホールで数年にわたって異性を食い物にしてきた経験が、後の組織的な犯罪行為への準備教育になってしまった事例である。

ガートルード・ミューラーは、シカゴ郊外に住むドイツ系未亡人の長女であった。家には数人の幼児がおり、家計は折に触れて危機的状況に陥っていた。ガートルードは退学し、一五歳から働きに出たが、そうして稼いだ賃金がなくてはならないものであった。

ガートルードはまだ一七歳に満たない時にタクシーダンス・ホールに入り、それからしばらくして、彼女は危険をともなう、きわめて独特な人を食い物にする利己的利用を行い始めた。つまり、「カモ」にするために若い男性と結婚したり、あるいは一緒に暮らしたりしたのである。彼女をよく知るタクシーダンサーの情報によると、ガートルードは、自分に夢中になり、「銀行預金口座を持っており」、「騙されやすい」若い男性を見つけると、その人と関係を持ったそうである。そしてわずかの間に彼女は彼の貯金を盗み、姿をくらましたのである。

この手口で彼女は数人の男性を騙したと言われている。しばらくの間、彼女はジョニー・スミスの名で若い男性と「結婚していた」が、すぐにその男を捨てた。次に彼女はボビー・ディクソンと名乗り、イタリア人の若者と結婚したが、彼も後に捨てられた。それから彼女は偽名を使い、他の数人の男性と関係を持ったり、結婚したりしたそうである。その後、彼女は犯罪行為に関わっている若者のギャングと関係を持つようになった。彼女はそのギャングのリーダーであったと言われている……数多くの強盗と強奪を繰り返した後、ギャングたちは逮捕され、そのうち数人は有罪を宣告された。今はビリー・ディクソンと名乗っているガートルードも、三人の男性共謀者とともに有罪を宣告された[10]。

タクシーダンス・ホールのもう一つの望ましくない点として、タクシーダンサーたちのほとんど全員に共通して見られる、世間ずれした皮肉な態度の役割が挙げられる。皮肉な態度は、ダンサー同士の態度によく見られるものであり、また貞節についての彼女たち自身の態度をしばしば反映している。以下の抜粋は、この皮肉な態度と、タクシーダンサーたちの生活を秩序づけている一連の関心をあらわしている。

女の子たちの話なんてうんざり。だっていつも同じなんだから。キャバレーのパーティーに行った話とか、どんなに飲んだかとか、どれくらい男が自分に貢いだかとか。そうでなければ、どんなふうに男を「カモ」にして大きな「石」のついた指輪をもらったかとか、別の男を「カモ」にして時計をもらったかとか。そんな話ばっかり。彼女たち、男たちはただの「カモ」だから、そういう物を手に入れられるみたいな感じでいつも話している。私たちはそばに座って、その子たちの話を、いかにもっていう顔をして聞いているんだけど、いつも私たちは、彼女たちがかなり無理をしてその「石」をもらっているってわかってるの[11]。

タクシーダンサーの人生観でさらに頻繁に見られる特徴は、キリスト教教会による結婚の承認に対する否定とともに、相手を選ばない不特定多数の人との交際の正当化である。

私の故郷のキリスト教の人たちとか、偽善者たちみんなが言っていることで理解できないことが一つあるんだけど、どうして、たとえ五分前までは全く不道徳だった人でも、牧師さんが頭の上に手をかざしていくつか言葉を言った後にある男性を愛することが、そんなにまで神聖なことなの？　愛は、誰かさんが手をかざして言う言葉なんかより、はるかに大事なものよ。それ以上に、何で自分がやりたいようにやって悪いのかわからない。そんなの大きなお世話よ。(12)

避妊薬や避妊用具を使うことが当たり前の社会的世界では、相手を選ばない交際や愛の自由の哲学が何らかの形で進展すると言えるのかもしれない。このことは、タクシーダンス・ホールの世界には特にあてはまるようである。

ダンスホール生活が道徳的頽廃をもたらす三つ目の側面は、特に若い少女たちにあてはまるのだが、彼女たちが、ダンスホールの世界自体に存在する、矛盾する理想や信念、行動基準に常にさらされているという点にある。ダンスホールに集う人たちは異種混交的で、そこには多くの相互に矛盾した生き方の代表者たちが集まっている。そのそれぞれの生き方は、それ自身の内部においてさえ完全に一貫したものはほとんどない。しかし、それらすべてのものは、若い少女たちが自分の行動を正当化するために簡単に利用することの出来る考え方や理由づけ、生活観を具体的に表現しているのである。

しかし、それ以上にこれらの相互に矛盾した考え方は、若い少女たちを混乱させるものでもある。というのも、そのような矛盾した考え方は、タクシーダンサーにとって決して些細なこととして済ますことの出来ない問題に関係しているからである。フィリピン人や他の東洋人たちとダンスをしたり、「デート」をしたり、あるいは結婚したりすべきなのか。収入を上げるために、官能的に踊ったり他の不道徳な行いをしてもいいのだろうか。タクシーダンス・ホールで生きていくなかで、かつての恋人や夫に対して、どこまで「誠実」であることが期待されるのか。このような重大な問いに彼女たちは直面する。相互に矛盾した生き方が迷宮のように錯綜して呈示されている状況では、完全な一貫性があり、また恒常的に満足を与えてくれるような人生設計を意図的に選択することは、誰にとっても困難だが、とりわけ衝動的で未熟な若い少女たちにはいっそう困難なことである。

例えば、結婚について基本的にどのように考えるのかという重要な問題一つをとってみても、そこには何の合意も見られない。多くの若い女性たちは結婚について明らかに慣習的な考え方を持ち続けており、この点はタクシーダンス・ホールの女性たちも例外ではない。しかし、しばしばタクシーダンサーたちは、友愛結婚に賛成しているようにも見える。このような社会的世界では、友愛結婚、つまり結婚しても子どもを持たないという明確な合意のもとでの結婚は、そこでの生活条件から自然に生じてくるものである。さらにもう一つの結婚についての考え方もあるが、実際のところそれは、友愛結婚よりもいっそう家族についての伝統的な考え方から根本的に逸脱したものである。今のところまだそのような考え方は、ダンスホールにおいてさえ当たり前のものにはなっていない。しかしその考え方は、タクシーダンス・ホールにおいて見出され得る価値基準が広範であることを示す、という点において重要な意味を持っている。結婚は子どもを育てる制度ではなく、性生活と親密な友愛関係を法的に認める制度であるという友愛結婚の考え方とは逆に、この新しい考え方は、**もっぱら**子どもを育てるための制度として家族を考える。

> 子どもが欲しくないのであれば、結婚する理由はありません。いずれにしても結婚の目的は子どもにあります……あまりにも急いで結婚しすぎることが、今この国が抱えている問題です。徹底的に互いを試験的に使ってみる期間さえあれば、結婚すべきかどうか、よりはっきりわかるはず……私にとって友愛結婚という考え方は意味のないもので、それは単にお互いに確信が持てる前に、また子どもを持つ覚悟が本当に出来る前に結婚することにすぎないのです。[13]

多少加減されているとはいえ、相手を選ばない交際が当たり前の社会的世界では、このような結婚についての革新的な考え方も自然に生まれてきたものである。それは、タクシーダンス・ホールで少女たちが触れている、結婚と家族についての相互に矛盾した考え方の極端なものの一つを反映しているにすぎない。

このような矛盾した生き方との接触が少女たちに与える影響は、彼女たちのせっかちで無分別な行動にある程度あらわれている。かぎられた経験しかなく、導きとなるような親からの教育も十分に受けていないために、タクシーダンス・ホールの少女たちはしばしば、一時的な気まぐれに従い、最も馬鹿げた解釈や決断をしてしまう。

アンナは、ポーランド系の若い女の子で、まだ一八歳になっていませんでしたが、タクシーダンス・ホールに入り、フィリピン人と知り合いになりました。一九二六年の初春に、女の子たちとフィリピン人の三組のカップルが、ある「ブラック・アンド・タン」キャバレーで土曜の夜を過ごしました。

そこで、結婚のことが話題になりました。女の子の一人がアンナに、数時間前に会ったばかりのその夜の彼女の同伴者であった若い男性と結婚できるものならやってみるよう「そそのかしました」。アンナはその挑戦を受け、今度は逆に、他の女の子たちにもフィリピン人の友達と結婚することに同意させました。こうして彼女たちは、インディアナ州クラウンポイントまでタクシーをチャーターして行き、日曜の朝早くに結婚しました。この夫婦たちは、一緒に住もうとさえしませんでした。数日後には彼女たちは離婚を望んでいました。[14]

次の事例では、アメリカに来てまだ二年も経たないオランダからの移民の少女が、自分が「レディー」であるという主張を認めさせるための正当な手段として、タクシーダンサーたちのなかで「ガールズ・ギャング」と「殴り合い」と言われているものを受け入れていることを明らかに示している。

私たちがこの前の水曜にここで喧嘩したのは知っていると思うけど。それはトイレの奥で始まったの。ほとんどの女の子が私に話しかけようとしないのに気づいたでしょ。彼女たち、私が素敵なものをいろいろ持っているから嫉妬しているの。その日、みんなから「レッド」って呼ばれている女の子がトイレの奥にいて、その子が私を汚い名前で呼んだんで、頭に来て、蹴っ飛ばしたの。そしたら、彼女の友達みんなが私に飛びかかってきて、噛みついたり、ひっかいたり、髪をひっぱったりして、喧嘩になったの。誰かが、音楽がまた始まったと言ったので、後で外で片をつけることになったの。

「レッド」も私も自分の仲間を連れて来たわ。でも「レッド」たちの方が多かったの。階段を下りたら、すぐに喧嘩になったわ。私は歩道から排水溝に突き落とされて、上から下までドロドロになった。誰かが私の顔をおもいっきり殴ったし、お腹も殴られた。おまけに一五ドル入っていたハンドバッグを失くしちゃって、次の日に見つかったんだけど、お金はなかった。でも、お金も洋服も気にしてないの。彼女たちに自分は臆病者でないことをわからせたし、ともかくもう私のことをレディーじゃないなんて二度と言わないでしょうから……私はレディーだって、あなたもわかっているでしょう。私、お母さんと一緒に住んでいるし。(15)

彼女たちは、文字通りの「荒れた若者たち」であり、彼女たちを導くような普遍的に受け入れられている規則や一連の慣習を持ちあわせていない。

タクシーダンス・ホールにおける対立した規則や集団からもたらされる混乱した生活のもう一つの証拠は、そこで時折見られる少女たちだけのガールズ・ギャングである。確かにこれはとても珍しい現象である。フレデリック・M・スラッシャーは、シカゴの一三一三人のギャングの研究を行ったが、そのなかで少女たちだけのギャングは、わずかに五つか六つしかなかった。彼の解釈によると、少女たちのギャング行為を抑える伝統と慣習の力は少年たちに比べるとはるかに強いものであり、シカゴの混乱した地域においてさえ、少女たちは少年たちよりもかなり注意深く見守られている。(16)しかし、おそらくかなりの時間を家から離れて生活し、経済的にも家族から自立しているタクシーダンサーたちにとって、近隣や家族の抑制的な力はほとんど意味を持っていない。

ダンスホールの状況の他のいくつかの要因も、ガールズ・ギャングの進展を促している。少年たちと同様に少女たちにとっても、ギャングがはびこるのは「隙間集団」(17)として、対立的な状況が存在する場合だけである。タクシーダンス・ホールの相互に矛盾する価値基準と実践に接し、必然的にそのうちのいくつかのものと対立するため、少女たちはギャングに、活力と何らかの永続性を持った基本的な集団への帰属感を見出す。ギャングは、その構成員を保護し、少女に彼女自身と外の世界についての満足できる考え方を提供する。それ以上に、ギャングはタクシーダンサーに行動基準、すなわちギャングの他の仲間たちから強要され、その構成員全員に受け入れられている規則を与え、タクシーダンス・ホールという無秩序の世界のなかに、ある程度の秩序をもたらしてくれる。従ってタクシーダンサーのギャングもまた、隙間集団なのである。それがはびこるのは特に「隙間地帯」という環境、つまり無秩序なタクシーダンスの世界とシカゴの荒廃している区域である。[18]

ボーイズ・ギャングと比べて、タクシーダンス・ホールに見られるようなガールズ・ギャングは、不安定で一時的なものである。その主な理由は、異性に対する愛情関係の進展が、ギャングに対する忠誠と対立するという点にある。スラッシャーが指摘しているように、少年たちのギャングの場合にも、恋心と結婚がギャングを崩壊させる要因になっている。[19] 同様にタクシーダンサーたちにとっても、恋心はギャングに対する忠誠にとって致命的である。従って、タクシーダンス・ホールの世界におけるガールズ・ギャングは、客に対して〔恋愛的な関心ではなく〕功利主義的で、相手を食い物にしようとする関心しか持たないタクシーダンサーたちの間にだけしか見出されない。

タクシーダンサーたちのなかにはいくつかの組織化された集団があり、それはその内部の少女たちからも外部の少女たちからも「ギャング」と呼ばれ、とても良く知られている。少女たちは彼女たちのやり方で、明らかにそれらの「ギャング」にはリーダーがいることを認識している。というのも、ギャングはリーダーの名前やあだ名で知られているからである。従って現在、タクシーダンサーたちのある種の初期形態のギャングが存在しており、「レッドのギャング」、「ローズのギャング」、「ミニーのギャング」と呼ばれている。

ギャングは、ダンスホールの内部や、ダンスホールを頻繁に訪れている気の合う少女たちの集団から形成されている。これらの少女たちは、男性客たちとの関係に関して、完全に、功利主義的な関心あるいは相手を食い物にしようとする関心によって動機づけられているようである。一つのギャングに属する少女たちが、同じアパートの部屋で一緒に住んでいると報告された例もいくつかある。彼女たちの一部は、騙されやすい客たちを最も積極的に「カモ」にしているると言われている。[20]

タクシーダンサーのギャングの組織、規律、統制の方法は、少年たちのギャングと犯罪に関わるギャングに倣ってつくられている。次の出来事は、その用意周到さと組織が、普通の少女の集団に見られるようなものではないことを示している。

「レッド」と彼女の二人の悪友は、早く帰る許可をタクシーダンス・ホールの経営者から得ました。夜一一時、彼女たちは外套を着て、ドアの近くに立っていました。「レッド」は私に来るように合図しました。少し話した後で彼女はこう言いました。「今からここで喧嘩があるから。あの白い服を着た黒い目の子、見える？　私たち、あの子のことむかつくから、ステラが行って一発殴ってやることにしたの。この辺にいて。見ものよ」。

私は待って、見ていました。すぐにダンスが終わり、「黒い目の子」は横の方で客の一人と話していました。するとステラが彼女に近づき、いきなり「黒い目の子」に狙いすましたものすごい一発をおみまいしました。彼女は床に崩れ落ち、ステラは意気揚々と引きあげてきて、「レッド」と悪友たちに合流し、すぐに階段を下りて立ち去りました。「黒い目の子」は洗面所に運ばれ、しばらくしてからようやく家に帰ることが出来ました。(21)

この出来事のこうした人目を引くような性格は別にしても、少女たちのギャング行動は、タクシーダンス・ホールという社会的世界に見られる対立した価値基準と集団を明示する重要な証拠になっている。ガールズ・ギャングは無秩序な世界に、ある程度の秩序をもたらすという一時的な効果があるとはいえ、それは結局、タクシーダンス・ホールにおける道徳的頽廃を推し進めているのである。

タクシーダンサーの道徳的頽廃に寄与する四つ目の要因として、タクシーダンス・ホールという施設における少女たちの経済的な位置が挙げられる。ダンスホールで利益を上げようとすれば、少女たちは何らかの方法で客たちの商売上の需要を満たさなければならない。彼女たちの個人的な好みや理想が如何なるものであれ、タクシーダンサーは、与えられた条件を受け入れ、客たちが「楽しい時を過ごす」ことが出来るように、出来るかぎりのことをすることが期待されている。彼女は、客が望めば誰とでも踊らなければならず、如何なる状況にあっても客を「侮辱する」ことはないだろう。

ここでのはじめての夜、ある男が私のことを侮辱したんで、顔をひっぱたいてやった。男に何かされそうになったらそうするみたいに。彼は腹を立てて、私に「突き」を入れようとしてきたけど、私はうまくかわしたわ。そしたら、案内係が彼を止めてくれた。でも案内係が、私が彼を叩いたことを知ると、事務所に行ってボスと話をするようにと言ったの。そして事務所に行ったら、ボスに怒鳴りつけられて、客にどんなことを言われようと我慢するか、ここを辞めるかだと言われたわ。ここにいるには我慢しなきゃいけないことがたくさんあるの。[22]

このような経営上の要求それ自体は、それほど重大に捉えられるべきものではない。というのも、少女たちは大部分の不快な状況に対応するための方法を心得ているからである。しかしこれらの背後には、他の価値観はさておき、まずダンスホールの経営者とタクシーダンサーの利益を最大にする活動であれば如何なるものであれ重視するという、きわめて経済的な立場が存在している。ベテランのタクシーダンサーが「客を取る」ために行う努力、[23]時にはダンスホールの世界における彼女の役割を低下させなければならない必要性、[24]「退行的ライフサイクル」[25]全体は、ダンスホールにおいて経済的な力が不変のものとして働いていることを映し出している。

ここまでの議論では、ダンスホールの発展は、ともかく何らかのいかがわしい行為によって最大限の直接的な利益が獲得されていることをほとんどの場合に示しているように思われる。確かに多くの場合、自らの自由意思で活動しているダンスホールの経営者は、タクシーダンサーたちに、ダンスホールからもたらされる経済的な好機を最大限利用するよう促すことに消極的ではない。

私たちがジムに［タクシーダンサーの仕事をくれるように］頼むと、彼は、一ダンス五セントの冬の営業期間に、私たちがダンスのインストラクターとして雇われるだろうと言いました。さらに、「いずれにしても一晩に五ドル稼ぐチャンス」があり、もし私たちに「その気があれば」それ以上稼ぐことも出来るとつけ加えました。

夜の収入を上げるために私たちがいったい何に「全力で取り組む」必要があるのか曖昧だったので彼に尋ねると、賢いからわかるでしょう、と彼は答えました。(26)

タクシーダンス・ホールにおける仕事の経済的な要求から、道徳的頽廃をもたらす五つ目の要因が生じる。つまり、ダンスホールに来る多くの常連客たちとの間にうわべだけの親密さが必要とされる点である。タクシーダンサーたちは、彼女の本当の感情とは関係なく、自分の客のそれぞれにある程度の個人的な関心を示す必要がある。

大部分の私の常連客は、私の「甘い言葉に乗せられる」。女の子は男たちをたくさん「かつぐ」必要があるの。男たちの多くがそれを望んでいるのよ。ときたま来る男の子の名前をたくさん覚えているだけでも、ものすごく有利よ。もし男の子がタイプだったら、ぜんぜん苦にならないんだけど、嫌な奴だと、「かつぐ」にしても一苦労。でも、「落ちたら」みんな同じ。いずれにしても、このホールで生きていくにはそれしかないの。「仕事は仕事」、わかるでしょ。(27)

このような見境のない親密さは、全く悪気のない時もあるが、しばしば不幸で困惑するような結果をもたらすこともある。以下は、このようにして生じた問題のほんの一例である。

エブリン・ヘンダーソンは、オースティン警察に悪い印象を与えていた。警察によると、昨日の未明、彼女はドライブしていた男性の車から降り、見知らぬ二人の男性に誘われて車に乗ったところ、小難を逃れて大難に陥ったと話しているが、その話は、信じたくてもなかなか信じられるものではなかった。

エブリンは、彼女の話によると二十歳で、タクシーダンサーをしており、ウェスト・マディソン・ストリートにあるダンスホールで「インストラクター」として一ダンスごとに賃金を得ていた。彼女は、豊かなシフォンのスリーブで、高いカラーの金色のサテンで出来た衣装を着ていたので、まるでパリのファッションモデルのようであり、彼女のきわめて洗練された物腰は、ゴールドコーストのホステスたちの評価を高めるものであった。

刑事局のパトロールカーに一マイル追跡されて止められた車から、万年筆、五ガロンのアルコール、葉巻、巻きタバコと二六ドル分の小銭などドラッグストアからの盗品が発見されたが、その車に彼女も同乗していたことに対して彼女が説明する時の態度は、少しイライラして、見下すような感じであった。

彼女は次のように話している。彼女はよく一緒に踊っていた男性とデートをした。ダンスホールを出ると、彼女たちはクロフォード・アベニュー市外電車路線の終点を越えたところまでドライブしたが、そこで彼が淫らな行為をしようとした。口論の後、彼女は車から飛び降り、市外電車路線に向かって歩いて戻り始めた。そこで、彼女は車に乗った二人の男性に呼び止められ、車に乗らないかと誘われた。

彼らは心配いらなさそうだったので、彼女は車に乗ったが、マディソン・ストリートの近くに来たところでパトカーを見つけると、運転手はいきなりアクセルを踏み込んだ。(28)

うわべだけの親密さはしばしば、あらゆる点において崩壊をもたらす。たとえダンサーが経済的な関心からのみ常連客たちとうわべだけの交際をし、彼らに彼女の生活の他の領域を邪魔されないように固く決意していたとしても、結局、彼らが彼女の私的生活を侵害するようになるのはほとんど不可避の傾向のようである。タクシーダンサーの社会的立場にともなうさまざまな要素によって、彼女の愛情はたいてい気まぐれなものにならざるを得ない。

私は夫を愛したことなんてなかったと思うけど、でも私たちかなりうまくやっていたわ……夫は私に関わることになるとお金にいつも細かかったわ。ストッキングに二ドルも払ったりすると、それはもう本当に大変で。食料とか日常の雑貨を買うのに十分なお金を稼ごうとしたらダンスホールで魅力的に見えないといけないって彼はわかっているのに、そうなの……それに、彼とは私の付き添いの男のことでも口論になったわ。お店が閉まる時間に彼が迎えに来られない時、誰か家まで送ってくれる人が必要だったの。午前一時にクラーク・ストリートを一人で歩いて帰ってくることなんて出来ないから、送ってくれるボーイフレンドが必要だった……でも夫は、私がその子に結婚していることを言っていないと知ると、「気を悪く」した。でも結婚して夫と一緒に住んでいるなんて言ったら、送ってくれる人をいつも見つけられるとはかぎらないのに。(29)

常連客との交際が必然的に個人的なものになることによって生じる影響は、タクシーダンサー個人の精神的な錯乱と混乱にあらわれている。(30) またこの影響は、タクシーダンス・ホールの生活を特徴づけている、利己的利用の人生観と技術にもあらわれている。既に述べたように、(31) これらの理由づけや実践は、自分の生きている社会的世界にうまく適応させてくれるものであるため、タクシーダンサーにとってははじめは満足のいくもののように見える。さらに本質的には、少女たちがそのような利己的利用の人生観と実践に満足するのは、それらがタクシーダンサーに要求されるうわべだけの親密さによって生じる愛情の浪費から彼女を守ってくれるからとも言えるだろう。しかし、このような束の間の恩恵にもかかわらず、利己的利用という価値基準と実践は、それらをもたらすうわべだけの親密さとともに、結局のところさらに道徳的頽廃を推し進めるように働くのである。(32)

本章の議論をまとめると、タクシーダンス・ホールには道徳的頽廃をもたらす、少なくとも五つの要因があると言えるだろう。確かにそれらの要因は、実際には個人にとって精神的混乱をもたらすものではない場合もあるが、それにもかかわらず、これらの要因が実際に存在し、これまでの自分の価値基準と実践があらかじめタクシーダンス・ホールの生活に適するようなものではなかったダンサーたちを道徳的に頽廃させる傾向にあることも確かである。本章のまとめとして、以上で論じた順に五つの要因を挙げておく。

第一の要因。匿名性の状況によって、常連客たちは通常の社会的な制約から解放される。このことは、「二重生活」を送り、結局、少なくともある意味で混乱をもたらさざるを得ないような類の接触の機会を与える。**第二の要因**。タクシーダンス・ホールの社会的世界の価値基準と実践が、他の集団において多くの常連客とダンサーがこれまで慣れ親しんできたものからはかなり逸脱したものであるため、常連客とダンサー両者の道徳的頽廃が促される。**第三の要因**。ダンスホールの世界には、相互に矛盾した価値基準と信念が存在している。このような矛盾を抱えた生き方に対する反作用として、タクシーダンス・ホールにおいて少女たちのガールズ・ギャングが形成される。それは、タクシーダンサーの無秩序な世界にある程度の秩序を与えるものではあるが、結局のところ、さらなる道徳的頽廃を促す力として働く。**第四の要因**。タクシーダンサーの経済的な立場が混乱をもたらすような影響を与えることがある。ダンスホールにおける、タクシーダンサーと経営者の最大限かつ直接的な利益の重視は、しばしばいかがわしい行為をとらせることになる。つまり、このような形で収入を上げる機会が常に目の前にぶら下がっている。**第五の要因**。タクシーダンサーたちは、多くの常連客たちとうわべだけの親しい関係を持つことが要求されるため、不審な人物と親密になったり、ほとんど必然的に、気まぐれで不安定な愛情関係にならざるを得ないような社会的立場に置かれる。

これらすべての要因は、タクシーダンサーたちと常連客たちにとって、ダンスホール生活における態度と行動パターンと、家族やコミュニティの人たちのなかでのそれらとの間に対立関係を生じさせる。これらの社会的な対立関係は、如何にこの二つの社会的世界が周到に切り離されていようとも、不可避的に道徳的な対立関係に陥り、しばしば個人的な道徳的頽廃という好ましくない結果を招いているのである。

第十三章　タクシーダンス・ホールと社会改良

伝統的なアメリカ人の価値基準と著しく対立するタクシーダンス・ホールのような娯楽施設は、如何なるものであれ、アメリカの諸都市において反対を引き起こさずに済んだものはなかった。かなり初期の段階から、タクシーダンス・ホールは、当局とソーシャルワーカーたちから不道徳と売春の巣窟ではないかと疑われていた。タクシーダンサーたちはあらゆる客たちとダンスをするように要求され、ダンスホールは女性客の立ち入りを断っており、またその経営者たちは女性の監督者たちを嫌っていたために、このような疑いがかけられたのである。しかしながら、シカゴにおいてタクシーダンス・ホールというシステムは意図的に慣習の裏をかこうとして発展したものではなく、ある競合する要求と、社会に同化していない男性住民がいくつかの地域に集中したことから生まれたものであることは認識されなければならない。従ってタクシーダンス・ホールは、道徳上の違反行為としてではなく、むしろある都市的な条件によって自然に生み出された副産物とみなされるのかもしれない。このため、タクシーダンス・ホールを統制しようとすれば、その基底にある諸条件を理解することが必要になる。

第一節　タクシーダンス・ホールに対する非難

ここ数年、タクシーダンス・ホールに対して多くの非難の矛先が向けられてきた。この非難の多くに関わる問題は本書で既に見てきたので、ここではこの点についてさらに敷衍しないが、これらの非難を簡単に再検討してみたい。

最も頻繁にタクシーダンス・ホールに対してなされる非難の一つは、それが「女性客お断り」にしている、〔つまり女性客たちに対して「閉鎖的」だ〕という点である。しかしタクシーダンス・ホールが、意図的に女性客を締め出そうとした結果生まれたものではなく、むしろ、他の方法ではダンス相手を見つけることの出来ない男性たちにダンス相手を確保するための一つの手段として存在している、ということは留意すべきである。歴史的に見ると、タクシーダンス・ホールにダンサー以外の女性がいないのは、男性客やダンスホールの経営者がダンサー以外の女性たちがそこにいることを好まなかったというよりむしろ、女性たちが自発的にある種の男性たちとダンスすることを拒否したという事実によるものである。

タクシーダンス・ホールが非難される第二の点は、タクシーダンサーたちは、個人の意思にかかわらず、客が望みさえすればどのような人とでもダンスするように経営者から強要されているという点である。しかし商業的な点から見ると、こうしたダンスホールにやって来る男性たちは一般的な大きいダンスホールでは容易にダンス相手を確保することが出来ないため、タクシーダンス・ホールがその得意客たちを相手にしようとすれば、ダンサーに対するこのような何らかの要求はやむを得ないものである。この要求の一方で、実際の場では、利口なタクシーダンサーは全く嫌いな相手とは長く踊らないようにうまくやっている。

非難の第三の点として、女性の監督者と監視人がいないこと自体が多くの人たちによって、とにかくタクシーダンス・ホールはいかがわしいところであることの証拠だとみなされる傾向がある。近年、繁盛している多くのダンスホールが女性の監督者や管理者を雇っているために、タクシーダンス・ホールも同じようにして至極当然と考えられている。しかし、タクシーダンス・ホールの監督の問題を、他の一般的なダンスホールと同一視できないいくつかの要因がある。まず、他の一般的なダンスホールと異なり、監視人がいるからタクシーダンス・ホールに行く、というような客はまずいない。言い換えると、売り上げの面で、女性の支配人を雇う理由がほとんど、あるいは全くない。第二の要因として、一般的な大きなダンスホールと小さなタクシーダンス・ホールが女性の監督者を雇用する場合の相対的なコストの違いが挙げられる。タクシーダンス・ホールの客がわずか数百人であるのに対して、大きなダンスホールの客は数千人におよぶこともある。従って、より規模の小さなタクシーダンス・ホールに比べて、一般の大きなダンスホールが監督者に支払う給料は支出全体から見るとはるかに小さくなるのである。

タクシーダンス・ホールに向けられた第四の、さらに厳しい非難は、タクシーダンス・ホールはその構造とダンサーの賃金システムによって、必然的に多くの売春をともなう施設にならざるを得ないというものである。このような想定は、売春婦とタクシーダンサーの社会的な立場が似ているという認識から生じたもののようである。つまりその両者とも、可能な社会的接触の形態、利害関心、彼女たちの生活を形成する社会的諸力がきわめて良く似ているように見える。さらにタクシーダンス・ホールの状況は、エイブラハム・フレクスナー[33]が売春の三つの本質的要素として挙げているものにも当てはまっている。つまり、交渉、不特定多数の人との性的関係、感情上の無関心である。客とタクシーダンサーの関係は経済的なつながりに基づいており、従って市場で典型的に見られるような取引と値段交渉が不可避的に行われる。また、タクシーダンサーは多くの男性たちと親密な愛情関係になり、さらにそれぞれの男性に、少なくとも個人的な関心を持っているようなふりをすることが要求される。しかし、もしダンサーという商売で本当に成功しようとすれば、自分の常連たちに分け隔てなく接し、実際には、彼らに感情的に無関心でなければならない。

タクシーダンス・ホールにおいて売春がかなり頻繁に行われていると一般に信じられているが、以上のようなタクシーダンサーと売春婦の社会的立場における際立った類似点は、いずれにしても、このようなタクシーダンス・ホールについての見方を部分的に支持している。しかし実際のところ、タクシーダンス・ホールにプロの売春婦は滅多にいない。確かに相手を選ばない性行動や、さまざまな種類の婚姻外の関係はきわめて頻繁に見られるが[34]、タクシーダンス・ホールにおいて古い形の売春[35]は一般的なものではない[36]。

このことの理由は、ある程度これら二つの生活から得られる収入の違いに見出すことが出来る。売春婦になりたい若い女性は、そうすることで、タクシーダンサーよりもはるかに多くの収入を得ることが出来る。さらに、これら二つの仕事の営業時間は同じ時間帯であるため、同時に両方の仕事をすることは出来ない。また売春婦は、人気のある時代を過ぎ去った後にタクシーダンス・ホールに戻ることも出来ない。ある売春婦が、タクシーダンサーの稼ぎが魅力的に思われるほどに自らの世界で落ちぶれたとしても、その時その売春婦は、もはやタクシーダンス・ホールで成功するだけの個人的特質を持ってはいない。

しかしこの一方で、かなり多くの闇の売春と「夜通しのデート」という実践が、タクシーダンス・ホールと結び付いているということも認識されなければならない。「時々売春婦」、つまり特別な経済的必要性を満たすための手段として時折売春を行い、そして再びもとの生活と活動に戻るタクシーダンサーたちもいる。しかしそのダンサーが売春を無制限に続けた場合、売春のほうがより儲かるため、タクシーダンサーをやめるのが普通である[37]。

タクシーダンス・ホールに対する第五の非難は、この第四の非難とも密接に関わるが、タクシーダンス・ホールは、厳密な意味での売春はかなり多いとまでは言えないが、多くの少女たちにとって売春や売春に関連したさまざまな性的不品行のための準備「学校」になっているというものである。この非難がかなり正鵠を射ていることは、一も二もなく認められねばならない。実際これは、タクシーダンス・ホールに対してなされ得る非難のなかでも、最も重大とは言えなくても、かなり重大なものの一つである。今日に至るまで、この非難を実証する資料が蓄積されてきており、それはかなりの数におよんでいる。まず、タクシーダンス・ホールの社会的世界には、売春と性的不品行に踏み出させる多くの要因が現に存在している。そのような要因の一つが、ほとんどすべてのタクシーダンサーの少女たちに見られる、世間ずれした皮肉な態度である。また、利己的利用と「セックス・ゲーム」という生活観が、この態度に結び付いている。さらにこれらのものが、すぐに性的不品行と結び付くような行動の価値基準と理由づけを与えている。タクシーダンス・ホールにはこのような社会的諸力があるため、タクシーダンサーたちが望ましくない活動や集団に否応なく引き寄せられ、ダンスホールから完全に離れてしまうようになるのは時間の問題にすぎない。タクシーダンス・ホールの生活を続け、その退行的サイクル[38]の最後に至ったダンサーたちにとって、売春や他の性的放埓はほとんど不可避のようである。

以上の他に、あと二つの社会的非難が現時点のタクシーダンス・ホールについてなされ得る。これら二つの非難は、どういうわけかタクシーダンス・ホールを激しく非難している多くの人たちからも注目されていない。しかしこの二つの非難は、タクシーダンス・ホールについて明らかにされた事実に完全に合致しているようである。

そもそも、タクシーダンス・ホールにおいて、普通の生活のなかでは決して出会うことのない、きわめて多様な社会集団に属する人たちとの間に親密な交際関係が生まれるということは確信を持って言えるだろう。匿名性とチケット売り場で購入される形態の社会的受容によって、如何なる男性であれタクシーダンサーをしている若い女性たちと交際する機会を得ることが出来る。このためタクシーダンサーたちは、泥棒、すり、追いはぎ、密造酒造者、さらに売春仲介人たちからさえアプローチされることになる。

タクシーダンサーの少女たちはさらに、他の方法で彼女たちを性的に搾取しようとする人たちと接触することにもなる。最近、ニューヨークとシカゴのタクシーダンス・ホールにおいて、ギャングたちがタクシーダンサーを、時に彼女たちの意思に反してさえものにする悪巧みが行われている。それは、その地域で「ラインアップ」と呼ばれており、おそらく多くの若い女性たちから最も恐れられている経験である。[39]これこそ少女たちがタクシーダンス・ホールで出遭うもう一つの危険である。

同様に、少女たちは馴染みのない異質な文化や人種の男性と親密な関係になることもある。こうして、ストックヤード地区に住むポーランド農民の娘が、異なる民族の男性と親密になることもある。あるいはフィリピン人の良い家庭の息子が、タクシーダンス・ホールで出会った教養や教育もない少女にのぼせ上がり、突然大学をやめるということもある。これらは、タクシーダンス・ホールという施設で普通に見られる不釣り合いなカップルのごく一部の例にすぎない。正しいと考えるかどうかは別として、当面のところ秩序ある社会生活を保つために疑いなく機能していくであろう人種的偏見、作法や適切さについての価値基準、モーレス〔道徳的慣習〕の点から見ると、愚かな結婚を確実に生み出し、今日の生活に見られる婚姻関係の崩壊をかなり増加させているタクシーダンス・ホールを容認することが、賢明なことかどうか問われるのもうなずけるだろう。

タクシーダンス・ホールに対してなされ得る正当な非難としてここで最後に挙げるのが、タクシーダンス・ホールが、少なくともその時に、社会の福祉にとって好ましくない利害関心や欲望に駆り立てられている人たちが集まる拠点を提供するというものである。タクシーダンス・ホールにおいてそうした人たちは、同じことに多大な利害関心を持つ人たちや、お金のためにその利害関心にすすんで同調する人たちを見出す。タクシーダンスホールが与える匿名性の庇護のもとで、彼らは結果的に多くの人たちにとって混乱をもたらさざるを得ないような秘密の接触を持つことが出来る。言い換えると、タクシーダンス・ホールは商売の疑似餌として若い女性を用い、都市のある特定の場所に店を構え、仕事から解放される時間帯に営業するという方針によって、事実上、進歩的なコミュニティがなくそうとしている種類の接触を促している。このため、これらの場所には不法な刺激を求める人たちも集まる。大人はそこに気まぐれな衝動のはけ口がうまい具合にあることがわかり、若い人はこのかぎられた社会的世界のなかに、結局のところ野心の挫折と個人的な道徳の頽廃へと至るような行動の承認を見出すのである。

第二節　監督の問題

タクシーダンス・ホールは〔青少年保護協会などの〕民間の社会的保護機関があるために、うまくやっていくことが出来ない。政治家や警察とはしばしば満足のいく関係を築くことも出来るが、こうした社会的保護機関は、タクシーダンス・ホールに協力的ではないのである。[40] これらの機関は、ダンスホールを閉鎖する措置を講じる前に徹底的な調査を行うこともある。しかし、ほとんどの場合それらの機関は、タクシーダンス・ホールをめぐって展開する生活に関する知識をほとんど持たないまま活動している。

大部分の社会的保護機関は、一五年から二十年前のソーシャルワーカーの態度を受け継いでおり、あらゆる商業的娯楽、特に劇場とダンスホールに対して疑いの目を向けている。従って、社会的保護機関のタクシーダンス・ホールに対するまず第一の支配的な立場が、それに反対するものであることは驚くにあたらない。シカゴと同様に他の諸都市においても、特定の施設を閉鎖するために多くの努力が費やされているのである。

可能なかぎりタクシーダンス・ホールを撲滅しようとする努力に加えて、青少年保護協会は、タクシーダンス・ホールの発展を制限し、出来るだけ統制し、監督するためのさまざまな手段を用いようとしている。[41] 一つの試みとして、タクシーダンス・ホールに対しても他の商業化されたダンスホールと同様に、市の娯楽施設営業許可証の取得を強制するというものがある。たいていの場合、タクシーダンス・ホールは自称教育施設、つまり「ダンス学校」としてうまく説明しており、娯楽施設営業許可証の取得を要求されなかった。この結果、シカゴの市法律顧問はこの問題点について決断を下すように要求されたのである。この後、すべてのタクシーダンス・ホールは、たとえ「ダンス学校」と名乗っていても娯楽施設と見なされるようになり、市の通常の営業許可証を取得することを求められた。[42]

このことから、シカゴのタクシーダンス・ホール関係者たちによる営業許可証取得要求の抜け道を見つけ、統制のためのさまざまな試みを打破する一連の戦略的取り組みが開始されるようになった。ダンスホールはしばしば、かなり儲けが良かったために、タクシーダンス・ホールの関係者たちは明らかに、営業許可証を取得したり、あるいは営業許可の取り消しを防いだりするために、かなりの額を費やすことに意味があると考えた。[43] こうしたお金の影響力に立ち向かうことは、特にそのお金が市裁判所や営業許可に関わる当局者たちに影響を与えるような政治的圧力をかけることが出来た場合、難しいものであった。タクシーダンス・ホールの経営者たちが用いた第二の戦略は、市に営業許可証の発行を求める、あるいは発行しない正当な理由を明らかにするよう求める職務執行命令訴訟であった。たとえダンスホールの経営者が疑わしいように思われても、その人についての具体的な情報がほとんどない場合、その訴訟に異議を申して立てることはきわめて難しかった。すぐに好ましくない情報を収集できた場合にのみ、そうした訴訟に勝つことが出来たのである。

以上の二つの試みがうまくいかなかった場合、タクシーダンス・ホール関係者たちは三つ目の方策を講じる。つまり、良からぬ噂のない人をダンスホールの名義上のトップに据えるのである。言うまでもなく、こうした見せかけだけの「かかし」と、実際にダンスホールを仕切っているかなり悪名高い人たちとの関係が明らかにされることはない。この秘密の関係がうまい具合に確立されなかったり、あるいは「かかし」候補者が無能で適任でなかったりしないかぎり、営業許可を差し止めることは出来ない。さらに最近、もう一つの法的な戦略、つまり警察の介入や監視に対する裁判所の禁止命令を獲得するという戦略が生み出されている。警察がパブリック・ダンスホールを訪れることは「商売の妨げになる」と主張し、好意的な裁判所から禁止命令を出してもらい、警察官たちがダンスホールに立ち入ることが出来ないようにしている。(44)

タクシーダンス・ホールの経営者たちのこの後者の戦略は、警察の捜査報告と、民間の保護機関、とりわけ青少年保護協会が長年行ってきた独自の調査によってかなり阻止されている。今日では、多くのダンスホールとその関係者についてのかなり完全な記録が出来上がっており、その記録ではその人たちの身元も確認されている。この記録自体、ダンスホールの営業許可証を新たに申請した人を審査するにあたり重要であると考えられている。(45)さらに、民間の保護機関の調査員は面が割れていないため、警察の立ち入りに対する裁判所の禁止命令によって護られている娯楽施設にさえ、調査員を送り込むことが出来る。

パブリック・ダンスホール、とりわけタクシーダンス・ホールに対処してきた以上のような経験のなかから、ダンスホールに対する新たな考え方が登場している。起訴するうえでの正当な条件が整っているような時には起訴手続きが進められる一方で、社会改良集団の間では昨今、タクシーダンス・ホールの問題をさらによく理解するために、その全体的状況をより徹底的に研究しようという傾向が見られるようになっている。この傾向と関連して、大きなパブリック・ダンスホールの経営者とともにタクシーダンス・ホールの経営者たちに、ダンスホールを監督する機会を提供しようという動きも生じている。青少年保護協会は、タクシーダンス・ホールという仕組みと組織を決して認めているわけでないことは言うまでもないが、タクシーダンス・ホールが地域の条例で禁止されるまでは、都市の認可されたダンスホールに見られるものと同等の監督基準を導入しようと望む経営者たちに対しては、出来るかぎりの支援を行うという立場をとっている。

このようなタクシーダンス・ホールに対する新しい方策は一般に、すべての商業的パブリック・ダンスホールに対して社会的保護機関が行うようになっている新しい取り組みの影響を間接的に受けているようである。商業的パブリック・ダンスホールの多くのものが、都市の娯楽構造のなかで永続的な構成単位を成していると認識されるにつれて、これらの施設に対する反対は全面的なものではなくなっているようである。社会的保護機関は成果の上がらない無駄な闘いをするよりむしろ、満足の出来る監督の基準と方法をダンスホールにおいて確立しようとしている。こうすることで、ダンスホールに来る若者たちを商業的な娯楽がもたらす最悪の危険から護ることが出来る、と考えられている。この結果、社会的保護機関は、その機関の人かあるいはその機関が任命した人によって、ダンスホールを非公式に監督する方法をつくり出している。このような動向は、少なくとも、「サンフランシスコ・プラン」と「シカゴ・プラン」という二つの優れた計画をもたらした。

サンフランシスコ・プラン――この計画では、ダンスホールの監督者には警察権が与えられ、また警察委員会と直接連携して動いてはいるが、ダンスホールの経営者から支援を受け、あるいは賃金が支払われることになっている。このサンフランシスコで進められた計画は、まずタクシーダンス・ホールで実施され、後になってからようやくその他の一般のダンス施設に拡大して適用されるようになった。

［一九一八年に］カリフォルニア市民連盟のサンフランシスコ・センターは、「パブリック・ダンスホール委員会」を

設置した……その委員会の第一の目的は、この少女たち［つまりタクシーダンサーたち］の助けになることであった。その委員会は当初からダンスホールがかなり多くの人たちが利用する娯楽を提供しているという事実を認め、その廃止を求めなかった。委員会は、少女たちの利害を護るとともに、客たちを麻薬の売人や売春仲介者のような貪欲で悪質な収奪から護り、未成年の入店禁止の法律を徹底させるために、警察権を持つ女性の「監督者」を各ダンスホールに置くよう命じることを警察庁に求めた。

警察委員会（この委員会には市憲章によりダンスホールを規制する権力が与えられている）、サンフランシスコ・センターの「パブリック・ダンスホール委員会」に雇われ、またその委員会で責任ある立場のダンスホールの監督責任者、さらに個々のダンスホールの監督員による三者間の管理計画が進展している。監督者たちにはダンスホールから適切な額の月給が支払われ、ダンスホールの全営業日の夜に勤務しなければならない……。(46)

マリア・ウォード・ランビンは、サンフランシスコのダンスホールに関する研究のなかで、この計画を次のように評価している。

サンフランシスコ・プランの独自の点は、監督者たちによるソーシャル・ケースワークである。ダンスホールでは、現代生活のあらゆる社会問題が見出される。病気、夫婦間の問題、未婚の母、失業、職業における不適応、妻子遺棄、知的障がい者、貧困、社会衛生についての無知、アメリカの礼儀作法や慣習についての無知、性教育の欠如など。ケースワークの方法に熟練したダンスホールの監督者たちは、これらの問題に対して科学的に、また共感を持って対処することが出来る。(47)

シカゴ・プラン――他方で「シカゴ・プラン」は、はじめに「ダンス・パレス」に適用され、タクシーダンス・ホールで実施されるようになったのは後になってからであった。シカゴ・プランではシカゴ市警察は組織の一員に含まれておらず、実際のところその計画は、単にパブリック・ダンスホール経営者たちと社会的機関との間で形成された共通理解であり、それに基づいて両者がともに合意できる基準や実践が作成された。これらの基準があることで、社会的機関の職員は、個々のダンスホールの経営者に対して遠慮なく批判や提案を行うことが出来ることもあるだろう。この計画が進展したのは一九二二年から一九二三年のことであり、この時期シカゴの大きなダンスホールの経営者たちは、自分たちの施設についての良い評判を確立することが、最もうまくやっていけることにつながることを認識していた。あるリーダーの言葉を借りれば、このことを社会的機関の側から見ると次のようになる。この時期、「私たちと同じく、いい状況を確立することがダンスホールの経営者たちの関心でもあるという、これまでになかった想定のもとに進んでいった[48]」。この新たな協調的態度によって、ダンスホール経営者たちの協会がつくられ、社会的保護機関にアドバイスと支援を求めるようになった。青少年保護協会理事ジェシー・F・ビンフォードは、この進展について次のように説明している。

「ボールルーム経営者協会」が設立されたことによって、経営者たちは、ダンスホールにおそらく最も強い関心を示してきたが、これまで男性たちに決して快く思われていなかった組織に助けを求めるようになった。協会設立当初から、青少年保護協会の代表がすべての会議に出席している。もはや報告書が探偵的な視点から密かに作成されることも、また「こん棒」として用いるために整理しておかれることもなくなった。今では報告書は、これらの大きなダンスホールが結果的に私たちのコミュニティの生活の財産になり得るかどうか考えるために、みんなが集まる会議のテーブル上に置かれるようになった。

私たちは、不道徳なダンスやいかがわしい行為を禁止するようになり、おそらく最も重要な進展だが、社会福祉サービスの訓練を受け、経験のある女性の監督者をダンスホールに置くようになった。この内部からの改良という新しい手法のもとで、私たちのダンスホールはこれまでになくうまくいっている。小規模の、好ましくないダンスホールは店じまいするようになっている[49]。

シカゴの大きなダンスホールで実施された「シカゴ・プラン」の成功によって、全く同じやり方でタクシーダンス・ホールを扱おうとする努力がなされたが、タクシーダンス・ホールの経営者たちは、「全米ボールルーム経営者協会」への入会を案内されていないという顕著な違いが見られる。しかし、一軒のタクシーダンス・ホールが入会と女性の監督者を置く機会を自発的に求めた。ノース・クラーク・ストリートにあるパーク・ダンス学校の経営者は、一九二三年に青少年保護協会へ足を運び、監督者として働いてくれる人の推薦を求めた。それ以後、数人の女性が監督者として雇われて働いており、(50)ほどほどの成果を上げている。というのも、留意すべき点だが、経営者がダンスホールの基準を維持するために相互に協力している経営者協会の一員でないことによって、「シカゴ・プラン」の本質的な要素の一つが失われていたのである。自分のタクシーダンス・ホールの競争相手たちと連携するというよりむしろ、そのたった一人のタクシーダンス・ホール経営者は監督を要求することによって、利益を犠牲にしていると感じているだろう。ところで、タクシーダンス・ホールに「シカゴ・プラン」や同様の計画(51)を適用しようとする時、いくつかの問題が生じる。第一の問題は、女性監督者に関わる問題であり、タクシーダンス・ホールでただ一人の女性監督者は、そこの経営者から給料をもらって生計を立てており、彼女を支える経営者たちの組織もないために、高い基準を掲げたり、そもそも自分の立場を維持することさえ出来ない場合もある。(52)もう一つの問題として、それ自身では何ら悪い影響をもたらさないように見えるものでも、監督を効果的に行うためには重視しなければならない些細な行為というものがあり、そのような些細な点にこだわることがしつこすぎると思われてしまうという問題がある。さらに、東洋人とアメリカ人の少女の交際が黙認されているタクシーダンス・ホールの異例の状況に対して、監督者はどのようにして、あまりにも抜本的にではない形で適正に対処するのかという点で困難に直面する。

ダンスホールに対するこうした監督の計画の如何なるものにおいても生じるもう一つの重大な問題は、社会的機関の手法と目的が誤解されることなく、可能なかぎり高い監督基準が達成されるように、どのように社会的機関とダンスホールの経営者との相互関係を調整するのかという問題である。社会的機関がある個別のダンスホールを、特別な場合に一時的に公認するというケースにおいて、この問題は最も明確な形であらわれる。あるダンスホールが健全な管理状態を可能なかぎり維持するように努めていることがわかっている場合、客がたまたま不運に見舞われる結果になり、それがそうした施設でない場合は施設の責任が問われるような問題だとしても、そのダンスホールが擁護されるのは至極当然であるように思われる。ある見方からすると、このことは全く正当に見えるかもしれないが、しかしよりシニカルな人にとって、それは違ったものに見えるだろう。例えばそこに、社会的機関の名声によっていっそう価値あるものにされた公認を介して不法な「保護」を与える、いささかカモフラージュされた企みを見る人さえいるだろう。

確かにこの種の解釈はたいていの場合、事実をひどく曲解している。しかし、たとえ時折であったとしても、思慮深い公認という一つの策は、商売上の障害に対する一種の「保護」を個別のダンスホールに与えるように働いており、それは時として、汚職をする政治家や警察を「買収」するなど金銭で買うことの出来る如何なるものよりも、より効果的であるという事実に変わりない。しかしこのような手法によって、ダンスホールを支持する社会的機関はすべての関与者たち、つまり警官、政治家、ダンスホール経営者たちを道徳的に頽廃させざるを得ない卑劣な収賄を不必要なものにし、誠実なダンスホール経営者たちと一般大衆両者の利害関心に寄与しているという点は留意すべきである。

正直で誠実なダンスホール経営者たちが、腐敗した政治関係者に「保護」を求めて行うつまらない献金は、一般の人たちがパブリック・ダンスホールと結び付けて考える伝統的なスティグマが主たる要因となって経営者たちに要求されている、という点も注意を要する。このような問題の側面と、それに対するダンスホール関係者の現実的な見方は、以下の資料で明らかにされている。残念なことに、この例においてダンスホールの経営者は自分の競争相手に対して誤解を招きやすい皮肉な態度をとっている。しかしこの例によって、高潔な民間の社会的機関が、慎重に検討したうえでダンスホールを公認することは、いずれにしても「贈賄」を不必要にし、合法的な人たちを保護するという正当な目的に寄与している点は、決して曖昧にされるべきでない。

ダンスホールの人たちが、どのようして青少年保護協会と手を組むようになったか説明しましょう……ご存知のように、ダンスホールという商売には少し変わった駆け引きがあります。ダンスホールは評判が悪く、ダンスホールに少しでも関わるようなことがあればどんなことでもダンスホールの責任にされます……例えば、ダンスホールで出会った少年と少女が、後になってトラブルに巻き込まれても、ダンスホールが責められます……

それで、ダンスホールの人たちが自分たちを護ろうとすると警察や政治家たちと仲良くやっていかなくてはならなくなります。もちろん、それは普通、そんなに高くつくものではありませんが、二五ドルはどこでも二五ドルにすぎず、それ以上にはなりません。

そこでボールルーム経営者協会と青少年保護協会の登場となるわけです。はじめに〔シカゴ〕プランを支持したその人たちが、私たちを含めて他の人たちよりも決して高潔だったわけではありません。ただ彼らははやく重要な点を見抜いていただけで、私たちもそれに気づいて、そこに加わったのです。私たちはただ、青少年保護協会が警察や政治家たちよりもより安く、優れた保護を与えてくれると計算しただけなのです。[53]

現実的な考え方をするダンスホールの経営者は、「保護」が自分の商売にとって決定的要因になることを認識している。保険と同様に「保護」は、ダンスホール経営者が商売上のリスク要因を最小限にすることの出来る一つの手段である。従って、ダンスホール経営者たちに、特別な場合、一時的に社会的保護機関の推薦と支持を受けることの出来る手法をとるようにさせるのは、理想主義的な考え方だけでなく、そこにはきわめて現実的な功利主義的利害関心が見出されるのである。

もう一つの管理上の問題は、個別のダンスホール施設に対して名声の高い社会的機関が公認を与えることによって、腐敗した警察と政治家が与えることの出来るような形態の「保護」の必要性を事実上なくしてしまうことから生じる。このことから社会的機関は、「保護」を与えてきた腐敗した役人たちの競争相手とみなされる可能性も生じる。このことは「シカゴ・プラン」の実施において、社会的機関が手続き全体としては非難を免れていたにもかかわらず、後になってからきまりの悪い思いをすることになるような活動や関係、義務を確立することが望ましいと考えた、という例に特に良く当てはまる。こうしてその運動の政敵は、社会的機関に対するきわめて重要な、一応有利な証拠を手に入れることになった。

このような社会的機関についての見方は、三年前、〔第三三代シカゴ市長〕ウィリアム・ヘイル・トンプソンに任命された市検事と青少年保護協会との間で、公の場で論争になった。青少年保護協会会長への公開書簡のなかで、協会の年次報告のなかで行われたと言われている非難に反論するために市検事は、彼の主張によれば、特別な場合の一時的な支持という青少年保護協会の方策のもとでさえ存在している異常な関係を引き合いに出した。この反論は、上述のように女性の監督者を置くことに関心を持っていたパーク・ダンス学院〔＝パーク・ダンス学校〕を、訴訟から「保護」する措置ととられていた青少年保護協会のやり方に対する批判をともなったものであった。

あるタクシーダンス・ホールの経営者は、自分たちは青少年保護協会と実際的な取り決めを行って活動しており、自分たちの施設の道徳的な状態はしっかりしたものになっているので、これ以上の規制は必要でないと考えている……と言って反論しています。

本署は、合法的なダンスホールと高い基準を維持しているその経営者を不当な批判から護ることを切望しています。このため、誰〔ないしはどこの機関〕が関わっているのか、またダンスホールで働く女性監督者の支援あるいは推薦にかかわらず……すべての悪質かつ違法の、不道徳で危険なダンスホールとダンスの根絶を決意しています。

次のことは特記に値するでしょう。最近、道徳裁判所が警察の保護下にある二人の少女を私のところに送ってきました。彼女たちは道徳裁判所で、上記のダンスホールでインストラクターをしていたと述べています。ある警官によれば、近所の人たちの苦情により数人の警官があるアパートに踏み込み、ハワイ人とフィリピン人を逮捕し、このうち一人の男性には五ドルと訴訟費用が罰金として科せられ、少女二人は市から立ち去ることを命じられました。

このことや他の情報を見ると、何故あなたがこの特定のダンスホールの性格についてさらに議論することに固執しているのか理解に苦しみます。この前の文書のなかで、あなたは依然として次のように述べて非難しています。「私どもの機関は、ダンスのインストラクターとして働く少女たちを監視し、保護し、概して望ましい条件を整えている一人のダンスホール経営者の誠実な努力を承認する上で、後ろめたいことなど全くありません。このダンスホールの経営者は実際にそのような努力をしてきているのです」。

現在の行政のすべての部署と同じように本署は、シカゴのあらゆる適正な努力を行っているすべての尊敬すべき機関と協力し、承認を与えようと努めています。しかし、この一方で本署は、社会福祉サービスという見せかけのもとで、その事業計画において規制し、調査し、あるいは起訴する……対象と思われている当の組織から、その機関自身、あるいは従業員［ダンスホール監督者］が支援を得ているような如何なる機関を支援するつもりも承認するつもりもありません(54)。

民間の機関がある特定のダンスホールを公認するなかで、どこが最後の一線なのか見定めることはきわめて困難である。このような機関は常に二重のジレンマに悩まされる。不誠実な、あるいはふさわしくない動機に全く屈することがなくても、そのような機関は、十分な公認を与えることを拒否することで過ちを犯す可能性がある一方、公認をあまりにも頻繁に与えることで間違いを犯す可能性もある。十分な公認を与えない場合、その機関はダンスホールに対する影響力を失う傾向にある。この一方で、あまりにも頻繁に公認を与えたり、あまりにも見境なく公認したりする場合、その機関は、公認権と「保護」につけ込む、ゆすり組織として非難にさらされる。このような状況において、活動に対する一般の人たちの誤解によってその機関は、ダンスホール経営者たちへの影響力の源である一般の人たちからの支持を失うという重大な危機に瀕することになる。

このような賢明な支持という方策は、タクシーダンス・ホールのような疑わしい状況に適用することが難しいものである。「シカゴ・プラン」を成功させようとすれば、その計画は決まりきったルーティン的な問題としてではなく、現実的な弥縫策という観点から実施し、管理されなければならないことは明白である。タクシーダンス・ホールが問題であり続けるかぎり、支持を与えられる可能性のあるそれぞれの事例は、その全体的な状況のなかで、時とともにさまざまに変化するコミュニティを考慮に入れたうえで検討されなければならない。従って、「シカゴ・プラン」が成功するためには、社会的リーダーたちの支援が必要であり、そのような社会的リーダーたちは絶えず変化するそれぞれの問題について常に研究し続けると同時に、ソーシャルワーカーたちが現代の都市において立ち向かわなければならない複雑な社会的諸力について、聡明な一般大衆に積極的に知らせ続けるという役割を持っているのである。

第三節　代替の問題

これまでに集められた情報によると、監督を受けていないタクシーダンス・ホールはしばしば道徳的に堕落し、無秩序になっていることは疑う余地がない。タクシーダンス・ホールが一掃されたとすれば、多くの人たちが、少なくともこのような形での道徳的頽廃を免れることは明らかである。しかし、タクシーダンサーたちもいることは留意する必要がある。タクシーダンス・ホールを中心に展開するような生活に既に馴染んでしまっている人たちが多くいる。タクシーダンス・ホール中心の生活に浸りきっているため、そのような生活がたとえ最悪のものであれ、そうでない生活に比べればより良いという常連客たちもいる。またタクシーダンス・ホールが、売春宿以外に女性と関わりを持つことの出来る唯一の機会という常連客もいれば、売春を好まない男性のなかには、タクシーダンサーだけが異性間の愛情的関係を与えてくれる機会という人もいる。これらの人たちの一部にとってタクシーダンス・ホールは、道徳的頽廃を促す代わりに、さらに健全でない形の感情的な適応の定着を実際に妨げるものであることは間違いない。しかしながら、タクシーダンス・ホールが多くの場合、道徳的頽廃にいっそう拍車をかけるという事実に変わりはない。

ところで、ここまでタクシーダンス・ホールに対するさまざまな社会的批判について説明してきたが、このことは問題の所在を明らかにするうえで重要なものであるとはいえ、本研究の主要な目的ではない。本研究が目指したのは、タクシーダンス・ホールについてのより徹底した記述的分析、つまりその起源、展開、方策、基準、実践、管理方法についての分析であり、これこそが結局、より重要な意義を持つことになるだろう。実のところこの研究は、タクシーダンス・ホールのような例外的なものでさえ、ある特定の物理的な環境や社会的状況に直面した場合の、ある社会的諸力、人間の欲望や利害関心、〔人間性ないしは〕人間の本性それ自体によって当然の結果生み出されたものであるという確信に基づいている。さらに、タクシーダンス・ホールを、ある状況に置かれた人間の本性の自然な展開、正常な発現として、その環境全体のなかで捉えてはじめて、その問題に対する何らかの現実的な統制の道を見出すことが出来る、という信念にこの研究は導かれている。

タクシーダンス・ホールは、その重大な欠点にもかかわらず、いくつかの集団の正当な欲求に応えることが出来るということは特筆に価する。例えばその集団には、ダンスをしたいが恋人のいない年配の男性、魅力的でなかったり、身長が低かったり、言葉に障害があったり、身体に障がいを抱えているために、社会的にハンデを負った男性、自分と同じ国籍の人たちの社会生活にはもはや完全に満足することが出来ない孤独な移民、アメリカでの孤立によって社会的排他性や人種的偏見を最も敏感に感じている東洋人の若者が挙げられる。タクシーダンス・ホールは、これらすべての集団に場所を与える唯一のダンス施設であり、彼らがどことない憐れみ、嫌悪、あるいは社会的高所から見下ろされているような恩着せがましい態度を感じずにいられる唯一の社会的機会である。タクシーダンス・ホールを廃止しようとする如何なる包括的な社会的計画も、これらの集団の欲求に応える十分な対策を講じる必要がある。

シカゴの非営利的機関は、タクシーダンス・ホールの常連客の娯楽的関心を満たす努力をしていない。社会的セツルメントや宗教的機関が時折、この娯楽的関心に興味を示すことはあったかもしれない。これらの努力のうちで最も重要なものはロンサムクラブ株式会社によるものである。一九一五年に誕生して以来、そこは如何なる年齢の女性も男性も参加できるダンスを毎週開催している。その当初からの目的は、都市のなかで、孤独で友人のいない人たちの社会的接触を促進することにある。

ロンサムクラブは、エリザベス・ギュオン・ドーマーがシカゴのよそ者の孤独について書いた『シカゴ・イブニング・ポスト』紙の連載記事が主な引き金となって組織された。一九一五年十月九日にホテル・シャーマンのクリスタル・ルームで催された晩餐会において、ロンサムクラブは正式に誕生し、一九一七年六月に株式会社になった。戦争中、ロンサムクラブの活動は拡大し、休暇中の陸海軍人へのサービスも含むようになった。

しかしここ数年間、ロンサムクラブの主要な関心は、「すべての人に週一回の幸せな夕べ」を提供することにある。ロンサムクラブのモットーによると、そこは「憂鬱な世界のなかの明るく輝く一筋の光」を与えるように努めている。そこでは、最も高いレベルの監視が常に維持されている。多くの「ホスト」と「ホステス」が大勢の人たちのなかに混じり、新しく来た人や内気な人たちと知り合いになり、他の人たちに紹介している。

ロンサムクラブの管理職の人たちは、監視の責務を真剣に捉えており、自分たちをソーシャルワーカーと考えている。長年にわたりロンサムクラブの組織で活躍しているアリス・M・バック社長は、クラブでの交際を通して、個人的な問題が解消し、恋が始まり、男性たちと女性たちが助けられたという興味深い話をたくさん知っている。(55)

ロンサムクラブの成功は、同業のライバルたちの成長を促した。シカゴには、その時々において、ゲット・アクウエインテッド・クラブ、ウェスト・サイド社交ダンスクラブ、ミドル・エイジド・ダンスクラブがあり、これらすべてはロンサムクラブを手本にしたものであった。

ニューヨーク市では、上記の孤立した集団の社会的、娯楽的欲求を満たす努力は、シカゴに比べていっそう少なかった。ニューヨークのＹＷＣＡの組織は、シカゴのＹＷＣＡと同様に、社会的に孤立したニューヨークの若い男性と女性たちが集まる施設を提供しようとしてきたが、筆者の関心を引いた最も重要な展開は、タイムズ・スクエア地区の「九九ステップ・クラブ」である。

タイムズ・スクエアの「都会の華やかさ」に社交生活と娯楽を求めるニューヨークの若者に、社会的接触の機会を提供する計画の一環として組織されたこのクラブは、開設以来三年間に一五〇〇を越える人たちの役に立ってきた。C・エバレット・ワグナー師の指導のもと、ユニオン教会（メソジスト・エピスコパル）が後援者になっている四八番通りのクラブ「九九ステップ・ウエスト・オブ・ブロードウェイ」は、教会独自の企画の一つである。若者たちは新聞の求人広告を通じて募集され、応募者たちは訓練を受けたソーシャルワーカーたちの面接と調査を受けた。一八歳から四十歳までのクラブのメンバーたちは、年齢、関心、見たところの相性によってグループ分けされ、いくつかの支部が形成された。その活動には社交ダンス以外にも、専門家の演出によるアマチュア演劇や討論会、水泳、ボーリング、ブリッジ、卓球、ビリヤードがある。

しかしこれらのクラブは、タクシーダンス・ホールが満たしている欲求のすべてに対応したものにはなっていない、という点は重要である。実際それらのクラブの対象は、都市のなかのよそ者、恋人のいない人、ダンスホールの一般的な客より幾分年配だがダンスをしたい人たち〔など〕だけである。つまり、より若い男性や社交的な集まりを好まない人たち、あるいはロンサムクラブの集団に受容されるために必要な社交上のたしなみを知らない人たちは、そのようなクラブから満足を得ることはない。身体的な障がいや異常によって障がいを持った人たち、英語を十分に話すことの出来ない移民や東洋人たちも、そのようなクラブに満足の出来る場を見出すことは出来ない。

セツルメント・ハウスの娯楽企画、同国籍の人たちの友愛会の活動、米国帰化プログラムに付随した交流の場以外には、移民の娯楽的要求に応える活動はほとんど行われていない。さらにアメリカに住む若い東洋人のための活動はいっそう少なかった。若い東洋人たちに提供された交流の場は、いくつかのコスモポリタン・クラブ、ニューヨークとシカゴのインターナショナル・ハウス、ＹＭＣＡとＹＷＣＡが後援の国際的討論会に関連したものだけである。[56]フィリピン人に若い女性との健全な交際の機会を提供しようとするさらなる試みのすべてが、私たちの人種的道徳規範におけるきわめて強固な反対に直面した。これらの若い男性たちにふさわしいアメリカ人少女たちを提供する責任をすすんで引き受けようとする組織も指導者もいなかったのである。

きわめて重要な意味においてタクシーダンス・ホールは、その客たちにとっての現代生活の不十分さや、多くの人たちが経験している不適応と不幸を雄弁に証言していると言えるのかもしれない。私たちの社会のなかで場所を与えられていないフィリピン人、自らが考えるところの「米国帰化」を必死に追い求めるヨーロッパ系移民、夫婦間の関係における挫折に困惑した男性、無能力や失敗といった何らかの辛い経験に駆り立てられた男性など、タクシーダンス・ホールの客たちは、都市生活に典型的な不適応のパノラマを成している。官能にふけることを求めて来た人たちさえ、堕落していると決めつけることは出来ない。彼らはたいてい、生活の苦難に打ちのめされていると感じていたり、通常の愛情のある生活への道が閉ざされていたりする人たちにすぎない。機械化された都市の単調さと平凡さのなかで、彼らは何の重要な役割も果たしておらず、タクシーダンス・ホールの経験だけが、時折彼らに、人生はやはり無駄ではないと感じさせてくれることが出来るものなのかもしれない。同様に、タクシーダンス・ホールに来る一六や一八歳程度の若者は、社会的不適応に陥っている家庭、旧世界の親とアメリカで生まれた子どもたちとの解決することの出来ない衝突、若者たちに正しい生活と、最終的に人生を有意味なものにする、人の心をつかんで離さない興味関心や活動への熱意を目覚めさせることに失敗したコミュニティや教会、学校を反映しているのである。

結局のところタクシーダンス・ホールの問題は、現代都市の問題とみなすことが出来る。まさに犯罪、不道徳な行い、家族の崩壊の問題と同じく、タクシーダンス・ホールにおいてあらゆる都市生活のなかで働いているのと同じ社会的諸力を見出すことが出来る。そうした社会的諸力として、とりわけ移動性、非人格性、匿名性が挙げられる。かつてなかったほど、人々は同時に、多くの場所で活動を行うことが出来るようになっている。人々は誰にも気づかれることなく比較的自由に、都市を構成するモザイク状の相互に矛盾するさまざまな道徳的世界を渡り歩くかもしれない。都市の匿名性のなかに、自我を覆い隠す機会を見出す人もいる。このタクシーダンス・ホールという小世界のなかで、都市における孤立、孤独、精神錯乱、つまり人間の本性の基本的な渇望を正常に満たすことに都市が失敗しているさらなる証拠を見出すことが出来る。言い換えると、タクシーダンス・ホールの生活に見られる異常な行動を、人々の基本的な願望を健全なやり方で叶えることが出来ない都市の失敗として捉えることが出来るのである。タクシーダンス・ホールに関連づけられるような不品行に対して、何らかの形での抑圧の必要性を主張することはたやすいことである。しかし、抑圧のみをともなった方策は決して完全に成功することはないだろう。というのも、その問題は都市生活自体と同じくらい大きな問題であり、抑圧はその問題の核心部分を把握できないからである。

都市と都市生活の問題は未解決の難問であり続けており、その難問をめぐってこれらのより小さな問題が展開している。鉄と鋼やレンガとモルタル、超高層ビルと交通信号からなる〔都市という〕この奇妙な構造は、幸いの可能性も災いの可能性も含んでいる。人間は都市を建設したものの、はたしてそのなかで繁栄することは出来るのか。数えきれないほど長い間、人間は、田舎ないしは村落という状況のなかで栄えてきた。このような環境のなかで人間は何世紀にもわたって、一般に受け入れられる基準や実践、社会のモーレスをつくり上げてきた。しかし、急に馴染みのない都市環境のなかに移植された現代の人間は、自分たちの「村落の遺産」を都市生活に適応させられるのか。あるいは、歴史上のかなり多くの都市文明と同じように、現在〔の都市〕も崩壊していくのか。ラジオ、電話、自動車が国中を都市化している今日、この問題はいっそう重大になっている。現代の人間は、自分たちの基準と実践を子孫たちが繁栄するようなやり方で再調整することが出来るのか。このことは、タクシーダンス・ホールの展開のみならず、都市生活における不適応のほとんどすべてのものに含まれた問題である。

タクシーダンス・ホールはさらに、都市を特徴づける商業主義と功利主義的な思慮を極端な形で映し出している。そこでは、恋愛さえ特売品売り場で売られている。さらに商業主義の順応性もあらわれている。ホーボーのための安宿と、政治家による保護とえこひいきの販売が、大都市において商業主義が巧妙に順応した姿であるように、タクシーダンス・ホールという組織は、以前は認識されていなかった需要にうまく適合したものである。利潤追求主義が導く如何なるところにも抑制されることなく自由に進んで行く商業主義は、都市の他の諸力や諸制度に対して有利な立場にあるようだ。例えば、社会的機関が、同化していない男性たちの欲求に応えることを考え始めるはるか以前に、商業主義的な関心はその欲求に反応し、他の事業をわずかに変えることによって、新たに発見された需要に応じ始めていた。このような商業主義の敏感さと順応性は、非人格的な都市のもう一つの側面であり、コミュニティによる統制という問題全体をいっそう難しくしている。

さらに、都市生活の性格自体が、ダンスホールを公式に監督する何らかのシステムを必要にし、不可避のものにしていることは明らかである。都市の人たちにとってダンスホールは、刺激的な人との接触に満ちた生活のなかでの単なる偶発的経験にすぎない。従って、ダンスホールで出会う人たちの結び付きはたいていの場合、うわべだけの、偶然的で匿名的なものになる。このようなやり方で出会う人たちはしばしば、互いに持続的な関心を持っておらず、ダンスホールで出会う人たちが自分について下す判断にそれほど関心があるわけでもない。ダンスホールのなかでの活動は、そこに集う人たちの経験全体のなかの部分的な一側面にすぎず、しばしばその人たちの一生の生活の中心部を成すものに対して何の影響もないようである。このため、「他の人たちがどのように考えるだろう」という遠い昔からの村落的社会の人たちの関心は、ダンスホールの束の間の移ろいやすい世界ではほとんど重要性を持たなくなる。そのかわり、普通なら自分自身に許さないような自己表現の形を爆発させ、「羽目を外す」という衝動が強くなる。さらに、ダンスホールの束の間の接触において、そこで出会った見知らぬ人の行動に対して個人的な責任を感じることはない。結果として、効果的な統制を行おうとすれば、それはどのようなものであれ、経営者自身かあるいは市民の福祉に関心を持つ人によって、外から公に課す必要が出てくる。従って、村落的な状態のなかで自然に特別な配慮もなく生じてくるインフォーマルな社会統制は、都市のダンスホールにおいては、公的な規制や制度化された監督方法、ダンスホールの客に対して外から強制的に課せられる統制のシステムに取って代わられなければならない。

上述のようにタクシーダンス・ホールは、伝統的な形態の売春の消滅と新たな代替の展開を明らかにしている。事実上、プロの売春婦と凝離された不道徳な地区が消滅するにともない、多数の変異体が登場した。その変異体としては、監督されていないタクシーダンス・ホールの官能的なダンサー、「チャリティー・ガール」[57]、「ゴールド・ディガー」「時々の」また「闇の」売春婦などがある。これらの女性たちの多くにとって、タクシーダンス・ホール、ナイトクラブ、ロードハウス、ビア・フラット、多くのパブリック・ダンスホールは、身元が割れず、また一般の人たちのスティグマによってきまりの悪い思いをすることもなくお客を探すことの出来る猟場を与えてくれる場所である。タクシーダンス・ホールはまた、若い男性と女性が簡単に声をかけられ、悪事に誘われる場所でもあり、多くの不法行為の勧誘の場にもなっている。さらに、多くのダンスホールで容認されている習慣化された官能性は、新しい秩序へのもう一つの適応の形をあらわしている。以前に比べて売春婦に近づくことが出来なくなっているため、新しい収容設備がつくり出された。監督されていないタクシーダンス・ホールは、そのような施設の一つであり、それらの施設は明らかに新しい秩序の産物で、その秩序においてうまく機能している。

しかしこの一方で、既存のタクシーダンス・ホールによって明らかにされた現実的な問題が残されている。タクシーダンス・ホールがかなり多くの客の正当な関心と欲求を満たすものでないとすれば、またタクシーダンス・ホールが、この施設を通して可能なものよりいっそう健全でない形の感情的な適応を間違いなく妨げていることが真実でないとすれば、単純にその廃止を主張することが出来るだろう。また、広範囲におよぶ抑圧の計画が単にこれらの関心や活動をより統制の難しい制度的な形態へと追いやる可能性がないとすれば[58]、タクシーダンス・ホールの全廃を提唱することもはるかに簡単だろう。さらに社会的機関のこれまでの経験が、積極的な監督活動によってパブリック・ダンスホールから最悪の悪事の多くをなくすことが可能であることを示していないとすれば、タクシーダンス・ホールという事業の廃止を求める意見について検討されなければならないだろう。

しかし、ダンスホールの問題に対処するシカゴ・プランとサンフランシスコ・プランが成功し、ニューヨークとシカゴにおける良く管理された健全なタクシーダンス・ホールの事業が高収益を上げていることは、タクシーダンス・ホールの多くが、人々が容認できるやり方で事業を行っていくことが可能であると信じるに足る理由を与えてくれる。

個々の施設に対する徹底的な調査と監視を伴った積極的な社会計画は、望ましくない施設のみならず、他の施設における大部分の不健全な実践を急速に駆逐し、それと同時に他のところでは満たすことの出来ない欲求を持った男性たちの正当な関心に応えるタクシーダンス・ホールが営業を続けていくことを可能にするだろう。しかし、積極的かつ継続的な監督によって支えられる場合にのみ、このような方策が成功するということは留意されなければならない。他のところと同様に、商業的なダンスホールに対する社会統制においても、常に永続的な警戒が私たちの自由の代価になっている。

もし誠実かつ徹底的に実行された場合、タクシーダンス・ホールの監督は、〔その他の〕一般的なダンスホールよりもかなりうまくいくであろうと考えられる理由がいくつかある。タクシーダンサーたちは多くの客に対してうわべだけの愛情を示さなければならないというタクシーダンス・ホールにおける経済的必要性[59]が、彼女たちの愛情を気まぐれで節度のないものにし、利己的利用の人生観と実践をもたらしており[60]、秩序の解体を生じさせる重大な力であり続けることは疑問の余地がないことである。しかし、今日のタクシーダンス・ホールにおいて、道徳的な頽廃を生み出す他の影響力は、積極的かつ誠実な監督によって根絶されているか、あるいはかなり抑え込まれている。タクシーダンス・ホールにおけるいかがわしい行為、道徳的に堕落した生活スタイルを支持する著しくふしだらな少女やその他の人たち、明らかに悪い影響をもたらす客は、容易にダンスホールから締め出すことが出来るだろう。求職者の過去や家族背景の調査を通したタクシーダンサーそれぞれに対する積極的なケースワークの実施、ダンスホールの外でのタクシーダンサーと客の関係に対する継続的な監視、健全な方法ではもはやタクシーダンス・ホールでうまくやっていけなくなった少女たちのための積極的な職探し、ダンスホールの経営者たちが一体となって少女たちがダンスホールの世界の退行的生活にいつまでも染まっていないようにすること、これらのことがその施設の有害な影響を未然に防ぐのに役立つだろう。

さらに、ソーシャルワークの可能性のなかにタクシーダンス・ホールの状況の期待の出来る側面を見出すことが出来る。というのも、タクシーダンス・ホールのなかの女性はすべて従業員であるという事実は、ダンスホールの女性を監督する機会を与え、これは他の種類の施設には見られないものである。例えば、男性客と女性客の匿名性によって、行動を効果的に統制することが困難かつ不確実になる大規模なダンスホールに比べると、それぞれのタクシーダンサーに対する厳格な監督を通して多くの不法行為を防ぐ機会があるタクシーダンス・ホールは、その施設に対する楽観主義的な見方の基礎を与えてくれる。しかし残念なことに、この可能性はまだ実際の経験によって検証されていない。今までのところ効果的な監督を要求する世論は動員されておらず、現在のダンスホール経営者たちもまた、自発的にそのような監督を行うことが適当であるとは考えていない。

ここ数年、商業的ダンスホールの知性的な統制の問題に関心を持っている、ユニオン神学校のアーサー・L・スウィフト教授が、現在、タクシーダンス・ホールが存在していることにはそれなりの妥当な理由があり、社会的な規制を通してダンスホールを刷新できる可能性があると考えていることは重要である。

> これらのダンスホール［タクシーダンス・ホール］において、社会的な害が生じる可能性がきわめて高いことは事実だが、筆者はこの種のダンスホールが他の施設とともに規制の対象にされるのではなく、廃止の対象に選び出されなければならない適切な理由を見出すことが出来ない。ある人の調査によれば、調査対象のダンスホール全体の平均と比べると、これらのダンスホールのなかには悪いものも良いものもある……自分のところのタクシーダンサーたちは道徳的に優れており、恥ずかしくない基準を遵守していると主張するあるダンスホールの経営者は、閉鎖的ホールを成功させている。このことは、調査対象のそのようなホールの一つの事例において証明されている……
>
> ……この閉鎖的ホールは、ある妥当な社会的目的の役に立っている。そのホールは、社会的に不適応である若者に、彼が正当な権利を持って所属する、その集団の社会的習慣に適応する可能性を与える。そのホールはまた、ある特定の男性たちにとって、自分と同じ人種の女性がいないなかで、不道徳な関係に必ずしも陥ることなく異性と社交を持つ機会にもなっている。[61]

結局のところ、タクシーダンス・ホールの問題を解決するためには、客それぞれの集団の特別な娯楽的、社会的欲求をより健全なやり方で満たすことを考えなければならない。最高の監督が行われたとしても、タクシーダンス・ホールは通常の社交生活の代替としては決して完全に満足のいくものとはなり得ない。タクシーダンサーと客の両者にとって、この上なく監督の行き届いたダンスホールであっても、決して完全に道徳的な危険と、相手を選ばない交際にともなう害から免れ得るものではない。このタクシーダンス・ホールの状況は、私たちがつくることの出来る最善の社会計画にとっての一つの挑戦である。社会学者たちには行うべき何らかの貴重な提案があるに違いない。しかし結局のところ、タクシーダンス・ホールによって提起された問題が解決されるべきものであるとすれば、それは、私たちの最も優れた「社会技術者たち」の考えを結集することで取り組まれなければならない問題である。つまり、この社会技術者たちは、専門的にはソーシャルワーカー、教育者、聖職者、ビジネスマン、編集者、警察官、法律家、精神科医、あるいは都市計画者などと分類されるかもしれないが、タクシーダンス・ホールの問題の解決法は、この私たち市民のリーダーたちによる共同計画を通して考え出されなければならない。このことには、コミュニティのかぎりない自信と惜しみない経済的支援が要求されるだろう。さらにこのことは、このリーダーたちによる体系的な計画に加えて、計画のもたらした効果と客の欲求を満たすためにつくられた施設を評価するために、その時々の科学的な取り組みが必要になるだろう。つまるところ、男性たち自身の正当な欲望をより健全に満足させることによってのみ、タクシーダンス・ホールの問題はうまく処理されることが出来るだろう。

注

（1）『シカゴ・デイリー・ジャーナル』（一九二六年八月二二日付）の記事。名前は仮名にし、住所を削除した。

（2）青少年保護協会の記録をもとに筆者作成。なお、名前は仮名にした。

（3）次を参照。N. Shaler, *The Neighbor* (Houghton Mifflin, 1904), pp. 207-27.
（4）調査員の記録。
（5）Case No. 58.
（6）タクシーダンサーたちの積極的な関心はたいていの場合、かなり満たされている。本書第三章第一節を参照。
（7）Case No. 45.
（8）本書第三章第五節を参照。
（9）本書第三章第九節を参照。
（10）青少年保護協会による情報と新聞記事による。名前と住所は変えてある。
（11）Case No. 13.
（12）Case No. 10.
（13）Case No. 11.
（14）調査員の記録。
（15）Case No. 60. この事例は、特別調査員の報告書から集めた資料に基づいている。
（16）Thrasher, *op. cit.*, p. 228.
（17）*Ibid.*, pp. 22-5.
（18）本書二四七－二四九頁を参照。
（19）Thrasher, *op. cit.*, p. 242.
（20）調査員の記録。
（21）調査員の記録。
（22）タクシーダンサーが調査員に話した内容。
（23）本書第五章第五節を参照。
（24）本書第五章第七節を参照。
（25）本書第五章第一節を参照。
（26）調査員Bの報告（*Chicago Journal*, August 16, 1926）。
（27）Case No. 10.
（28）『シカゴ・トリビューン』（一九二九年三月二二日付）掲載の記事。名前を変え、住所は削除してある。

(29)　Case No. 10.

(30)　このような精神的な混乱は時折、完全な精神の崩壊に至ることもある。例えば、ニューヨーク市の精神疾患者のための一つの公的施設だけを見ても、過去一年半のうちに四人の元タクシーダンサーが患者として収容されている。ニューヨーク市ウォーズ・アイランドにあるマンハッタン州立病院の上級精神科医ノーブ・E・シュタインは、これらの事例についてのインタビューで、次のように述べている。「……患者たちの年齢は一八歳から二五歳でした。そのうち二人は、躁うつ病、躁病で、あと二人は統合失調症でした。四人ともそれぞれの病気にかなり典型的と言える人たちでした。つまり、外向的な人と内向的な人ということです。過度の労働、不規則な生活、飲酒といったタクシーダンス・ホールの生活は、いくつかの精神疾患を引き起こす要因の一つと考えられます。しかし、この患者たちは、元々そのような病気になりやすかったのではありますが」。元タクシーダンサーたちの精神疾患についての詳しい研究は、今後の課題として興味深い計画である。

(31)　本書二六六–二六七頁を参照。

(32)　本書第三章第六節から第九節、第十一節を参照。

(33)　Abraham Flexner, *Prostitution in Europe* (The Century, 1919), p. 11.

(34)　本書第三章第十節を参照。

(35)　タクシーダンス・ホールの生活で、疑いなく売春として分類される行為のなかでも主要なものは、交渉（取り引き）と感情的な無関心によって特徴づけられる、深夜あるいは夜間の車契約または下宿契約である。以下は、「カモにする」ことの事例にすぎないかもしれないが、明らかに不道徳的な行動へと結び付くこともある。「『ナンパ中』と言っていた二人の若い男性と少し前に話していた二人の少女たちは、トイレから出てくると、その男性たちの方に行った。そして大きいほうの少女が、『あなたたちとデートしてあげることにしたけど、その前にまず五ドルくれなきゃダメよ』と言った」(*Chicago Journal*, August 18, 1926)。

(36)　シカゴよりもタクシーダンス・ホールがさらに多くの売春と結び付いているいくつかの都市があるという考えには、それなりの理由がある。この違いが生じた理由はまだ完全には解明されていないが、それぞれの地域の状況における分化要因の点から理解することが出来るだろう。

売春が少ないと言われているニューヨークについて、一四人委員会は『年報――一九三〇年版』のなかで、次のように報告している。「ダンスホールの多くが、ダンスだけでは飽きたらず、不道徳的な目的のために数時間ホステスを連れ出したい客たちに、ホステスたちを『売っている』。通常の定額料金は一五ドルで、時間ごとに割増料金になる。この料金の五十から六十パーセントがダンスホールの経営者の取り分である……しかし奇妙なことに、人目につくような形で最悪の行いがダンスホールで蔓延するのは例外的である」。

(37)　このことから、タクシーダンス・ホールとしばしば結び付くような他の性的な不品行もないと考えられるべきではない。これらの性的不品行に携わりながらタクシーダンス・ホールの仕事をいつまでも続けているタクシーダンサーもしばしば見られる（本書第三章第十節参照）。

（38）本書第五章第一節を参照。
（39）フレデリック・M・スラッシャー教授の指導のもとで行われた、ニューヨーク大学のボーイズ・クラブについての研究の一部として収集された情報が明らかにしているのは、ニューヨークにおいてこのような集団暴行が予想以上にかなり一般的に行われているということである。シカゴにおいてそれは、タクシーダンサーが襲撃から逃れるために三階の窓から飛び降りた事件によって明らかになった（*Chicago Evening Journal*, September 12, 1928）。
（40）最近、シカゴ警察は、タクシーダンス・ホールに個人的に反対する人の主導下にあるため、悪徳経営者たちから協力的とはほど遠いとみなされている点は注目に値する。一九三一年に出された青少年保護協会理事ジェシー・F・ビンフォードの声明によると、シカゴ警察は、いかがわしいタクシーダンス・ホールを飽くことなく追及しており、常に青少年保護協会と協力している。
（41）これらの努力についての説明は、本書第九章を参照。
（42）市顧問弁護士決定事項第八四二号。
（43）営業許可と監督を巧みに逃れるためにタクシーダンス・ホールの経営者たちが用いた戦略についての多くの情報について筆者は、シカゴ青少年保護協会常任理事ジェシー・F・ビンフォードに負っている。
（44）このような禁止命令を回避するために、一九三一年にシカゴ警察は、これらの娯楽施設の入り口に見張りを置き、客たちにそこを利用しないように勧め始めた。しかし一九三二年の四月の段階で、まだ四軒のタクシーダンス・ホールが禁止命令の保護下におかれているということである（*Chicago Tribune*, April 20, 1932）。
（45）今日、シカゴ警察署員は、ダンスホールの営業許可証の発行を上申する前に、青少年保護協会の記録を調べるよう指示されている。このことは、徹底的に調査を行い、記録を管理することが、実践面において重要であると認められている例と言えるだろう。
（46）*Report of the Public Dance Hall Commission of the San Francisco Center.*
（47）前掲報告書をもとに筆者作成。
（48）Jessie F. Binford, *Survey*, 54, pp. 98-9.
（49）前掲文書をもとに筆者作成。
（50）本書第九章後半部を参照。
（51）ニューヨーク市では、警察本部長による公の場での攻撃に対して、一五のタクシーダンス・ホールの経営者たちは一九三一年九月に、ニューヨーク五行政区のボールルームとダンス学院オーナー協会〔という組織を〕を立ち上げた。その協会の計画では、すべての会員が固守することに同意した監督基準を設置すると報告している。さらに、それぞれのダンスホールのタクシーダンサーたちの立場を護り、協会の中央委員会のために秘密報告書を作成するために、その協会は個々の経営者に知られていない女性の調査員を雇うことを示唆している。ニューヨーク市警察は一九三一年の夏に、ダンスホールの営業許可と捜査の責任を負うことになった。

（52）このことに関連して、エラ・ガードナーは重要な指摘をしている。彼女は、連邦児童福祉局のために行ったパブリック・ダンスホールについての研究のなかで（一九二九年、児童福祉局出版番号一八九）、女性監督者の給料がダンスホールから支払われている場合、効果的な監督を確実に行うことが難しく、この点にこの種のダンスホールの統制における重大な問題があると指摘している。

（53）あるダンスホール経営者へのインタビュー。

（54）一九二八年三月二四日付の前検事の青少年保護協会会長への公開書簡。

（55）ロンサムクラブの職員へのインタビュー、新聞記事、事例記録から得た情報をもとに筆者作成。

（56）この他に、シカゴのフィリピン人のための独立した宗教的組織を推進する、シカゴ教会連盟と全米ＹＭＣＡ評議委員会の外国籍学生部門による一つの試みがある。これは、宗教的な礼拝がフィリピン人たちの道徳改善の基礎になることを望んでのものであった。フィリピン人の学生聖職者が任命され、「フィリピン・キリスト教団体」の名のもとに礼拝を行った。これらの試みのいくつかのものは重要な価値を持つものであったが、シカゴのフィリピン人の一部にしか広まらなかった。というのも、大部分のフィリピン人はカトリック教徒であり、プロテスタント教会を模倣した礼拝の形態は、明らかに大多数のフィリピン人にとって何ら興味を引くものではなかったからである。

（57）Zorbaugh, *op. cit.*, pp. 75-81〔吉原直樹ほか訳、前掲、八七-九四頁〕.

（58）会員とその友人だけに限定された会員制の「ナイトクラブ」は、タクシーダンス・ホールの客が容易に吸収される可能性のある形態の一つである。なぜなら、少なくとも理論的には、そこは一般の人たちには開放されていないため、日常的に行われる一般の人々による多くの監督をしばしば免れることが出来るからである（本書第二章第一四節を参照）。

（59）本書第十二章後半を参照。

（60）本書第三章第六節から第九節を参照。

（61）Arthur L. Swift, *The Dance Hall: A Problem of Social Control* (Columbia University M. A. thesis, 1925), pp. 41-2.

訳者あとがき

本書は、Paul G. Cressey, *The Taxi-Dance Hall: A Sociological Study in Commercialized Recreation and City Life*, The University of Chicago Press, 1932. の全訳である。著者のクレッシーは、一九〇〇年九月一六日、イリノイ州リー郡にあるフランクリングローブという町でこの世に生を受けた。一九二二年、オハイオ州の名門オーバリン大学に入学し、卒業後はシカゴ大学大学院に進学、一九二九年に修士論文「シカゴにおける閉鎖的ダンスホール」(The Closed Dance Hall in Chicago) で修士号を得ている。シカゴ大学ではE・W・バージェスに師事し、バージェスを介して青少年保護協会の仕事に就くことになった。この協会におけるケースワーカー兼特別調査官としての活動が、彼の修士論文及び本書『タクシーダンス・ホール』が誕生する大きなきっかけとなった。修士号取得後、クレッシーはインディアナ州のエバンズビル大学で教職に就き、その間に本書が執筆された。一九三一年から三四年にかけて、ニューヨーク大学で非常勤講師を行うとともに、『ギャング』の著者で知られるF・スラッシャーと「少年クラブ研究」(Boys' Club Study) の共同責任者を務め、「映画が子どもに与える影響」に関する研究プロジェクトに従事した。その後、一九三四年から三七年にかけて、彼はニュージャージー州のヌアーク大学で教鞭を執り、三七年から四二年にかけては、再びニューヨーク大学に戻り、今度はそこに大学院生として在学し、四二年に「隙間地帯における映画の社会的役割」(The Social Role of the Motion Picture in an Interstitial Area) と題する論文で博士号を取得している。博士号取得後は、米国戦時情報部で世論分析の担当官を務め (一九四二年~四三年)、その後一九四三年から五〇年にかけて、ニュージャージー州のオレンジ・メープルウッド社会福祉協議会の常任理事を務めている。一九五〇年にオハイオ・ウェスリアン大学の社会学担当の専任教授となり、ここで社会調査とコミュニティ・オーガニゼーションの講義を担当した。一九五五年七月七日、彼はニュージャージー州モントクレアにおいて五四歳の若さでこの世を去った［中野 二〇一三：二〇八－

二〇一〇、フェアリス 一九九〇：二〇三、Jowett et al. 1996: xvii-xviii, Covello 1967: 480]。

ジェシー・ビンフォードの「序文」[本書xiii頁]にもあるように、本書は、クレッシーがシカゴ青少年保護協会のケースワーカー兼特別調査官を務めていた時に、同協会から依頼された研究プロジェクトをその出発点としている。このプロジェクトにおける研究成果を踏まえ、その後クレッシーは、上述のように、一九二九年にシカゴ大学に「シカゴにおける閉鎖的ダンスホール」と題する修士論文を提出している。その修士論文を基に執筆された著作が本書である[中野 二〇一三：一八六、フェアリス 一九九〇：二〇三]。本書は、いわゆる「シカゴ・モノグラフ」（シカゴ大学出版局社会学叢書）の一冊として公刊されたものであり、中野正大によれば、「社会学史上初の本格的な参与観察を用いたモノグラフ」である[中野 二〇一三：一八六]。

本書は五部構成を取っている。第一部から第三部にかけては、タクシーダンス・ホールの概要と、ホールの世界の主要人物であるタクシーダンサーと客について、相対的にミクロな視点から分析が行われている。第四部では一転してマクロな視点から、ホールの組織形態や立地状況の変遷プロセス等について、シカゴ・モノグラフに特徴的な人間生態学的ないし自然史的な観点から分析が施されている。最終部の第五部においては、タクシーダンス・ホールをめぐる問題、そうした問題に対して当時盛んに行われていた社会改良運動に関する分析、そしてそれに対するクレッシーの提言が提示されている。

本書については、既に訳者の一人である寺岡が詳細な分析を行っている[中野・寺岡 一九九五、一九九六、一九九七、寺岡 一九九七、二〇〇三]。なかでも寺岡[二〇〇三]は、本書のコンパクトな解説となっており、本書を読み進めるうえでの手引きとして是非一読頂きたい。

本書のテーマである「タクシーダンス・ホール」とは、第一部で論じられているように、クレッシーが一四種類に分類する「非会員制」のダンスホール（＝パブリック・ダンスホール）の一つの類型をなすものである。より詳細には、このホールは「男性客だけを対象とする、営利目的のパブリック・ダンス施設であり、女性のダンスパートナーを雇い男性客が社交ダンスをする機会を提供」しようとするものであり、ここに勤めるダンサーたちは、「自分を選んだ客であれば誰とでも、その客が支払った〔料金に相当する時間の〕分だけダンスをすることが求められている」〔本書三四頁〕。彼女たちが「タクシーダンサー」と呼ばれる所以はこの業務形態にある。すなわち、「タクシーに乗ったタクシードライバーのように、ダンサーは誰にでも雇われ、踊った時間と提供したサービスに応じて報酬を受け取る」〔本書一二頁〕ことから、そうした名前が彼女たちに付けられたわけである。ちなみにこの類のホールが「閉鎖的ダンスホール」と呼ばれているのは、この施設が男性専用の娯楽施設であり、利用客から女性が排除されているためである〔本書二五頁〕。

タクシーダンス・ホールは、一九一三年にサンフランシスコで生まれ、二〇年代から三〇年代にかけてその最盛期を迎えた。この時期はちょうど、禁酒法運動がその力を強め、多くの都市からいわゆる「赤線地区」(red-light area) が次々と消滅に追いこまれた時代でもあった。そのためこうしたホールは、男性客たちにとっては一種の風俗施設（「売春施設の代替物」）としての機能も持つことになった。その後第二次大戦後数年の間に、そのほとんどが消滅した〔フェアリス　一九九〇：一二六、寺岡　一九九七：四二一、Meckel 1995: 3〕。自らもタクシーダンサーの一人としてホールに勤め、参与観察の手法を以てカリフォルニア州のタクシーダンス・ホールの研究を行ったメアリー・メッケルによれば、その消滅の要因の一つとして「Bガール」(B-girl) の台頭が挙げられる。Bガールとは、バーのホステス、すなわち、バーで働き男性客の相手をする女性を指すが、一九三三年に禁酒法が廃止されて以降、急速にその勢力を強めることになる。とはいえ、数こそ少ないものの、その後もタクシーダンス・ホールは存続し続け、一九七〇年代半ばには、ロサンゼルスにおいて「リバイバル」を果たしている。リバイバル後のホールでは、以前の原型（プロトタイプ）のダンスホールと比べ、「社交クラブ」的な雰囲気の提供に重きが置かれ、ビリヤード施設やビュッフェ・ディナー（バイキング形式のディナー）も提供された〔Meckel 1995: 6〕。ホールの現況については不明だが、メッケルの情報を参照する限り、一九八七年の時点で少なくとも数件のホールがカリフォルニア州オークランド（三件）とロサンゼルス（一一件）に存在していたことは確かである［Meckel 1995: 2］。

本書に関する詳しい検討については先に挙げた寺岡［一九九七］を参照されたいが、ここで二点ほど特に重要と思われる本書の特徴について触れておきたい。

まず第一に、冒頭でも触れたように、本書は社会学のモノグラフとしては参与観察の手法が用いられた初の研究である。本書においては、クレッシーによる調査方法（参与観察）に関する説明は、「著者序文」［本書八頁］に一段落程度のわずかな分量で記されているのみであるが、中野・寺岡［一九九七］も紹介しているように、クレッシーの死後、彼自身の手による調査方法論に関する遺稿がシカゴ大学図書館で発見され、タクシーダンス・ホールの研究において採用された調査方法を、クレッシー自身がどのように捉えていたかがつぶさに明らかになった。その後その遺稿は、発見者のM・バルマーによって、Cressey 1983として公刊されている。

本書の第二の特徴として、分析手法としての「社会的世界」の重視が挙げられる。この点について、中野・寺岡［一九九五：一七］は次のように述べている。すなわち、「H・ゾーボーの『ゴールドコーストとスラム』などのモノグラフに比して、クレッシーの著作は生態学的分析が少ない。それは……関係論・ネットワーク論的モデルのほうが対象の分析に適しているからだということができるであろうし、また何よりも著者の関心が人々の相互作用やそれによって形成される意味世界の解明に向けられていたからであろう」、と。本書に限らず、シカゴ・モノグラフに見られる「社会的世界」という視点は、その後、ハーバート・ブルーマーやE・C・ヒューズを経由して［皆川 一九八九、Blumer 1980: 413］、タモツ・シブタニの「パースペクティブとしての準拠集団」［シブタニ 二〇一三］として定式化されることになる［奥田 二〇〇八］。さらに、シブタニの準拠集団論はアンセルム・ストラウスの「社会的世界論」(Social World Perspective) に継承され、現代社会学の重要な分析枠組の一つとなっている［山口 二〇〇七、鎌田 二〇一四：三四－三五］。

上記の二つの「特徴」は、とりわけ「シンボリック相互作用論」(Symbolic Interactionism) に強く継承されている。ブルーマーによって定式化されたこの研究スタイルは、人々の行為・パーソナリティ・意味世界・社会関係を、社会的相互作用と自分自身との相互作用を通じた形成・再形成のサイクルのなかにあるものと捉え、そのサイクル（プロセス）を、参与観察法を含む『行為者の観点』からのアプローチ」によって捕捉しようとするものである［船津　一九九九：一七四―一二六、桑原・油田　二〇一一、Kuwabara and Yamaguchi 2013］。ちなみに前述のメッケルによる研究は、まさにこの研究スタイルを用いたものであった。

「シカゴ・ルネサンス」という言葉がある［吉原　一九九四：五三］。「シカゴ社会学の学問的遺産を再発見」し「シカゴ社会学の復活」を図ろうとする現代社会学の一潮流を指す言葉である［フェアリス　一九九〇：一六一―一七］。吉原によれば、この潮流は、ブルーマーに代表されるシンボリック相互作用論とモーリス・ジャノウィッツを中心とする「第四世代（→ネオ・シカゴ学派）」の台頭によって促進され［吉原　一九八九：二四］、海外においては一九七〇年代後半以降に登場し［吉原　一九九四：五三―五四］、国内でも九〇年代に入って活発な動きを見せ［中野　二〇〇三：一四］、「刊行の言葉」にもあるように［本書iii頁］、現在もその動きは続いている［中野　二〇〇一、中野・宝月編　二〇〇三、宝月・吉原編　二〇〇四、中野　二〇〇六、中野　二〇一三］。本書は、ハーベスト社「シカゴ都市社会学古典シリーズ」の第四巻として刊行されるものである。本書が、我が国における「シカゴ・ルネサンス」の動きを少しでも後押しするものとなれば幸いである。

本書の訳出においては、特に次の二点で困難に直面した。一つは、本書に引用されている数多の事例(Case)、特に会話文の解釈と訳出である。クレッシーによる叙述とは異なり、本書に引用されている会話文の語り手は基本的に匿名ないし仮名の人物である。そのため、語り手のアイデンティティをつかむことが非常に困難である。また同時に会話文には、文語体にはない特有の言い回しが頻出する。そうした会話文の意味内容をくみ取り、くみ取った結果を出来る限り自然な日本語で表現することは容易な作業ではなかった。この作業において、鹿児島大学大学院人文社会科学研究科の大学院生として在学していたマシュー・ワトソン氏（現、鹿児島純心女子短期大学専任講師）からは数多くの助言を頂いた。また本書第三部第七章は、そのタイトルからもわかるように、フィリピン人客について記述と分析が行われている章である。この章においては、随所にタガログ語（フィリピン語）が人名や地名として登場しているが、訳者のなかにタガログ語に通じた者はいなかった。鹿児島大学教授、西村知先生と奥様ジョアン氏の助けがなかったら、これらが適切な訳語やカタカナとして本書に表記されることはなかった。ワトソン氏、西村先生と奥様の三氏には心より感謝の意を表したい。

本書の訳出の分担は、序文、序論、著者序文…桑原、第一部…石沢、第二部…桑原（第三章、第四章）・寺岡（第五章）、第三部…高橋、第四部…奥田、第五部…和泉、となっている。本書全体の訳語等の統一は桑原の責任において行った。

先にも述べたように、本書はシカゴ都市社会学古典シリーズの第四巻として刊行されるものである。第一巻の『ホテル・ライフ』（一九九七年）、第二巻『ゴールド・コーストとスラム』（一九九七年）、そして第三巻『ホーボー（上・下）』（一九九九年、二〇〇〇年）、と第三巻までは比較的順調に刊行されたのに対して、本書第四巻が上梓されるまでには、第三巻刊行から一五年以上の歳月が経過してしまった。この間、監修者の奥田道大先生、吉原直樹先生、ハーベスト社の小林達也氏には多大なご迷惑をおかけしてしまった。この場を借りて三氏に対して本書公刊の大幅な遅れをお詫びするとともに、その遅れにもかかわらず快く本書を刊行して頂いたことに対し、心より感謝申し上げたい。

訳者を代表して

桑原　司

文献

Blumer, H. G., 1980, Mead and Blumer, *The American Sociological Review*, 45: 409-419.

Covello, L. H., 1967, *The Social Background of the Italo-American School Child*, Leiden E. J. Brill.

Cressey, P. G., 1983, A Comparison of the Roles of the 'Sociological Stranger' and the 'Anonymous Stranger' in Field Research, *Urban Life*, 12 (1): 102-120.

Faris, R. E. L., 1967, *Chicago Sociology: 1920-32*, Chandler Publishing Company.（ロバート・E・L・フェアリス、一九九〇（奥田道大・広田康生訳）『シカゴ・ソシオロジー　一九二〇―一九三二』ハーベスト社。）

船津衛、一九九九『アメリカ社会学の展開』恒星社厚生閣。

宝月誠・吉原直樹編、二〇〇四『初期シカゴ学派の世界――思想・モノグラフ・社会的背景――』恒星社厚生閣。

Jowett, G. S., Jarvie, I. C. and K. H. Fuller, 1996, *Children and the Movies: Media Influence and the Payne Fund Controversy*, Cambridge University Press.

鎌田大資、二〇一四「市民社会をもたらす公共圏と社会的世界としての公共圏――社会学研究の礎石としてのハバーマスとシンボリック・インターラクショニズムの融合――」『中京大学現代社会学部紀要』第八巻第一号。

桑原司・油田真希、二〇一一「シンボリック相互作用論序説」九州地区国立大学間の連携に係る企画委員会リポジトリ部会『研究論文集――教育系・文系の九州地区国立大学間連携論文集――』第五巻第一号。

Kuwabara T., and K. Yamaguchi, 2013, An Introduction to the Sociological Perspective of Symbolic Interactionism, *The Joint Journal of the National Universities in Kyushu, Education and Humanities*, 1(1): 1-11.

Meckel, M. V., 1995, *A Sociological Analysis of the California Taxi-Dancer*, The Edwin Mellen Press.

皆川満寿美、一九八九「社会過程の社会学」片桐雅隆編『意味と日常世界――シンボリック・インタラクショニズムの社会学――』世界思想社。

中野正大、二〇〇三「シカゴ学派社会学の伝統」中野正大・宝月誠編『シカゴ学派の社会学』世界思想社。

中野正大、二〇一三「シカゴ・モノグラフの読解――ポール・G・クレッシー『タクシー・ダンスホール』――」『奈良大学紀要』第四一号。

中野正大（研究代表者）、二〇〇一『シカゴ学派の総合的研究』平成一〇年度〜平成一二年度・科学研究費補助金・基盤研究B・研究成果報告書。

中野正大（研究代表者）、二〇〇六『現代社会におけるシカゴ学派社会学の応用可能性』平成一四年度～平成一七年度・科学研究費補助金・基盤研究B・研究成果報告書。

中野正大（研究代表者）、二〇一三『社会学的モノグラフ研究の復権――シカゴ学派からの出発』二〇一〇年度～二〇一二年度・科学研究費補助金・基盤研究B・研究成果報告書。

中野正大・寺岡伸悟、一九九五・一九九六・一九九七「初期シカゴ社会学の調査方法論――ポール・G・クレッシー『タクシー・ダンスホール』――（上・中・下）」京都工芸繊維大学工芸学部『人文』第四二～四四号。

奥田真悟、二〇〇八「相互作用論から大衆社会論への再接近」二〇〇七年度・鹿児島大学大学院人文社会科学研究科・修士学位論文。

Shibutani, T., 1955, Reference Groups as Perspectives, *The American Journal of Sociology*, 60 (6): 562-569.（タモツ・シブタニ、二〇一三（木原綾香ほか訳）「パースペクティブとしての準拠集団」, *Discussion Papers In Economics and Sociology*, 1301: 1-16.）

寺岡伸悟、一九九七「タクシー・ダンスホールの魅力」宝月誠・中野正大編『シカゴ社会学の研究――初期モノグラフを読む――』恒星社厚生閣。

寺岡伸悟、二〇〇三「クレッシー『タクシー・ダンスホール』（一九三二）」中野正大・宝月誠編『シカゴ学派の社会学』世界思想社。

山口健一、二〇〇七「A・ストラウスの社会的世界論における『混交』の論理」東北社会学研究会『社会学研究』第八二号。

吉原直樹、一九八九「シカゴ・ソシオロジー再考のために」日本社会学史学会『社会学史研究』第一一号。

吉原直樹、一九九四『都市空間の社会理論』東京大学出版会。

刊行の言葉

本シリーズは、アメリカ都市社会学の祖型をなす一九二〇—三〇年代の初期シカゴ学派の最大の知的遺産である、都市エスノグラフィ叢書のセレクションズである。本シリーズの第一次刊行としては、『ホテル・ライフ』(田嶋淳子訳、第一回配本)をはじめとして、『ゴールド・コーストとスラム』(吉原直樹他訳、第二回配本)、『ホーボー』(広田康生訳、第三回配本)、『ジャック・ローラー』(未定)、『タキシー・ダンスホール』(未定)等を予定しているが、いわばアメリカ都市社会学の古典ともいうべき都市エスノグラフィのセレクションズを訳出するにあたっては、次のような背景がある。

第一は、非常に素朴な事柄であるが、このシカゴ・シリーズ*は都市社会学を学ぶ者にはもっともポピュラーな基本文献で、タイトルはもとより内容骨子についても広く知られている。ところが都市社会学の研究者でも、この都市エスノグラフィを原書で読んだ人、あるいは原本を手にしたことがある人は意外とすくない。シカゴ学派について紹介、論評する機会のおおい都市社会学者が、原本のほとんどを見たこともない事実を会話のなかで初めて知って、がく然としたことがある。別段、「セカンド・ソース」からの引用であっても構わない。しかし「セカンド・

*この古典としてのシカゴ・シリーズには、アンダーソン『ホーボー』、クレッセー『タキシー・ダンスホール』、ドノヴァン『セールス・レディ』、ゾーボー『ゴールド・コーストとスラム』、ショウ『ジャック・ローラー』、ホワイト『ストリート・コーナー・ソサエティ』その他の作品群が含まれている。

ソース」は第二の問題点を含むので、原書のコンテンツを正当に伝える翻訳作業がどうしても必要となる。

第二は、初期シカゴ学派をその時代と社会の文脈にそくして解読する作業が、アメリカの社会学で新しい流れをつくってきている。それは、例えば調査研究上のシカゴ・スタイルや都市エスノグラフィの様式化一つをとって見ても、主として第二次大戦後のアメリカ社会学成立・発展期＝制度化（Institutionalization）の文脈において解読される傾向が、支配的であったからである。いわばエスタブリッシュメントとしてのアメリカ社会学からの初期シカゴ学派の伝統的手法や個別モノグラフへの批判的検討もその一つだが、むしろ問題は制度化の文脈においてモデル的にとらえられた〝初期シカゴ学派〟があれこれ取りざたされている事実にある。シカゴ学派自体の制度化の側面もある。一九四六―六〇年を〝セカンド・シカゴ・スクール（Second Chicago School）〟の台頭期として、『セカンド・シカゴ・スクール』とのタイトルの研究書も刊行されている（Cray Alan Fine ed., *A Second Chicago School: The Developement of a Postwar American Sociology*, The University of Chicago Press, 1995）。

戦後日本の都市社会学では、やはり一九六〇年代以降の成立・発展期に、シカゴ学派都市社会学が積極的に摂取されたという事情がある。例えばルイ・ワース（Louis Wirth）のアーバニズムの三重図式がくりかえし引用されたのも、日本の都市社会のシステム理解にワースの図式がより適合的であったからに他ならない。しかし一方のアメリカ社会学では、一九四六―六〇年のセカンド・シカゴ・スクールの誕生を契機としたその後の制度化過程が、大都市を中心にシステム的にゆらぎ、テーマ的にも「分裂都市（Divided City）」、「二重都市（Dual City）」の問題に直面している。そして地域レベルでは、コミュニティ・フラグメンテーションが、民族・エスニシティ、階級・階層、ジェンダーその他のライフスタイルの差異性を伴いながら進捗するなかで、改めて初期シカゴ学派がそれこそ命懸けで問うた、一種のカオスとも言うべき都市的状態（Urban Conditions）を解く社会的異質・

多様性（Social Diversity）が再テーマ化されるに至った。二十一世紀を射程としたアメリカ都市社会学が、「制度化（Institutionalization）」から「脱制度化」の複雑系への転換期にさいして、モデルから「異質」認識への方法論のシフトを経験したことは、当然の過程である。いま、初期シカゴ学派の社会学的立場性と調査研究上の諸成果の再検討を、同時代の文脈において綿密に解読する作業がはじまっていることに注目したい。

第三は、初期シカゴ学派解読の作業が、都市エスノグラフィの念入りな書誌的校訂、あるいは原著者、後継者等の手で、「Elaboration, Polemic, Progress」の工程を経て進行中である。そして、本訳書シリーズを含め、都市エスノグラフィの作品群の大部分が、シカゴ大学Ph. D.論文を底本としている。当然のことながら、原著者が二十歳代後半から三十歳代前半にかけての仕事であり、参与観察法等のフィールドワークを実践する上でパークらの直接の指導とアドバイスが決定的な役割を果たしたことは、すでに知られている。それにしても、当時の研究室の学問的熱気とともに、パークの人間的包容力のふかさとパースナリティの魅力、すべてのアイデアと情熱を惜しみなく学生に与え続ける型やぶりな指導力等は、教え子たちのパーク回顧のヒューマン・ドキュメントが次々と明らかにしている。パークは晩年、シカゴを離れて、南部のフィクス大学に赴くが、そこで教え子らの手で、パークのライフ・ヒストリーと最終講義ノートが一冊の著作にまとめられている。またさまざまなレベルと場での教え子らの手でパーク個人のポートレイトと初期シカゴ学派の歩み、アカデミック・マインドとが交響して編集されており、一本の長篇詩のように美しいが、これらの作品は個人的回顧のコレクションズ、あるいは都市社会学のテキストとしてよりも、アーバン・スタディーズとカルチュラル・スタディーズとが交差する、都市の文化社会学といった色調が漂う（例えばその一冊として、Rolf Lindner, *The Reportage of Urban Culture: Robert Park and the Chicago School*, Cambridge Univ. Press, 1996.）。

パークの直接の後継者で、文字どおりのシカゴ・ソシオロジーの最後の学部長を務めたヒューズ（Everet C. Hughes）がシカゴ・スタイルの脱制度化を意図して、東部のブランダイス大学（Brandeis）に〝もう一つのセカンド・シカゴ・スクール〟を旗揚げした〝事件〟があった。ユダヤ系の東部の新興大学に、シカゴニアンのヒューズが若手研究者を引き連れて奥部に移ったのは興味をひくが、偶々私が留学したのがヒューズ着任の翌年のブランダイスであった。ヒューズを通しての初期シカゴ学派、Ph. D. 論文を含め都市エスノグラフィの作成過程、パークらのポートレイト等の話しは別として、ヒューズは一九六九年、サンフランシスコで開かれたアメリカ社会学会大会の特別セッションで、やはりシカゴニアンだがエスタブリッシュメントとしてのアメリカ社会学の申し子、ハーバート・ブルーマーとの対話集会（The Blumer = Hughes Talk）に臨んだ。「古典シカゴの追憶（Reminiscence of Classic Chicago）」とヒューズを揶揄ぎみのタイトルであったが、特別セッションでは意気込んだブルーマーがヒューズのふところ深さに逆に吸い込まれ、この一九六九年の集会がアメリカ社会学の制度化に一つの節目を記す結果となった。以後、脱制度化の「異質」認識の根茎（リゾーム）＝初期シカゴ学派再発見の新しい流れがつくられていった。

本シリーズでは『ホテル・ライフ』『ゴールド・コーストとスラム』『ホーボー』『ジャック・ローラー』（東洋館出版社から出版された。『ジャック・ローラー——ある非行少年自身の物語』（玉井真理子・池田寛訳、一九九八年））『タキシィ・ダンスホール』その他を第一次刊行としているが、この作業はシカゴ・モノグラフの翻訳紹介の第一段階であって、余り間を置かない第二次刊行に引き継がれることを期待したい。なお、本シリーズで予定していたホワイト（W. F. Whyte）の『ストリート・コーナー・ソサエティ』（一九九三年度新改訂版）が翻訳権の関係で、このシリーズとは別途に勁草書房から刊行される（結局、有斐閣から出版されることになる。『ストリート・コーナー・ソサエティ』（奥田道大・有里典三訳、二〇〇〇年）。）ことになっているが、広い意味での本シリーズの一冊として参照していただけたならば、幸いである。文字どおり複雑系の内容のシカゴ・モノグラフの翻訳作業は難渋をきわめているが、都市エスニシティの問題の第一線にある都市社会学者を中心に作業を鋭意進めている。足かけ四年前に監修者の間で企画されたこのシリーズが難航の末、日の目を見るようになったのは、ひとえにハーベスト社・小林達也氏の熱意による。心からの謝意を申し上げたい。

一九九七年四月

奥田　道大

シカゴ大学図書館に所蔵されている『タクシーダンス・ホール』関連資料
写真提供：酒井千絵さん（関西大学社会学部准教授）

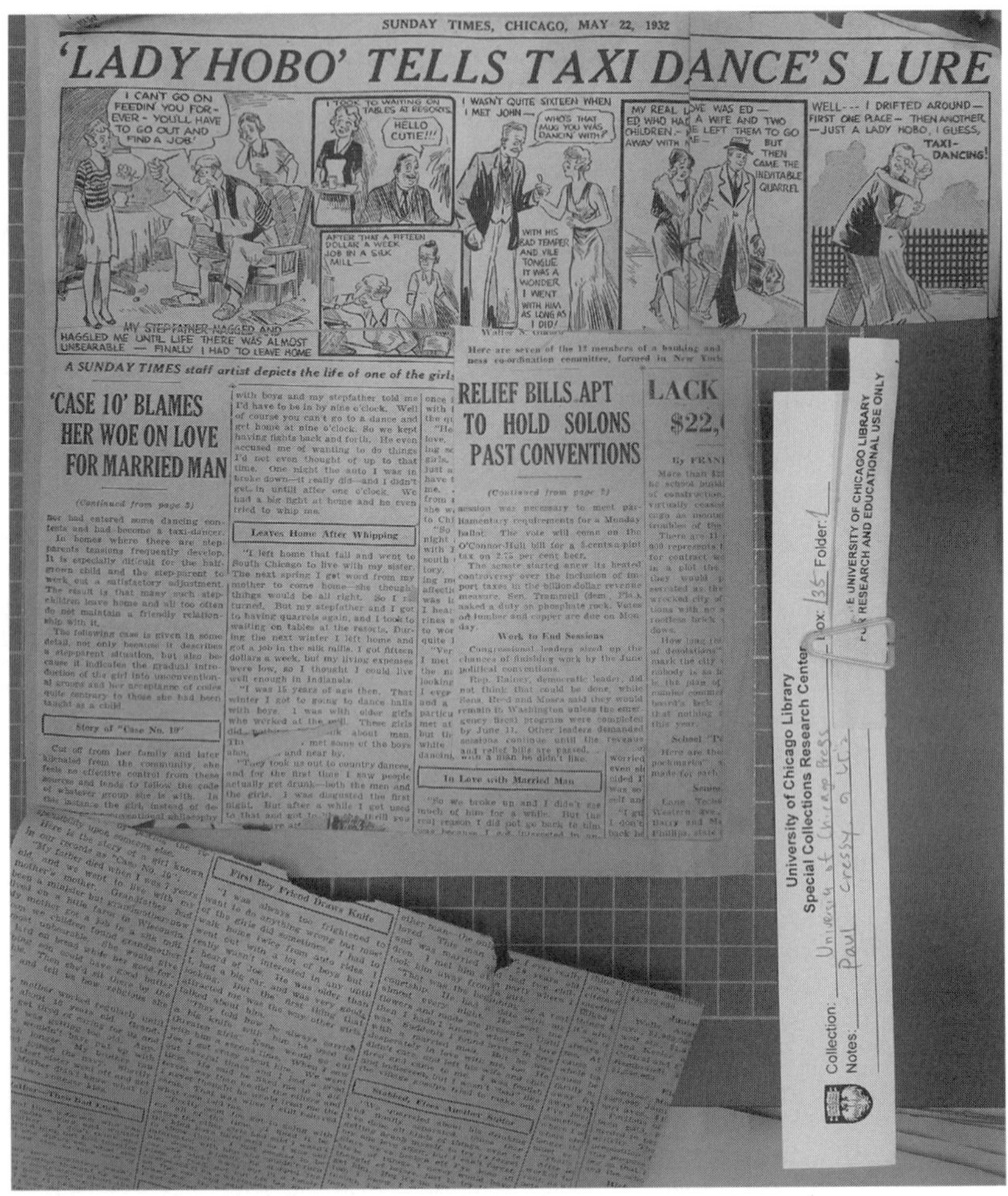

4 DAILY TIMES, CHICAGO, MONDAY, MAY 16, 1932

GIRLS FOR SALE AT 10 CENTS A TUNE

TAXI-DANCE HALLS LURE MEN OF ALL NATIONS, STATIONS

(Continued from page 3)

by that he is near one of Chicago's playgrounds.

But a closer inspection reveals a portable signboard on which is daubed the announcement, "Dancing tonight! Fifty beautiful lady instructors."

Before long the patrons and taxi dancers begin to arrive. Some patrons come in autos, though many more alight from street cars. Still others seem to come from the immediate neighborhood. For the most part they are alone, though occasionally groups of two and three appear. The patrons are a motley crowd.

Sometimes they speak English fluently. More often their broken English reveals them as European immigrants on the way toward being Americanized. Still others are dapperly dressed little Filipinos who come together, sometimes even in squads of six or eight, and slip quietly into the entrance. Altogether the patrons make up a polyglot aggregation from many corners of the world.

The girls, however, seem much alike. They wear the same style of dress, daub their faces in the same way, chew their chicle in the same manner and—except for a few older spirits—all step about with a youthful air of confidence and enthusiasm.

Dancers Represent a Type

Admission to the dance hall is easy to secure. In a narrow glass cage at the head of the stairs sits the ticket seller, with immobile countenance. He indicates by a flicker of the eyelids and a glance toward the sign stating the admission fee that entrance will be granted upon the payment of the [illegible]

Still others dance the "Charleston," and are granted unchallenged preemption of the center of the floor. Some couples are content with a slow, simple one-step as they move about the hall. At times certain dancers seem to cease all semblance of motion over the floor, and while locked tightly together give themselves up to movements sensual in nature and obviously more practiced than spontaneous.

Segregate in Corner of Hall

These couples tend to segregate at one end of the hall where they mill about in a compressed pack of wriggling, perspiring bodies. It is toward such feminine partners that many of the men rush at the end of each dance; these are the taxi-dancers who, irrespective of personal charm, never seem to lack for patrons. "It's all in the day's work, and we are the girls who get the dances," would seem to be their attitude.

A majority of the patrons, however, do not appear to be seeking this type of activity. Many obviously enjoy dancing for its own sake. Others [illegible]

in the same crowd with the "bad boys" of some of Chicago's first families. The rural visitor seeking a thrill achieves his purpose in company with the globe-trotter from Australia. The American Negro remains the only racial type excluded from the taxi-dance hall.

It is a mercenary and silent world—this world of the taxi-dance hall. Feminine society is for sale, and at a neat price. Dances are very short; seldom do they last more than 90 seconds. At 10 cents for each 90 seconds of dancing, a full evening would total the man a tidy sum. Since the average patron does not seem to belong to the social class of easy affluence, he spends much of his evening on the side lines balancing his exchequer against new stimulations in the dance—apparently with the result that his exchequer loses.

The more popular taxi-dancer accumulates an enormous number of tickets in the course of an evening. These young girls by a few hours of dancing each evening may secure a weekly income of at least $35 or $40. By the sale of nothing more than their personal society for a few hours each [illegible]

the taxi-dancers hurry to the box-office, where they deposit their accumulations of tickets, and scurry to the wardrobe. The men, now disgruntled or expectant — depending upon their luck with the girls—make their way toward the checkroom and the exit. Flourishing their clubs, the uniformed officers pace up and down the hall, urging the stragglers toward the door. "All out now! All out for tonight!"

On the sidewalk at the foot of the stairway stands a little semicircle of youths, either those having a prearranged "date" with a taxi-dancer or those still hoping to secure one. A dozen taxicabs purr at the curb, waiting for fares. The girls descend, sometimes in two's and three's, sometimes alone. As each girl appears, her favored man steps forward, takes her by the arm, and steers her toward a waiting cab or private car. A few girls do not seem to have escorts. They ignore the solicitations from the sidewalk suitors and walk briskly toward the street car.

A visit to this resort raises more questions than it answers.

What are the characteristics of taxi-dance halls? What distinguishes them from other dance halls? What function have they in urban life?

Who Are These Girls?

Who are the young girls who at such an early age have been drafted into this dubious occupation. By what channels were they enabled to find their way to these questionable places? What does this life mean for these young girls and what will be the consequences in later life? Where will their dancing career end: in other more legitimate occupations, in marriage, or in prostitution? And the family backgrounds of these young women—from what types of families do they come?

What has been the kind of rearing provided them in their homes? What types of relationships of the girl to her family, her relatives, and the community make it possible for her to enter, and remain, in this dance-hall life?

And then the men of the establishment, the patrons and the proprietors—who are these men who freely spend considerable money for just a few minutes of entertainment? Why are they so attracted? By what stress of circumstances are they willing to pay so dearly for even this transitory feminine society?

What does this dance-hall mean in the lives of the young boys, the older men, the European immigrants, and the youthful Filipinos? What is the effect of this experience upon their later conduct and their conceptions of life? Who are these proprietors who operate the establishment? What has been their influence in the development of this unique form of dance hall?

Where did this type of dance hall first develop? How was it diffused throughout the country and how was it brought to Chicago? What is its relationship, if any, with prostitution, with police corruption, and with mismanagement of city government? Are there conditions of city life which explain—and perhaps even justify—the taxi-dance hall, properly supervised? Or should it be denied a place in the structure of city life?

These and other questions immediately present themselves and bid for answer.

(To be continued tomorrow.)

DAILY TIMES
Daily except Saturday
SUNDAY TIMES
Saturday evening and Sunday
Vol. 2 MAY 16, 1932 [illegible]
[illegible]

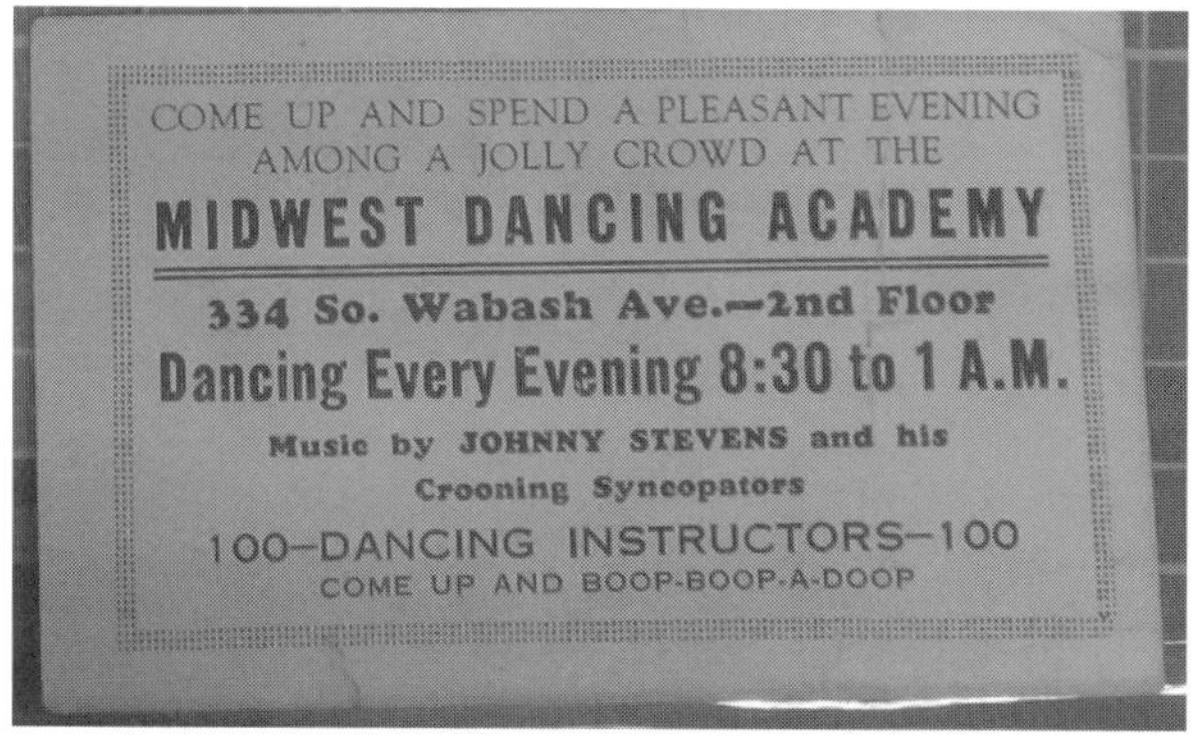

Evansville, Ind. 6-12-32 Press

Local Man's Book Brings New Social World to Light

It's a Taxi-Dance Hall, Where Men Seek Romance at Five Cents a Waltz

She tells her folks she is going to school, straightens her lipstick, sets her hat jauntily on her head and leaves to board a street car.

She alights on a gayly lit corner, climbs stairs with a jostling mob and enters a dance hall.

The men are lining up, looking over the girls. One walks up to her, a ticket in his hand . . .

She is a taxi-dancer, about whom Professor Paul Cressey of Evansville College has written a recent book, "The Taxi-Dance Hall."

Cressey, now on leave from Evansville College, recently had the book published by the University of Chicago Press. It is not a novel, but a sociological survey.

Cressey studied his field well as a special social investigator.

The taxi-dancer, as he defines her, is a girl at one off the dime-a-dance palaces which dot our larger cities, who, like the taxi-cab driver with his cab, is for public hire to dance with any patron as long as he'll pay the charges.

Don't let the term sociological survey scare you—the book is just a story of these dime-a-dance halls and the persons who frequent them.

To quote Harry Hansen, literary critic of the New York World-Telegram:

"A book that opens your eyes to a phase of social life among those who have no other way of meeting the opposite sex—a strange, mercenary relationship in which the girl sells her time and lets herself be guided over the dance floor night after night by men hungry for romantic contacts—brown men, white men, fat men, slim little fellows, blowing their week's wages."

Cressey touched new territory in his survey of the taxi-dance hall.

In his introduction he points out that the dime-a-dance palaces are unknown to the general public.

He describes the typical one, a large floor, mirrors around the side, an orchestra blaring forth jazz and the "instructress" or taxidancer who waits along the side of the hall to have the next one with anyone who volunteers—so she may receive the five-cent "cut" for her dance. The dances are short, lasting about one minute and a half.

The girls range from 17 to 30 and the patrons are factory employes, bell hops, truck drivers, youths "sowing their wild oats," a few "tired business men" and Filipinos.

Professor Cressey delves into the question of what attracts the girls to the dance hall and finds it's the romantic glamour of it compared to working in a factory or waiting tables.

A new life opens up for the novice when she enters the hall, an existence that makes the squalid tenements from which she hails seem remote and far away, he points out.

The dancer becomes a new person, even her name is changed.

Checking actual records, Cressey finds that Christine Stranski becomes DeLoris Glenn, Sophie Zelinski becomes Gwendolyn Llewellyn, and Mary Bulonowski becomes LaBelle Shelly.

Professor Paul G. Cressey

She puts blondine on her hair, dances fast, holds her partner close and pretends to be a novice. She puts herself over as a "nice girl."

In his career of dancing for investigation, Cressey interviewed numerous of the types in the dance hall.

One Dancer's Racket

"The first impression I have to make," says one of the taxi dancers, "is that I am an innocent little girl in hard circumstances.

"When a fellow asks for a date I tell him how hard up I am and that I just can't afford to take time away from the hall.

"Then I get the idea across that I'll go out if he'll pay men what I can earn at the dance hall.

"I always insist on getting the money before I go out. Then I get a good meal off of him and invent some method of getting away—phone a friend to call me."

Don't get the idea that taxi dance halls are scarce in large cities and the situation Professor Cressey describes is not prevalent thruout larger towns.

There are scores of them in Chicago alone, patronized by hundreds nightly, the book points out.

The book reveals that the taxi dance hall leads to other things besides dancing.

Picture the dance hall again. A short, heavy set man is sitting over there alone, making no attempt to dance.

Many Filipinos

"Gotta dame yet," a social investigator asks.

"Naw. Not yet," he replies. "My buddy he's dancin' and pickin' two gals for us. He getsa broads. I have a car."

Strangest of all in the taxi dance hall are the Filipinos. There found in great numbers, seeking social recognition not granted them elsewhere.

Many are college students sent to America from their native land.

The girls dance with them, call them "Pinoys"; the fellows call them "Flips" or "Niggers."

In the dance halls Professor Cressey finds a new lingo. Much of it is influenced by the Filipinos.

The taxi dancer herself is a "nickle-hopper" or a "monkey," except to Filipinos, who call her "bata," a native word for "baby."

A girl who associates freely with Filipinos is "on the ebony," while a "fish" is a man who can easily be exploited by the girls for a personal gain.

Suggests Remedies

To "go to the opera" means to visit a burlesque show and a person living in the Black Belt is "staying in Africa."

Cressey's study is thoro. He takes up the taxi dance hall as a social world, the family and social background of the girls found dancing there, the patron and his reasons for coming, the moral effect of such a dance hall, and closes by offering suggestions for reform.

But mainly he opens up a new world for many who did not know such conditions existed.

Cressey made his investigations for the book while connected with the Juvenile Protective League at Chicago.

He is now on leave of absence at New York University, where he is making special investigations in the field of motion pictures. He will resume his duties at Evansville College this fall.

Saturday Review of Literature 6-11-32

Notes of a Rapid Reader

Another volume of the highly important *British Documents on the Origins of the War:* 1898–1914, edited by G. P. Gooch and Harold Temperley, has just appeared. This is Volume Seven on the Agadir Crisis and in its documentation may be regarded as definitive. (British Library of Information, 270 Madison Avenue, New York City, $4). . . . Two more interesting textbooks have just appeared, the first *A History of the Novel in England*, by Robert Morss Lovett and Helen Sard Hughes, (Houghton Mifflin, $3.25) begins with Elizabethan fiction and comes down to *Ulysses*. There is a bibliography and the general purpose of the book is to bring out the relation of the novel to the interests and attitudes of successive ages. . . . The other text, *Types and Times in the Essay*, selected and arranged by Warren Taylor, (Harper, $2) seems to be an interesting and valuable book for the study of the essay in all its types. It includes a prefatory essay on the essay and then groups of famous essays classified with two or three particularly interesting sections, one consisting of essays and letters on the art of writing, the letters having been written for this book by a group of British and American contemporary authors. The section called Essays on College Matters, and the section Essays in American Life and Problems, are also fresh and interesting. . . . Among miscellaneous books should be noted *From Intellect to Intuition*, by Alice A. Bailey, (Lucis Publishing Co., New York), a study of the philosophy and practice of meditation; also *China Speaks: On the Conflict Between China and Japan*, by Chih Meng, Associate Director of the China Institute in America, (Macmillan, $1.50); and in very different fields another of those contributions to what might be called practical and immediate sociology which the University of Chicago has been publishing. This book is called *The Taxi-Dance Hall: A Sociological Study in Commercialized Recreation and City Life*, by Paul G. Cressey (University of Chicago Press, $3). The author says, "the taxi-dance hall before summarily dismissed from thought as 'a den of iniquity' should be analyzed in terms of the human relationships which it fosters."

CLUB FLORIDAN
O'BRIEN and POWELL, Managers
674
W. MADISON
STREET
COVER
CHARGE $1.00
SERIES C
B. Murphy
Entitles Member to Entertainment, Dancing and Catering Service
MUST BE COUNTERSIGNED

WEDNESDAY, JULY 2, 1930 — EVENING GRAPHIC — 3

Taxi Dancing Girls Slaves of Lust; Must Choose Insults or Poverty

Young girls are forced to endure the foul advances of degenerate roues, yellow men and human beasts of the lowest social order openly and with the full consent of the law in the city of New York. The GRAPHIC today presents the first of a series of articles, based on a thorough investigation, exposing the sordid and often criminal conditions that grow out of the legalized profession which is paid for by men who ostensibly seek only dancing partners. Conditions which will make decent men and women shrink in horror at the possibility of girls unguarded from the indecent proposals that nightly ring in the ears of the underpaid "dancing girl."

She is paid to listen to the obscene proposals and thinly failed suggestions. She is in the business for that reason alone. And her business calls upon her to be pleasant, cheerful an dtactful at all times and under all conditions. Otherwise she loses popularity, and girls who lose popularity lose their jobs.

In time, through a process of hardening herself to these propositions and proposals, the girl grows callous until, as the nights of gyrating over the glassy floor in the tightened arms of a partner who comes not alone to dance, she becomes used to it all and the insulting offers seem slight. By then she has learned the one great fear; the thought uppermost in the minds of all dancing girls:

"THE LINE-UP!"

This sinister term drives the blood from the heaviest rouged cheek of the most hardened of the taxi dancers. It's the "line-up" they all live in fear of—the constant menace of that which leaves them broken, nerve-shattered shells in the course of a few brief hours!

The world of sheltered women, the conventional, every-day public, doesn't begin to understand what the "line-up" really is. Social workers, policemen—even the underworld itself—all shudder at its terrible implication.

"Line-UP" to Be Bared

In order that the average citizen may understand the horror and terror of the "line-up" The GRAPHIC proposes to give specific information, specific evidence of this form of bestiality which puts the taxi-dancer in dire fear.

The GRAPHIC will present the true stories of these girls' lives. Stories of budding hope, plans and dreams of homes and motherhood—then shattered careers and broken lives. Tales of lovers turning away in horror and disgust when they find their sweethearts are "taxi-dancers." Of the growing callousness of these girls until the proposals which once brought hot blood rushing to their cheeks are only invitations to increase their paltry weekly wage to a living income. When favers from men they loathe are courted as a means through which clothing and food may be purchased. And clothing is a vital factor in the lives of these pathetic creatures.

Losing Battle Against Evil

[illegible] organizations long have [illegible] the conditions [illegible] legalizing of taxi-dance halls. Police have taken steps in an effort—a futile effort—to curtail the immorality rising like a foul stench from the existence of these places. The owners of the halls themselves have taken the necessary steps to "cover" the traffic and life from their shoulders the responsibility for the revolting things resulting from the system.

Nothing has come of it!

The profession of the taxi-dancer flourishes.

Following is a description of a typical taxi-dance hall of the "yellow and white" variety. The Roma Gardens.

The girls are white, the men are yellow and the jangling music is constant. Windows open on 6th Avenue and 28th Street, letting stray whiffs of fresh air into the fetid atmosphere of the dimly lit expanse. White hostesses, pale, thin children and voluptuous women of mature years twine arms tantalizingly around the perspiring necks of the yellow men.

Yellow Men and White Girls

Chinese, Japanese and Filippinos are the chief patrons of the place. And for the convenience, either to talk to or dance with, the management supplies an array of dancing girls, ranging from the hardest faced bleached blond to the most lissome girl-child.

Two thick-shouldered, barrel-chested men of Latin types are bouncers. Their sullen eyes dart over the floor in search of trouble, and they stand in constant watch for fights. White men, entering the place, are given careful scrutiny. Any one may remain in the hall, but there is a sullen atmosphere when a "white" enters.

There are fifty odd girls at the Roma Gardens. They out-number the male patrons two to one. Tickets sell ten for a $1; a dance ends almost before a pair has a chance to circle the room and almost at once another begins. Others follow in rapid succession.

Soft drinks are served at a side fountain and the girl receives a commission on the drinks as well as on the dances. The yellow men slink in and out and the tired, world-weary girls dance on at a nickel profit to the dance and the chance to arrange for dates later in the evening—so long as the dance hall itself is not involved.

There is the Melody Gardens, on the corner of 23d Street and 7th Avenue. The dancing girls are cheaply dressed and there is a forbidding restraint in their attitude. They freely discuss possibilities of an intimate future with their partners and haggle over bargains. There are no yelow men here and the bouncers are less in evidence.

"It's hellish—" half sobbed one tired girl. "Like a prison. We come, we dance and we can't go home until two o'clock. And if we go home," she cynically added, "we don't have enough money to pay the room and board."

She laughed as she said she was acting the part of a hostess to get her first million. "But I only have two dollars of it yet. I wish I could find some man to take care of me—almost any man. More than one of us would like that. But men don't want us for more than a dance—or a night at the most, which is more likely!"

Another girl asked if her partner would buy her a dress. He could do it in the morning. It wouldn't cost more than $7 at the most, and it might even be bought the second morning. "After the dance" is a current phrase in these halls. All the girls are anxious to dance with the patrons, many for the 5 cents they make, and many others to talk over the possibilities of a date "after the dance."

There are a few show girls out of work—unhappy, discouraged, oldish-young girls, who are weary of the struggle and have drifted to the dance halls as the best way out.

The patrons are a motely crew—mostly middle-aged and fat-paunched. Their course faces and bulging eyes closely appraise the girls and they return time and again to the one who will offer the most errotic gestures as a partner. There are boys, callow youths who come for the companionship of girls and find nothing. They try to date that girls and do when the taxi-dancer finds she is unable to meet an older man "after the dance." Older men are preferred—they have more money and often are safer.

The boys and young men are the ones who inspire fear of the "line-up." The boys have little to offer. Even the occasional decent one.

The horrors of the "line-up!" Tomorrow The GRAPHIC will carry the second of its series of stories exposing the legalized taxi-dance halls of the city. In an exclusive story the dreaded "line-up" will be explained, another dance "palace" will be visited and more details will be told about the ungarded girls who earn their meager livings as taxi-dancers.

Taxi Dancing System Endangers Young Here

PAID-FOR DANCING ALIVE WITH PITFALLS FOR GIRLS—Although police and social workers have for years striven to lessen the evil ,taxi dancing with all its objectionabl features continues. Girls in the above picture are typical of the dance hall "hostess," but they do not in any way figure in the accompanying story of dance hall life in New York. They posed for GRAPHIC camera man to show costumes now in vogue among the taxi dancers.

BUNNY-HUG WAS TAME COMPARED TO WAY IT'S DONE NOW—Dancing, as it is called in the many halls of tepsichore, is far from what our mothers called dancing. In the photo above, couples posed for GRAPHIC photographer to give readers an idea of the steps used by frequenters of the places, but they do not figure in the story whatsoever

Aid Pledged By Mayor in Vice Cleanup

Commenting upon the condition exposed in taxi dance halls, Mayor Walker said:

"If an evil condition exists in the dance halls of New York city every resource of the municipality will be utilized to rectify it and bring them within the law.

"If the License Department has been lax in granting permits to dance halls—I want to know it.

"If the Police Department has been lax in supervising the dance halls—I want to know it.

Mayor J. J. Walker

"About a year ago, as I recall, one of the well known welfare organizations of this city, in its annual report, praised the Police Department for its excellent work in cleaning up bad conditions in local dance halls.

"It is very hard to convict the owner of a dance hall or even revoke his license for something an employee does after leaving the dance hall and of which he has no knowledge.

"The Police Department, however, is exercising a strict supervision over these dance halls and will continue to close those which violate the law.

"Any assistance which the New York Evening GRAPHIC tenders to clean up any bad condition in this city will be appreciated by the mayor of New York."

DIES IN GIANT HOPPER UNDER TONS OF SAND

Michael Goss, 27 years old, of 383 14th St., Brooklyn, a laborer employed by the Cranford Company, paving asphalt contractors, smothered to death under tons of sand in a giant hopper at the company's plant, 53 9th St., Brooklyn, yesterday.

Goss had been working on the top of the hopper and he was missed by his fellow workers who, upon investigation, found traces in the sand where his body had slid into the hopper which contained about forty tons of sand.

A police emergency squad from the Hamilton Avenue station was called and the policeman, lowered by ropes, dug out the body after six tons of sand had been removed. During the process, Patrolman Nelson Kyle nearly met with the same fate as Goss, when another slide occurred. He was hauled out by Sergeant George Nadler, who severely cut his leg in doing so.

THE WEATHER

WEDNESDAY, JULY 2, 1930

Sunrise, [illegible] a. m.; sunset, [illegible] p. m. Moon rises, [illegible] p. m.; sets, [illegible] a. m.

UNITED STATES WEATHER FORECAST

LOCAL—Fair and cooler today; fresh west, shifting to northwest, winds.

EASTERN NEW YORK STATE—Generally fair and cooler today; moderate fresh west, shifting to northwest and north-west, winds.

訳者紹介（翻訳順）

桑原　司（くわばら・つかさ）（序文、序論、著者序文、第２部）

鹿児島大学法文学部教授。

業績 『相互行為の社会心理学』（共著、北樹出版、2002 年）、『シカゴ学派の社会学』（共著、世界思想社、2003 年）、ほか。

石沢真貴（いしざわ・まき）（第１部）

秋田大学教育文化学部教授。

業績 『自立・交流する中山間地域―東北農山漁村からの地域デザイン―』（共著、昭和堂、2008 年）、『開かれた都市空間』（共著、法政大学出版局、2015 年）、ほか。

寺岡伸悟（てらおか・しんご）（第２部）

奈良女子大学文学部教授。

業績 『地域表象過程と人間』（行路社、2003 年）、『よくわかる観光社会学』（共編著、ミネルヴァ書房、2013 年）、ほか。

高橋早苗（たかはし・さなえ）（第３部）

仙台白百合女子大学人間学部教授。

業績 『開かれた都市空間』（共著、法政大学出版局、2015 年）、『社会学ベーシックス 4：都市的世界』（共著、世界思想社、2008 年）、ほか。

奥田憲昭（おくだ・のりあき）（第４部）

日本文理大学経営経済学部教授、大分大学名誉教授。

業績 『現代地方都市論』（恒星社厚生閣、1989 年）、『変貌する周辺都市』（共著、恒星社厚生閣、1984 年）、ほか。

和泉　浩（いずみ・ひろし）（第５部）

秋田大学教育文化学部教授。

業績 『近代音楽のパラドクス―マックス・ウェーバー「音楽社会学」と音楽の合理化』（ハーベスト社、2003 年）、『都市空間の地理学』（共著、ミネルヴァ書房、2006 年）、ほか。

シカゴ都市社会学古典シリーズ No.4
タクシーダンス・ホール
商業的娯楽と都市生活に関する社会学的研究 ――――――――――――

発　行 ――2017年10月20日　第1刷発行
定　価 ――定価はカバーに表示
著　者 ― ポール・G・クレッシー
訳　者 ― 桑原司ほか
発行者 ― 小林達也

発行所―― ハーベスト社
〒188-0013　東京都西東京市向台町 2-11-5
電話　042-467-6441
振替　00170-6-68127
http://www.harvest-sha.co.jp
印刷・製本　㈱平河工業社
落丁・乱丁本はお取りかえいたします。
Printed in Japan
ISBN4-86339-093-5 C1036